CARREFOUR DES LETTRES MODERNES
COMITÉ DE DIRECTION
Patrick Marot, Philippe Antoine, Christian Chelebourg,
Julien Roumette, Johan Faerber et Llewellyn Brown
2

Lettres de noblesse II

Lettres de noblesse II

L'imaginaire nobiliaire dans la littérature française du XXe siècle

Sous la direction de David Martens

PARIS
LETTRES MODERNES MINARD
2016

David Martens est professeur de littérature française moderne et contemporaine (XIXe-XXIe siècles) à l'université de Louvain (KU Leuven). Ses recherches portent sur les modes de constitution et de diffusion de l'image de l'écrivain. Il s'intéresse en particulier aux formes de la pseudonymie, à l'imaginaire nobiliaire, au genre de l'entretien et à l'iconographie de l'auteur.

ISBN 978-2-8124-5061-7 (livre broché)

L'IMAGINAIRE NOBILIAIRE DE LA LITTÉRATURE FRANÇAISE DU XXᵉ SIÈCLE

À la faveur des brusques mutations qui ont bouleversé le paysage socio-politique du Vieux Continent à la suite de la Révolution française de 1789, l'aura de la noblesse, en même temps que sa mainmise sur l'appareil politique et social, se sont progressivement réduites en même temps que se mettaient en place les structures de l'État démocratique moderne. Eu égard à son histoire particulière dans ce contexte, la France occupe, par rapport à l'imaginaire nobiliaire et à son histoire, une position tout à fait spécifique dans l'Europe des XIXᵉ et XXᵉ siècles. De la Première à la Troisième République, le pays n'a en effet cessé d'osciller, à la faveur de plusieurs révolutions, entre différents types de régimes. Et si les avatars du modèle nobiliaire (Empire, Restauration, Monarchie de Juillet et Second Empire) ont, en termes de durée, tenu le haut du pavé, il ne fait guère de doutes que, sur le long terme, la mainmise de l'aristocratie sur l'appareil étatique s'est significativement affaiblie, en dépit des farouches résistances manifestées au sein d'une classe soutenue par un enracinement de longue durée dans l'Histoire.

Ce mouvement historique, qui voit la noblesse s'employer à défendre une identité et des prérogatives menacées, caractérise à vrai dire l'histoire de la noblesse dès l'Ancien Régime. Tout se passe à cet égard comme si la noblesse était hantée par le fantôme de son déclin et, en dernière instance, de sa disparition. Mais si son tournant le plus décisif – à tout le moins le plus spectaculaire – correspond à la Révolution, l'histoire de la noblesse ne prend nullement fin avec cet événement qui paraît sectionner le continuum historique. Ainsi que l'a souligné Arno Mayer, au cours du XIXᵉ siècle et jusqu'au début du XXᵉ, à l'échelle européenne, la noblesse continue d'exercer une influence considérable sur la conduite des affaires publiques. En France, jusque sous la Troisième République, elle constitue encore une force politique avec laquelle il faut compter. La Grande Guerre, et ce qu'elle implique en termes de reconfigurations du paysage et de l'imaginaire socio-politiques du temps, apparaît à cet égard comme une nouvelle coupure historique majeure. Il semble en effet que ce soit à partir de l'entre-deux-guerres que les membres de la noblesse ne jouent plus le rôle décisif et prépondérant qui, jusqu'alors, moyennant divers aménagements, continuait d'être le leur en Europe[1].

En France, notamment, cette fracture se fait particulièrement sentir durant l'entre-deux guerres, moment de crise significatif dans l'histoire de la noblesse. La première guerre n'y est nullement étrangère[2]. Plusieurs symptômes notables l'indiquent, l'un des plus criants à cet égard résidant, à n'en pas douter, dans la fondation de l'Association d'Entraide de la Noblesse Française (A.N.F.) en 1932. Signe que quelque chose de fondamental a changé dans les consciences, la finalité que se donne cet organisme consiste à remédier au sentiment de menace qui pèse sur l'identité nobiliaire en s'assignant deux missions principales : d'une part, venir en aide à ceux de ses membres qui en éprouveraient le besoin (certains ont été durement frappés par la crise financière qui se produit à l'entame des années Trente) ; d'autre part, défendre et promouvoir l'identité nobiliaire et sa (re)connaissance, par exemple en menant à bien des recherches historiques destinées à « sauver ce qui reste de ce

1 Voir Arno Mayer, *The Persistence of the Old Regime : Europe to the Great War*, New York, Pantheon Books, 1981 (traduction française : *La Persistance de l'Ancien Régime : l'Europe de 1848 à la Grande Guerre*, trad. Jonathan Mandelbaum, revue par l'auteur, Paris, Flammarion, 1983).

2 Les deux conflits mondiaux ont eu un impact considérable dans cette mutation. Si « la Révolution a constitué "la première attaque contre des valeurs qui semblaient, de toute éternité, aller de soi", le XXe siècle assène de nouveaux coups, décisifs, à l'idée que la noblesse se faisait de sa place et de sa fonction dans le monde. » En effet, « la guerre de 14-18 a marqué comme la fin d'une époque dans les mémoires et les représentations des aristocrates et la guerre de 39-45 a porté un coup définitif aux certitudes de bon nombre d'aristocrates [...]. » (Monique de Saint Martin, *L'Espace de la noblesse*, Paris, Métailié, « Leçons de choses », 1993, p. 11-12). Ces conflits entraînent un bouleversement considérable dans l'art traditionnel de la guerre. Alors que la carrière militaire a, durant plusieurs siècles, constitué un domaine d'activité privilégié de la noblesse – dont l'origine primitive est la chevalerie –, la guerre, dans sa version moderne, impose de nouveaux modes d'affrontement. Ceux-ci ne font plus la part belle à l'acte de bravoure qui formait l'un des piliers du système de l'honneur sous-tendant l'imaginaire de caste de la noblesse d'épée. Les conditions concrètes de l'affrontement – l'enlisement dans la boue des tranchées, la sophistication et l'industrialisation des armements (voir, notamment, Stéphane Audouin-Rouzeau et Annette Becker, *14-18 : retrouver la Guerre*, Paris, Gallimard, « Folio histoire », 2000), dont la bombe atomique constitue le sommet – ne favorisent guère l'exposition de soi qui sied aux formes traditionnelles de l'honneur aristocratique.

patrimoine ancestral pour le plus grand bien de la France et de la civilisation tout entière[1]. » L'A.N.F. se constitue ainsi, comme l'ont pointé Éric-Mension Rigau et Bruno Dumons, comme un « "lieu de mémoire" nobiliaire[2] », dont l'activité sera soutenue par diverses publications[3].

Corollairement à la mise en œuvre de ces stratégies défensives, l'intérêt dont plusieurs chercheurs dans le domaine des sciences sociales témoignent pour la noblesse durant l'entre-deux-guerres apparaît comme un autre indice marquant de ce que sa place dans « l'institution imaginaire de la société[4] » française se voit, alors, affectée par un bouleversement structurel. En témoignent les travaux de Maurice Hallbwachs qui, dès le milieu des années Vingt, fait de la noblesse le modèle exemplaire de ce qu'il désigne sous l'appellation de « cadres sociaux de la mémoire[5] ». Une décennie plus tard, des historiens comme Marc Bloch et Lucien Febvre initient un programme de recherches relatif à la noblesse, tant celle du passé (la féodalité, en particulier) que celle qui est la contemporaine de leurs travaux[6]. C'est dire que la noblesse – son identité, son histoire et sa place dans la société – constitue, dans le discours social de cette période, un enjeu de questionnement notable, qui sera ponctuellement réactivé au cours du XXe siècle, par exemple au moment des commémorations du bicentenaire de la Révolution[7].

---

1 *Bulletin de l'ANF*, 1933, n° 1, p. 22, cité dans Éric Mension-Rigau et Bruno Dumons, « Conserver l'identité nobiliaire dans la France contemporaine », p. 221-243 *in* Didier Lancien et Monique de Saint-Martin (dir.), *Anciennes et nouvelles aristocraties de 1880 à nos jours*, préface de Pierre Bourdieu, Paris, Éditions de la Maison des Sciences de l'Homme, 2007 p. 233.

2 *Ibid.*, p. 230 *et sq.*

3 Voir, notamment, l'ouvrage du Vicomte de Marsay *De l'âge des privilèges au temps des vanités : essai sur l'origine et la valeur des prétentions nobiliaires* (Paris, Champion, 1932) ou encore le numéro de mars 1937 du *Crapouillot*, qui affiche l'intitulé militant « Vraie et fausse noblesse » et s'emploie à « souligner les pratiques d'usurpation de particules et de titres nobiliaires au sein de la bourgeoisie française » (voir Mension-Rigau et Dumons, « Conserver l'identité nobiliaire dans la France contemporaine », art. cité, p. 232, n. 16).

4 Voir Cornélius Castoriadis, *L'Institution imaginaire de la société*, Paris, Seuil, « Esprit. La cité prochaine », 1975.

5 Maurice Halbwachs, *Les Cadres sociaux de la mémoire* [1925], postface de Gérard Namer, Paris, Albin Michel, « Bibliothèque de l'Évolution de l'Humanité », 1994.

6 Voir, notamment, Marc Bloch et Lucien Febvre, « Les noblesses. Reconnaissance générale du terrain », *Annales Histoires Économies Sociétés*, n° 8, 1936, p. 238-255 ; Marc Bloch, « Sur le passé de la noblesse française : quelques jalons de recherche », *Annales Histoires Économies Sociétés*, n° 8, 1936, p. 366-378. Marc Bloch publiera quelques années plus tard son ouvrage consacré à *La Société féodale* (1939-1940).

7 Voir, par exemple, Christian de Bartillat, *Histoire de la noblesse française 1789-1989*, Paris, Albin Michel, 1988.

Nul doute que les crises majeures qui ont transformé le tissu social en France au cours du XXe siècle n'aient sensiblement contribué à faire déchoir la noblesse du piédestal qu'elle occupait dans la hiérarchie sociale, semblait-il de toute éternité. Au XXe siècle, si son importance peut paraître moins évidente, du moins (de plus en) plus marginale en raison de sa relégation fréquente dans le domaine du révolu, la question nobiliaire ne disparaît cependant pas des préoccupations. Il semble même que le déclin de la mainmise des nobles sur la société aille de pair, dans certains secteurs du discours social, avec une mobilisation du référent *noblesse*. Celui-ci continue d'exercer une attraction particulière, tout en subissant de profonds bouleversements à la faveur des mutations historiques du champ socio-culturel. Le fait est que la noblesse n'est pas seulement une classe sociale plus ou moins nettement déterminée et homogène[1]. Elle apparaît également comme l'un des « sociogrammes » marquants du temps, soit un « ensemble flou, instable, conflictuel de représentations partielles centrées autour d'un noyau [et] en interaction les unes avec les autres[2]. »

Ces deux perspectives, à la fois distinctes et en relation, peuvent se rencontrer et s'articuler mais ne coïncident pas nécessairement, et sont susceptibles, à l'occasion, d'entrer en conflit. Si la noblesse a pu, au cours de l'Histoire, se définir comme une classe résolument distincte, ce phénomène tient à un ensemble de valeurs et de pratiques, qui reposent sur un système de représentations particulier. En d'autres termes, la noblesse se donne à appréhender comme un ensemble représentationnel structuré, cohérent et complexe. Elle apparaît ainsi comme un imaginaire particulier, soit, pour reprendre la définition qu'en fournit Bertrand Gervais :

> [U]ne interface entre le sujet et le monde, [...] un relais et une médiation symbolique [qui] se manifeste sous la forme de stratégies interprétatives, organisées en fonction d'un ensemble d'interprétants déjà établis et fondés, pour un sujet donné, sur ses expériences du monde et de ses manifestations, sur ses connaissances sociales, culturelles, littéraires, artistiques et scientifiques, ainsi que sur ses présupposés et préjugés[3].

---

1 Saint-Martin, *L'Espace de la noblesse*, *op. cit.*, p. 12 *et sqq.*

2 Claude Duchet, cité par Régine Robin, « Pour une socio-poétique de l'imaginaire social », *Discours social*, vol. 5, n°s 1-2 : Régine Robin (dir.), *"Le Sociogramme en question"*, 1993, p. 7-32 (p. 13). Je remercie vivement Geneviève Sicotte d'avoir attiré mon attention sur cette référence.

3 « Imaginaires du labyrinthe. Entretien avec Bertrand Gervais, par Raphaël Baroni », *Vox Poetica*, entretien publié le 15 février 2009, <http://www.vox-poetica.org/entretiens/intGervais2009.html> (page consultée le 20 décembre 2014).

En l'occurrence, les logiques de l'imaginaire nobiliaire[1] offrent un cadre référentiel susceptible de se voir (ré)investi pour donner sens à certaines situations socio-historiques particulières, ainsi qu'à l'évolution de la société française. Conçue comme une essence ou en tant que type de rapports sociaux[2], la noblesse apparaît notamment comme un motif-clé dans le fonctionnement de certaines économies de la grandeur[3]. En conséquence, il est évident que l'imaginaire nobiliaire n'est nullement – et en dépit de tous les discours d'accaparement dont il peut faire l'objet – l'exclusive des membres de la noblesse, tout spécialement à un moment où les prétentions nobiliaires paraissent plus précaires que jamais. Bien loin de ne concerner qu'une classe sociale plus ou moins précisément définie[4], il constitue un système représentationnel disponible, soumis à des transformations fondamentales au cours du XXe siècle, dans une société qui a pu être identifiée comme indécrottablement empreinte de noblesse[5].

Certains domaines demeurent plus particulièrement marqués par l'aura attachée à l'aristocratie et à ce qu'elle draine en termes représentationnels. Ce faisant, ils contribuent à assurer la survie ainsi que les transformations de l'imaginaire nobiliaire. C'est notamment le cas de la littérature, soumise durant cette période au développement fracassant des avant-gardes historiques en même temps qu'à une industrialisation et à une médiatisation sans précédents. Relativement bien étudiée en sociologie et en histoire, le rôle joué par la noblesse – aussi bien en tant que classe que comme imaginaire particulier – dans la littérature moderne demeure

1 Voir Bertrand Gervais, *Figures, lectures : logiques de l'imaginaire*, t. I, Montréal, Le Quartanier, « Erres Essais » 2007 ; *Logiques de l'imaginaire*, t. II, *La Ligne brisée : labyrinthe, oubli, violence*, Montréal, Le Quartanier, « Erres Essais », 2008 ; *Logiques de l'imaginaire*, t. III, *L'Imaginaire de la fin : temps, mots et signes*, Montréal, Le Quartanier, « Erres Essais », 2009. Voir également Christian Chelebourg, *L'Imaginaire littéraire : des archétypes à la poétique du sujet*, Paris, Nathan, « Fac Littérature », 2000.

2 Voir Robert Descimon, « Chercher de nouvelles voies pour interpréter les phénomènes nobiliaires dans la France moderne. La noblesse, "essence" ou rapport social ? », *Revue d'histoire moderne et contemporaine*, t. 46, n° 1 : *"Les noblesses à l'époque moderne"*, janvier-mars 1999, p. 5-21.

3 Voir Luc Boltanski et Laurent Thévenot, *De la justification : les économies de la grandeur*, Paris, Gallimard, « Nrf Essais », 1991.

4 Reste en effet le problème des multiples définitions de ce qu'est la noblesse, et par conséquent de ses limites, qui constitue un enjeu décisif de tout débat relatif à la noblesse (voir à ce sujet Pierre Bourdieu, « La noblesse : capital social, capital symbolique », p. 385-397 *in* Lancien et Saint-Martin (dir.), *Anciennes et nouvelles aristocraties de 1880 à nos jours*, *op. cit.*, p. 385).

5 Voir notamment l'ouvrage plein d'humeur et d'ironie de François de Negroni : *La France noble*, Paris, Seuil, 1974.

encore relativement peu étudié de façon spécifique et systématique, tout spécialement en ce qui concerne le XXe siècle[1]. En effet, l'Ancien Régime et le XIXe siècle concentrent l'essentiel des recherches menées à bien jusqu'à présent[2], à quelques exceptions près, qui ne franchissent cependant guère le seuil du début du XXe siècle[3], pour la plupart d'entre elles du moins[4].

---

1 Parmi les études relativement anciennes, voir les travaux de Pierre Barbéris, consacrés à la représentation de la noblesse et à ce qu'elle révèle quant à l'évolution historique de la société (*Aux sources du réalisme : aristocrates et bourgeois, du texte à l'histoire*, Paris, Union Générale d'Édition, 1978, ainsi que *Le Prince et le Marchand*, Paris, Fayard, 1980). Parmi les études centrées sur le XIXe siècle, l'on peut mentionner la thèse de Wladimir Tourbetzkoy, *L'Aristocratie et le rôle de l'écrivain dans la littérature européenne de la première moitié du XIXe siècle*, Université Paris III, Michel Cadot (dir.), 1987, le numéro spécial de *Romantisme* consacré à « La noblesse » (vol. 20, n° 70, 1990), ainsi que Olivier Tonnerre, *Les Signes invisibles : représentations de la noblesse française au XIXe siècle*, thèse de doctorat, Jean-Jacques Courtine et Catherine Nesci (dir.), University of California, Santa Barbara, 2007, Claudine Giacchetti, *Poétique des lieux : enquête sur les mémoires féminins de l'aristocratie française (1789-1848)*, Paris, Champion, « Romantisme et modernité », 2009, Ingrid I. Ilinca, *Représentations de la noblesse dans le roman français (1789-1848)*, thèse de doctorat, Armine Kotin Mortimer et Émile J. Talbot (dir.), University of Illinois, 2009, Anne-Simone Dufief (dir.), *« Plus noble que le roi » : représentations littéraires de la noblesse*, Angers, Presses de l'Université d'Angers, 2010. Certains travaux concernant cette période sont en cours de réalisation. Ainsi, Élise Sorel prépare-t-elle une thèse intitulée *Écriture et identité aristocratique dans l'œuvre de Barbey d'Aurevilly* (Université Paris Sorbonne, sous la direction de Pierre Glaudes); voir la contribution d'Élise Sorel dans David Martens (dir.), *Lettres de noblesse I. L'imaginaire nobiliaire dans la littérature française du XIXe siècle*, Paris, Minard, « Carrefour des Lettres modernes », 2016. Voir également la thèse en préparation de Jonathan Ruiz de Chastenet : *Culture nobiliaire et imaginaire décadent : l'écriture du désenchantement aristocratique chez Barbey d'Aurevilly et Villiers de l'Isle Adam* (Université d'Angers, sous la direction d'Alain Néry). L'on peut encore mentionner le colloque Michel Crouzet et Michel Arrous (dir.), *Stendhal et l'Aristocratie*, Université Paris Sorbonne, 25 et 26 mars 2011 et ses actes, rassemblés dans le n° 17 de la *Revue internationale des études stendhaliennes* en 2013.

2 Dans une étude inscrite dans la longue durée, Edoardo Costadura a ainsi étudié l'œuvre d'écrivains appartenant à la noblesse avant la Révolution (voir *Der Edelmann am Schreibpult : zum Selbstverständnis aristokratischer Literaten zwischen Renaissance und Revolution*, Tübingen, Niemeyer, 2006).

3 Voir Lenn Platt, *Aristocracies of Fiction : the Idea of Aristocracy in Late-Nineteenth-Century and Early-Twentieth-Century Literary Culture*, Westport, Connecticut-London, Greenwood Press, 2001.

4 Parmi les exceptions, l'on peut mentionner Charles A. Riley II, *Aristocracy and the Modern Imagination*, Hanover & London, University Press of New England, 2001 ; David Quint, « Aristocracy and the Novel », *Comparative Literature*, vol. 62, no. 2, 2010, p. 103-121 ; le colloque Ben De Bruyn et David Martens (dir.), *L'Imaginaire nobiliaire de la littérature moderne : 1900-1950 / The Aristocratic Imaginary of Modern Literature (1900-1950)*, Université de Louvain (KU Leuven), 21-22 mars 2013 – un choix des contributions présentées à l'occasion de cette rencontre, augmenté de plusieurs articles, a paru dans la revue *Neohelicon*, s. dir. David Martens, Ben De Bruyn et Aleide Vanmol, June 2015, volume 42, Issue 1 – ainsi que la thèse que prépare Aleide Vanmol : *L'Imaginaire nobiliaire dans les œuvres de*

Tout semble s'être passé, dans une large mesure du moins, comme si la modernité, au début du XXe siècle (et la recherche en littérature, à sa suite), avai(en)t relégué la problématique nobiliaire, en tant que question spécifique, aux oubliettes de l'histoire littéraire[1].

Certes, sur le plan littéraire, les portraits des mondanités aristocratiques de la fin de siècle et de la Belle époque[2] ne laissent pas de suggérer que la fin d'un monde est en cours. Pour autant, un élément doit mettre la puce du doute à l'oreille du chercheur : l'imaginaire nobiliaire, durant la modernité plus que jamais, paraît hanté par l'idée de la fin, en particulier, bien entendu, de sa propre fin, aussi bien comme classe que comme système de valeurs. C'est dès Chateaubriand, et, à vrai dire, dès Saint-Simon sans doute, que cette figure angoissante du déclin structure les représentations aristocratiques du monde. Dès lors, ce paramètre, qu'il importe d'envisager comme constitutif de tout positionnement identitaire motivé au travers du paradigme nobiliaire, ne permet nullement de situer une fin effectivement objectivable aux premières décennies du XXe siècle. Un tel constat invite à se pencher sur la façon dont cette idée de déclin prend corps et se transforme au cours de la période, en particulier dans l'institution littéraire et ses productions.

Effet d'une histoire littéraire nécessairement sélective, et qui a longtemps fait la part belle, voire exclusive, aux options présentées comme les plus novatrices, l'idée que le modèle nobiliaire deviendrait secondaire au temps des avant-gardes que constitue l'entre-deux-guerres doit impérativement être remise en question. En dépit (ou plutôt à cause) des transformations socio-culturelles qui la caractérisent, la première moitié du XXe siècle paraît au contraire traversée, en Europe, par une préoccupation marquée pour la noblesse. Or cette nouvelle position de la "noblesse" dans l'espace et dans le discours social a été à bien des égards mise à profit dans des secteurs restreints du champ social, en particulier dans le domaine littéraire et, plus largement, intellectuel. Un

---

trois écrivains de petite noblesse : Alphonse de Châteaubriant, Henry de Montherlant et Jean de La Varende (Université de Louvain, KU Leuven, sous la direction de David Martens).

1 L'œuvre proustienne, volontiers lue dans la perspective d'une analyse sociologique (voir Catherine Bidou-Zachariasen, *Proust sociologue*, Paris, Descartes, 1997), paraît à cet égard avoir sonné le glas de l'aura que l'aristocratie exerçait encore sur la littérature et constituer ainsi une sorte de *terminus ad quem* de l'histoire de la noblesse dans le domaine littéraire.

2 Guillaume Pinson, *Fiction du monde : de la presse mondaine à Marcel Proust*, Montréal, Presses de l'Université de Montréal, « Socius », 2008.

large pan de la littérature française de la première moitié du XXe siècle semble-t-il marqué en profondeur, au-delà du seul cas de Proust, par un imaginaire nobiliaire multifacette, qui exerce une fascination structurante et durable, jusqu'en ce début de XXIe siècle, sur le travail des écrivains. Ce faisant, il contribue à déterminer l'identité du discours littéraire et à en orienter les dynamiques mutationnelles en fonction de paramètres qui, par bien des aspects, relèvent d'une tradition que la modernité tend par ailleurs à battre en brèche.

Dans la mesure où l'histoire de la noblesse – de l'imaginaire nobiliaire – et de son supposé déclin ont ainsi marqué la modernité de son empreinte (sous la forme, notamment, d'une antimodernité[1] inscrite au cœur de la modernité), une étude de l'imaginaire nobiliaire, dans l'état de crise qui, au XXe siècle, a été le sien en France, paraît décisive pour cerner les dynamiques littéraires propres à la période considérée[2]. Dans cette perspective, la finalité du présent ouvrage s'inscrit dans la continuité directe de celui qui le précède directement, et avec lequel il constitue un diptyque[3], ainsi que dans le contexte d'un programme collectif ayant pour objet les « multiples identités de la littérature » moderne[4].

Les contributions ici réunies ont pour ambition de cerner un imaginaire singulier, dans ses différents paramètres et dans leurs interactions. Ces articles visent à examiner selon quelles finalités le discours littéraire se constitue, se définit et se transforme, dans la littérature française du XXe siècle, à travers la mobilisation de ce sociogramme particulier que constitue la noblesse. De l'exotisme hérité du romantisme et de la fin du XIXe siècle qui se développe jusque durant l'entre-deux-guerres

---

1 Antoine Compagnon, *Les Antimodernes : de Joseph de Maistre à Roland Barthes*, Paris, Gallimard, « Bibliothèque des idées », 2005.

2 À ce sujet, voir MDRN, « Pour une nouvelle approche de la dynamique littéraire. Pense-bête », *Fabula LHT*, n° 11, décembre 2013, <http://www.fabula.org/lht/11/modern.html> (page consultée le 20 décembre 2014), ainsi que *Modern Times : Literary Change*, Leuven, Peeters, 2013.

3 Voir Martens (dir.), *Lettres de noblesse I. L'imaginaire nobiliaire dans la littérature française du XIXe siècle*, *op. cit.*

4 Le Groupe MDRN (<www.mdrn.be>) a pour vocation l'étude des identités multiples de la littérature moderne en Europe. Il a conduit, pour la période 2011-2015, une Action de Recherche Concertée (*Literature and its multiple identities* – 1900-1950) financée par le Conseil de Recherche de l'Université de Louvain (KU Leuven). L'étude de l'imaginaire nobiliaire moderne a constitué l'un des axes de recherche de ce projet.

(Paul-André Claudel) à un roman contemporain relatif à la Shoah (le *Jan Karski* de Yannick Haenel, publié en 2009 et ici étudié par Myriam Watthee-Delmotte) en passant par les œuvres de Saint-John Perse (May Chehab), Henry de Montherlant (Marie Sorel), Georges Bernanos (Michael Kohlhauer), Antoine de Saint-Exupéry (Olivier Odaert), Serge Dalens, auteur de la collection de romans scouts « Signes de piste » (Laurent Déom), Roger Vailland (Michel Bertrand), Robert Reus (Emmanuel Deronne), Cioran et Guy Debord (Sylvain David), Albert Cohen (Christophe Meurée), le parcours qui suit témoigne de la diversité des formes qu'a pu revêtir l'imaginaire nobiliaire, en France, au XXe siècle.

Aussi transversal et éclectique soit-il, un tel panel, pas plus que celui qui l'a précédé pour le XIXe siècle, n'a prétention à l'exhaustivité, ce qui serait en toute rigueur irréalisable devant la richesse et la complexité des questions soulevées par une telle problématique. Nul doute que de nombreux autres écrivains – d'Anna de Noailles à Marguerite Yourcenar en passant par la Princesse Bibesco, ou encore Michel de Saint-Pierre, pour s'en tenir à des membres de la noblesse – n'auraient pas dépareillé les pages qui suivent. Plus modestement, la finalité de cet ensemble est de poser un certain nombre de balises à travers une approche collective structurée par une interrogation commune dont l'article conclusif a pour ambition de présenter les principales lignes de force. L'objectif de pareil coup de sonde est de faire apparaître certaines des facettes majeures de cet imaginaire littéraire spécifique, qui apparaît, peut-être de façon plus manifeste encore qu'au XIXe siècle, comme l'une de ces « autre[s] face[s] de la modernité esthétique[1] », longtemps refoulée, bien qu'elle ait animé, de façon plus profonde et durable que l'on ne se l'imagine souvent, la littérature de la période.

David MARTENS
KU Leuven – MDRN

1 Voir William Marx (dir.), *Les Arrière-gardes au XXe siècle : l'autre face de la modernité esthétique*, Paris, Presses Universitaires de France, 2004.

EX ORIENTE LUX ?

Aristocratisme et snobisme chez les derniers voyageurs en Orient (1900-1930)

Contre le supposé prosaïsme de la modernité industrielle, ou le désespérant ennui imputé à l'égalitarisme démocratique, bon nombre d'auteurs de la Belle Époque choisissent, dans la continuité de la fin de siècle, de trouver refuge dans l'idéal d'une existence supérieure, menée à rebours de la société : dilettantisme, dandysme, "vie inimitable" et "culte du moi" marquent le champ littéraire jusqu'à la Première Guerre mondiale, et même au-delà[1], sous l'impulsion d'écrivains aussi divers que Paul Bourget ou Maurice Barrès. Pour cette génération de transition entre décadence et modernité, nourrie d'échos post-romantiques et d'esthétisme nietzschéen, la recherche d'une noblesse perdue, la construction d'une "vie artiste", se doublent fréquemment d'une composante centrifuge : la pulsion du voyage, loin de l'Europe "aux anciens parapets", accompagne presque systématiquement le refus du monde moderne.

Sans surprise, c'est sur l'Orient que se concentre une bonne part du *désir d'ailleurs* des esthètes de la Belle Époque. De toute évidence, les territoires levantins représentent, dans la littérature française des trente premières années du XXe siècle, un espace de rêverie opposé à la platitude de la modernité. Dès l'aube de la révolution industrielle, le mythe de l'Orient avait motivé une infinité de voyages à la recherche de

1 La plupart des études consacrées à ces comportements de rupture – notamment *Le Dilettantisme dans la littérature française d'Ernest Renan à Ernest Psichari* de Jean-François Hugot (Paris, Aux Amateurs de Livres, 1984) et *Le Snobisme et les lettres françaises de Paul Bourget à Marcel Proust* d'Émilien Carassus (Paris, Armand Colin, 1966) – voient l'« esprit dilettante » hérité de la décadence s'éteindre avec la Grande Guerre. Maarten van Buuren perçoit au contraire une continuité avec l'entre-deux-guerres : « quand on y regarde de plus près, le dilettante ne disparut point dans le préambule à la Grande Guerre. [Ses] principes [...] ne parvinrent à maturité que dans la période 1910-1930. » (« Le dilettantisme, style de vie », *Poétique*, n° 137, février 2004, p. 53-71 [p. 67]). C'est cette périodisation « large » que nous proposons de suivre.

contre-modèles. L'idéal de la fuite en Orient, ou du pèlerinage en terre sainte, ne naît certainement pas à l'aube du "siècle bref", mais il n'en conserve pas moins son potentiel imaginaire : bien des émules attardés de des Esseintes rêvent de trouver dans les pays du Levant un autre modèle de vie, et peut-être de civilisation, susceptible d'être opposé aux corruptions de la modernité.

Si la mythologie du voyage en Orient héritée du premier Romantisme est ainsi perpétuée par les nouveaux voyageurs dilettantes du XXe siècle, le contexte général a radicalement changé : la légitimation que l'on pouvait autrefois chercher dans un périple aux sources de la spiritualité méditerranéenne a perdu de son immédiateté. Le voyageur nourri des pages de Lamartine ou de Nerval se heurte désormais à la vue des ruelles encombrées de vendeurs de bibelots et au spectacle des monuments assiégés par les touristes anglais. Voyager en Égypte, en Syrie ou en Turquie à la recherche d'émotions rares demande désormais au littérateur policé un effort d'abstraction, et peut-être une certaine dose de mauvaise foi, pour préserver la pureté de ses sensations.

C'est cette tension – entre l'héritage romantique du voyage au Levant et le constat d'une nouvelle réalité qui impose de repenser le mythe oriental – que l'on se propose d'analyser, en s'appuyant sur un ensemble de textes romanesques du début du siècle qui laisse entrevoir un tournant fondamental dans les représentations. À la posture aristocratique des voyageurs issus du Romantisme succède en effet, à l'aube du XXe siècle, une nouvelle façon d'aborder l'altérité orientale : le voyage comme *facteur de distinction* ne se suffisant plus à lui-même, la rencontre avec l'Orient se teinte d'ironie et de snobisme. Entre la myopie volontaire du rêveur qui s'interdit de voir la réalité, l'irritation du raffiné face à la plèbe européenne qui vient souiller les terres d'Orient, et le suprême cynisme de celui qui finit par admirer précisément, dans l'ailleurs qu'il arpente, les témoignages de la civilisation que les autres croyaient fuir, c'est une large gamme d'attitudes que l'écrivain du XXe siècle est amené à adopter, afin de garantir, en dernier ressort, sa supériorité intellectuelle. En ce sens, le voyage en Orient est l'un des lieux où se révèlent le mieux les nouvelles stratégies d'écriture permettant de se réapproprier cette *singularité aristocratique* que la modernité semble interdire.

UN IMAGINAIRE USÉ JUSQU'À LA CORDE

Pour saisir le déclin du pittoresque traditionnel lié à l'Orient, et percevoir comment se construisent, en réaction à ce déclin, de nouvelles attitudes de rupture, un retour en arrière s'impose. C'est à l'historien des religions Salomon Reinach que l'on doit l'expression « mirage oriental », forgée en 1893 pour critiquer la vision idéalisée de l'Orient qui triomphe dans les théories diffusionnistes de la fin du XIXe siècle[1]. Aux yeux de Reinach, les milieux savants, fascinés par l'Orient, ont fait de cet espace géographique une région mythique, à la source de toutes les inventions humaines. Au moment où Reinach développe son argumentation en faveur d'une considération plus objective de la culture orientale, nous sommes assurément à la fin d'un cycle : le « mirage » dont il pointe les clichés a déjà un siècle d'existence.

Nombre d'historiens ont en effet observé comment l'imaginaire de l'Orient s'est épanoui dans les premières années du XIXe siècle, notamment à partir de cet événement décisif qu'a été la campagne d'Égypte : en l'espace de quelques années, sous l'influence des savants revenus des berges du Nil, la conception même de l'Orient s'est transformée et nuancée. Dans les pages de Chateaubriand ou de Nerval, le sud de la Méditerranée n'est plus considéré comme un territoire exotique et potentiellement hostile, mais comme un espace d'une extraordinaire richesse, dans lequel l'homme occidental gagnerait à se replonger comme dans un salutaire bain de jouvence. Comme l'observent Daniel Lançon et Patrick Née, cet Orient largement fantasmatique n'est pas seulement une province éloignée qui s'offre à l'imagination. Il alimente également le désir d'un retour à l'origine, vers cette « partie du monde qui passe pour le berceau des civilisations occidentales : l'Orient (là où le soleil se lève, *orior*)[2]. »

Bien sûr, cet Orient qui suscite la rêverie constitue une entité indéfinie, aussi bien dans ses représentations géographiques – c'est un espace

1 Salomon Reinach, *Le Mirage oriental*, Paris, Masson, 1893. Cette expression sera reprise quelques années plus tard par Louis Bertrand dans un essai visant à démystifier les prétendus charmes de l'Orient (Louis Bertrand, *Le Mirage oriental*, Paris, Perrin, 1910).

2 Daniel Lançon et Philippe Née (dir.), *L'Ailleurs depuis le Romantisme : essais sur les littératures en français*, Paris, Hermann, 2009, p. 7-8.

imprécis qui se déploie généreusement autour des rives de la Méditerranée, au point de recouvrir quasiment tous les pays de souveraineté ottomane – que dans les significations qu'on lui attribue. Chateaubriand, qui accomplit son itinéraire de Paris à Jérusalem en 1806, fait de son voyage un pèlerinage aux sources de sa foi ; Lamartine, qui embarque pour l'Orient en 1832, considère son périple comme une mission politique et religieuse ; Nerval, Flaubert, Du Camp, Fromentin, et tous ceux qui réalisent le voyage en Orient dans les années Quarante du siècle – comme plus tard Gautier, qui se rend en 1852 à Constantinople et en 1869 en Égypte – ajoutent à l'idée du retour aux sources la recherche d'une altérité esthétique et anthropologique.

Si ces deux éléments – fantasme régressif et promesse d'évasion – sont loin de disparaître, la représentation culturelle de l'Orient, chez les élites littéraires en quête de nouveaux horizons, se modifie pendant la deuxième moitié du siècle. En tant qu'entité géographique, l'Orient des artistes et des lettrés voit d'abord ses frontières reculer jusqu'à l'Asie du fait de la multiplication des échanges entre l'Europe et le monde pacifique ; la curiosité savante, qui autrefois s'arrêtait sur les provinces du Moyen-Orient, s'étend désormais jusqu'à la Chine et au Japon. Cette ouverture de l'espace vers l'Est entraîne de nouveaux pèlerinages littéraires, qui reculent les horizons de l'exotisme. Mais si la perception de l'Orient méditerranéen apparaît modifiée, c'est avant tout du fait de la démocratisation du voyage réel, et du développement de l'industrie touristique : la diffusion des navires à vapeur, l'ouverture des grandes lignes de chemin de fer, les transformations du système hôtelier, facilitent les déplacements et produisent une uniformisation des expériences. À cela s'ajoute la publication des grands guides de voyage, Murray, Baedeker ou Joanne, qui recensent scrupuleusement les lieux à visiter et les parcours à accomplir : dans le dernier quart du XIXe siècle, le voyage en Orient perd sa dimension d'aventure solitaire pour constituer un parcours balisé et chronométré. N'en déplaise aux esthètes, la révolution industrielle a mis l'Orient méditerranéen à la portée de tous.

Certes, dans une certaine mesure, le voyage en Orient reste, pour une microsociété de privilégiés qui vit son dernier âge d'or, un déplacement coûteux, par lequel il est possible d'affirmer sa supériorité de classe ; mais déjà les hordes de touristes bourgeois emmenés par l'agence Thomas Cook & Son – fondée en 1871 – causent le désagrément des voyageurs les plus exigeants. Cette concurrence entre une élite cosmopolite et une plèbe de touristes est déplorée par Pierre Loti dès 1892, à l'occasion d'un voyage à Constantinople. Les groupes de "Cooks" et de "Cookesses" sont la hantise de l'écrivain, qui ne dissimule pas son exaspération : « autrefois la traversée de la Mer Noire les arrêtait encore ; mais depuis deux ans, avec le nouveau chemin de fer aboutissant au pied du Vieux-Sérail, c'est effrayant, ce flot de désœuvrés de l'Europe entière qui viennent ici fureter partout[1]. » Comme pour faire écho à Loti, Maurice Barrès note en 1914, à l'occasion d'un déplacement au Liban, que le chapitre ouvert par Chateaubriand semble appelé à se refermer : « Le général Gouraud a créé de grandes routes qui ouvrent ces régions aux curiosités les plus paresseuses. Des touristes iront bâiller, où le cœur me battait si fort [...][2]. » Aux yeux du romancier de l'« énergie nationale », le temps de l'émotion et du recueillement est peut-être fini : « J'aurai clos en 1914 la longue série des pèlerins du mystère[3]. »

Pour les voyageurs raffinés, l'Orient méditerranéen est donc en passe de perdre une bonne part de son pouvoir de séduction. Comme le note Jean-Claude Berchet, la grande époque du voyage en Orient touche à sa fin au début de ce siècle : son anthologie s'arrête significativement en 1920, sur des textes qui peignent l'Orient comme une région galvaudée, faite de paysages décolorés, encombrés de touristes et exploités par des agences de voyage peu scrupuleuses[4]. Les années Vingt semblent en effet marquer le point d'arrivée de la parabole : à partir de cette date, l'Orient occasionne toujours la rêverie – comme chez le poète Henri Thuile, qui publie en 1921 une belle méditation intitulée *Littérature et Orient*[5] –, mais sa perception n'en a pas moins changé radicalement. Le voyage au sud de la Méditerranée nourrit moins un mirage utopiste, tourné vers une patrie idéale à conquérir, qu'un élan nostalgique, fondé sur l'intuition d'un imaginaire sur le point de sombrer.

1 Pierre Loti, *Constantinople en 1890*, p. 43-94 in *Constantinople fin de siècle*, Sophie Basch (éd.), Bruxelles, Complexe, 1991, p. 67.

2 Maurice Barrès, *Une enquête aux pays du Levant*, Houilles, Manucius, 2004, p. 122.

3 *Ibid.*

4 *Le Voyage en Orient. Anthologie des voyageurs français dans le Levant au XIXe siècle*, Jean-Claude Berchet (éd.), Paris, Robert Laffont, « Bouquins », 1985, p. 9. Sur le même sujet, voir également *Le Voyage en Orient. 1850-1930. De l'âge d'or à l'avènement du tourisme*, Feriel Ben Mahmoud et Nicolas Daniel (éd.), Paris, Éditions Place des Victoires, 2008.

5 Henri Thuile, *Littérature et Orient*, Paris, Messein, 1921.

LES AMBIGUÏTÉS D'UNE REPRÉSENTATION

Cette récapitulation sommaire suffit à montrer que la Première Guerre mondiale correspond, dans l'histoire de longue durée de l'imaginaire oriental, à un moment essentiel de basculement : à la fin de la Belle Époque, la représentation de l'Orient construite par un siècle de romans exotiques et de récits de voyage apparaît remise en cause. Manifestement, la démocratisation de l'Orient – jadis réservé à quelques hommes d'exception, et maintenant devenu la propriété de tous – est le symptôme d'une perte de valeurs plus générale : ce territoire menacé par les foules occidentales traduit symboliquement le crépuscule de l'aristocratie, désormais supplantée par une bourgeoisie marchande avide de nouveaux loisirs.

C'est ainsi que la contemplation de l'Orient est tout naturellement intégrée, à partir des premières années du XXe siècle, à un horizon déceptif. Vers 1900 naît l'image renversée d'un Orient certes admirable, mais également fragile, à la merci de l'occidentalisation des mœurs et de l'industrialisation : un Orient non plus préservé, mais menacé de contagion, sur le point de voir sa magie disparaître, et ses paysages brutalement changés en étendues crasseuses. Le meilleur exemple de cette hantise de la corruption se trouve dans *La Mort de Philae* (1908) de Pierre Loti. Ce texte virulent s'attarde sur les paysages d'égypte, sur le point d'être dévastés par l'impérialisme occidental. Bien des pages de Loti sont construites sur l'opposition entre la pureté de la nature et la perversion qui gagne les sites d'Orient les plus touristiques ; un passage célèbre permet à l'auteur de plaindre le destin du Nil, dont l'âge d'or serait définitivement révolu :

> Pauvre, pauvre Nil, qui porta tant de barques de dieux et de déesses en cortège derrière la grande nef d'or d'Amon et qui ne connut à l'aube des âges que d'impeccables puretés… pour lui, quelle déchéance ! Bruits de machines, sifflets et, dans l'air qui était si pur, infectes spirales noires : ce sont les modernes steamers qui viennent jeter le désarroi dans ces flottilles du passé ; avec de grands remous s'avancent des charbonniers, ou bien une kyrielle de bateaux à trois étages pour touristes qui font tant de vacarme en sillonnant le fleuve et sont bondés de laiderons, de snobs et d'imbéciles[1] !

1 Pierre Loti, *La Mort de Philae*, Paris, Calmann-Lévy, 1908, p. 75.

Sous la plume de Loti, c'est tout l'Orient de la rêverie romantique qui semble subir, jour après jour, une dégradation humiliante. Loti concentre ses traits sur les villes du Levant, devenues selon lui des espaces anonymes, progressivement privés de leur pittoresque. Dans le contexte égyptien, Alexandrie se prête particulièrement bien à un discours élégiaque, sur le thème de la perte d'authenticité. Il faut reconnaître que l'ancienne capitale des Ptolémées, que tout voyageur cultivé rattache au souvenir mythique du Phare et de la Bibliothèque, est devenue en 1914 une capitale mondaine et occidentalisée. Sans surprise, cette « Venise rasée sur une mer verte » (comme la définira Barrès[1]) fait horreur aux nostalgiques auxquels le tourisme ne permet plus d'entretenir leurs illusions.

Mais la critique développée dans *La Mort de Philae* contient également une deuxième dimension : ce qui suscite le désarroi de ce voyageur professionnel qu'est Loti, ce n'est pas seulement que l'Orient soit gagné par la gangrène occidentale ; c'est, plus profondément encore, que ces deux pôles puissent à présent se confondre dans un métissage vertigineux. Dans le nouveau contexte de la modernité, l'opposition axiologique Orient-Occident, héritée de la tradition romantique, ne fait plus sens : l'uniformisation des paysages – qui se fait bien entendu au bénéfice de l'Occident triomphant – crée la plus triste confusion. Les années suivantes confirmeront cette intuition : significativement, sur le point de débarquer à Alexandrie, en 1934, Claude Aveline se désole de retrouver un spectacle qui fait songer à Marseille ; quelques années plus tard, dans *Maalesh*, Cocteau s'étonne de découvrir, au Caire, des quartiers qui ressemblent à Nice[2]. On ne saurait mieux traduire le trouble qu'introduit la modernité dans l'espace méditerranéen : ce spectacle chaotique peut se lire comme une métaphore de la *confusion des hiérarchies* qui marque l'univers globalisé du XXe siècle.

1 Maurice Barrès, *Mes Cahiers*, t. VI, *juillet 1907 – juin 1908*, Paris, Plon, 1933, p. 149-231 : *Cahier d'Égypte* (p. 155).

2 Voir respectivement Claude Aveline, *La Promenade égyptienne*, Paris, Émile-Paul, 1934, p. 28, et Jean Cocteau, *Maalesh*, Paris, Gallimard, 1949, p. 132.

LES DERNIERS PÈLERINS EN ORIENT ?

Si, de toute évidence, un changement de paradigme est en cours, la “force d’attraction” de cet Orient agonisant ne disparaît pas immédiatement : bien au contraire, l’imaginaire du *pèlerinage spirituel* dans les rives du sud de la Méditerranée – forgé par les trois récits fondateurs de Chateaubriand, Lamartine et Nerval – reste étrangement puissant dans les premières années du XXe siècle. Alors même que son image semble se craqueler de toutes parts, l’Orient reste spontanément abordé comme une terre de magie, de mystère et de recueillement, dialectiquement opposé à l’Occident démocratique et industrialisé, qui aurait perdu son lien structurel avec la tradition (Guenon), voire serait entré dans une phase de dégénérescence morale (Spengler). C’est bien dans cet esprit qu’André Chevrillon, neveu de Taine, écrit *Terres mortes* (1897), récit d’un voyage sur les rives du Nil à la découverte de l’Égypte pharaonique et de ses doctrines oubliées, ou qu’Édouard Schuré rédige, l’année suivante, ses *Sanctuaires d’Orient* (1898). C’est encore cette pulsion qui marque, en 1914, la démarche du très catholique Barrès dans les pays du Levant : au-delà du prétexte officiel de son voyage – l’inspection des congrégations françaises disséminées de l’Égypte au Liban –, tout son itinéraire est sous-tendu par l’espoir de recueillir quelques traces des énergies spirituelles du monde oriental, pour les insuffler dans la vieille Europe anémiée : « j’ai le sentiment que l’Asie a des secrets, toute une vie ténébreuse, un cœur religieux, qui m’inspire un attrait que je voudrais inonder de lumière[1]. »

De fait, l’Orient se présente encore, au début du XXe siècle, comme l’espace idéal d’une fuite loin du matérialisme européen : il alimente efficacement un imaginaire de la *démission de l’écrivain* et du départ sous d’autres cieux, sans doute lointainement inspiré par le mythe de l’“adieu” rimbaldien. On peut songer dans cette perspective à l’itinéraire de l’ésotériste René Guénon, qui choisit dans l’entre-deux-guerres de s’installer au Caire, ou à celui du philosophe Hermann von Keyserling, dont l’existence sera marquée par de multiples voyages en Inde, en Chine ou au Japon. Toutes proportions gardées, le périple de T. E. Lawrence,

1 Barrès, *Une enquête aux Pays du Levant*, *op. cit.*, p. 24.

raconté dans *Les Sept piliers de la sagesse* (1926) relève de la même logique de fascination pour la péninsule arabique. Mais le meilleur exemple de ce “lâcher prise” est sans doute offert par Valentine de Saint-Point (1875-1953) : l'arrière-petite-nièce de Lamartine, figure tonitruante de l'avant-garde littéraire du début du siècle, choisit en 1924 de renoncer à toute activité artistique pour s'exiler en Égypte. Convertie à l'Islam, elle animera une revue militante, *Le Phoenix*, dans lequel elle publiera un article véhément sur « La faillite de la civilisation occidentale » avant de se murer dans le silence. On ne saurait trouver meilleure illustration de cette *vita nova* que l'Orient semble offrir aux esthètes marqués par le double souvenir de Lamartine et de Rimbaud.

LA MORT DU PITTORESQUE

Dans le panorama de l'entre-deux-guerres, l'itinéraire idéaliste de Valentine de Saint-Point et de tous les “déserteurs” venus clore la parabole du voyage en Orient correspond toutefois à un phénomène marginal : dès les premières années du siècle, il est difficile de croire encore aux vertus régénératrices d'un voyage dans le “berceau de soleil du genre humain” vanté par Lamartine. C'est précisément de ce point de vue que l'on peut établir une analogie avec l'irrésistible déclin de la classe aristocratique qui marque la société française jusqu'à la Première Guerre mondiale, et la *nostalgie nobiliaire* éprouvée par certains écrivains du début du XXe siècle : face à cet Orient en décomposition se développe un discours dépréciatif dont les arguments sont proches de ceux que la critique réactionnaire jette à la face de la société démocratique. Commenter la fin du pittoresque oriental permet d'exprimer plus largement son désarroi devant le nivellement des valeurs imposé par la modernité.

En 1896, au terme d'une croisière en Méditerranée, Robert de Flers pointait déjà la perte d'authenticité des paysages orientaux ; certaines pages de son opuscule *Sur l'Orient* condamnaient sans appel l'occidentalisation des villes, notamment l'évolution architecturale du Caire, devenu un concentré de *kitsch* à nul autre pareil : à le lire, Gesireh se présente, en 1896, comme un palais « dont l'ingéniosité des architectes et entrepreneurs européens a fait un chef-d'œuvre de mauvais goût. » Quant aux alentours, ils sont « animés par les joueurs de tennis » et pris d'assaut par la « colonie européenne ». Bref, au Caire, « tout caractère national, toute élégance de race ont disparu sous une même ostentation vaniteuse et banale[1]. » Ce constat d'un Orient déclassé, changé en décor de pacotille à l'usage de l'intelligentsia cosmopolite, fera l'objet d'une longue série de reprises.

C'est le même refrain que l'on trouve dans *La Mort de Philae* : dans la continuité de Robert de Flers, les premières pages du livre de Loti brossent un tableau sans complaisance de la fameuse route des pyramides, sorte de boulevard parisien encombré d'hôtels, de « lampes électriques » et d'orchestres qui font entendre « la phrase inepte de quelque rengaine de café-concert [...][2]. » Deux ans plus tard, dans *Le Mirage oriental*, le romancier Louis Bertrand poursuit l'œuvre de démolition entamée par Loti, en s'attaquant à l'Orient défiguré par la « débâcle de la couleur locale [...][3]. » À en croire Bertrand, l'Orient n'est qu'un décor de théâtre dressé à la va-vite pour la satisfaction des touristes : « tout l'Orient est dans cette antithèse : des odeurs suaves sur de la pourriture[4] ! » L'impact de l'essai de Louis Bertrand est tel qu'après 1910, ce type de *regard démystificateur* devient un lieu commun du récit de voyage : à titre d'exemple, on retrouve le même jugement teinté de cynisme dans *La Caravane sans chameaux* (1928) de Roland Dorgelès. D'après Dorgelès, la vulgarisation des voyages lointains a entraîné le développement d'une véritable industrie du tourisme, fondée sur la mendicité et l'exhibitionnisme. L'exotisme littéraire est en état de décomposition ; la poétique des ruines est désormais impossible ; même le désert a perdu de sa superbe :

> Et le désert, où le cache-t-on ? Est-ce cet immense terrain qu'on dirait épilé ? Je ne puis pas le croire. Au milieu de ces tas de sable, de ces larges trous qui furent des sépultures, de ces pans de murs exhumés, j'ai l'impression vulgaire de traverser un chantier en grève, des fortifications loties[5].

Pyramides, temples et déserts ont été défigurés par un pittoresque factice. Le littérateur en visite ne peut plus se permettre de les admirer

1 Robert de Flers, *Vers l'Orient*, Paris, Flammarion, 1896, p. 31.
2 Loti, *La Mort de Philae*, *op. cit.*, p. 9.
3 Bertrand, *Le Mirage oriental*, *op. cit.*, p. 65.
4 Loti, *Constantinople en 1890*, *op. cit.*, p. 65.
5 Roland Dorgelès, *La Caravane sans chameaux*, Paris, Albin Michel, 1928, p. 42.

naïvement : bien au contraire, le nouveau *Zeitgeist* impose d'en faire des objets de mépris ou de dérision. Dans la surenchère de la provocation à laquelle se livrent les nouveaux Catons du voyage, Paul Morand franchit un degré supplémentaire en s'attaquant non seulement aux sites touristiques, mais également aux symboles du luxe occidental : même les prétendus palaces du Caire ne sont que des coquilles creuses. Ainsi, à bien y regarder, le Shepheard's n'est qu'un « vieil hôtel anglais, cher, peu confortable, avec un décor des *Mille et une nuits*, dont on ne voudrait même plus à Hollywood pour jouer *Kismet*[1]... » Peut-on aller plus loin encore dans la désacralisation ? Le dernier degré de la lucidité est sans doute atteint lorsque, derrière la couche de folklore inauthentique identifiée par Louis Bertrand, et derrière la façade luxueuse des palaces moqués par Morand, le voyageur désabusé parvient à percevoir la brutalité économique du monde colonial ; c'est ce que saisit fort bien le jeune Nizan lorsqu'il débarque à Aden. Cette « mixture de l'Orient et de l'Empire britannique » lui apparaît, dans une sorte de révélation, comme « une des mailles de la longue chaîne qui maintient autour du monde les profits des marchands de la City[2]. »

NAISSANCE DE L'ÉCRIVAIN BLASÉ

À partir des années Dix, chacun peut donc constater que le toc, le mauvais goût et la frénésie marchande anglo-saxonne – dont le touriste anglo-américain est l'une des incarnations maléfiques – ont envahi les paysages fréquentés par l'élite européenne. « Jadis critère de distinction, le voyage est devenu l'emblème de la vulgarité », synthétise efficacement Sophie Basch[3]. Puisque l'émotion esthétique ne suffit plus à justifier le voyage dans ces contrées lointaines, il est urgent d'élaborer de nouvelles postures pour préserver la supériorité de l'écrivain sur le commun des mortels.

1 Paul Morand, *Méditerranée, mer des surprises*, Paris, Éditions du Rocher, 1990, p. 215.
2 Paul Nizan, *Aden Arabie*, Paris, Seuil, 1990, p. 94.
3 Sophie Basch, *Les Sublimes portes : d'Alexandrie à Venise, parcours dans l'Orient romanesque*, Paris, Champion, « Atelier des voyages », 2004, p. 80.

Le premier réflexe semble précisément être de se faire la voix de la protestation, en se présentant comme le défenseur de la magie orientale contre les assauts des foules barbares : face aux hordes de touristes qui se retrouvent en tous lieux, rien n'est plus tentant que d'entonner le *lamento* de l'Orient perdu. Pierre Loti est exemplaire de cette posture de dénonciation ; un passage de *Constantinople en 1890* illustre le rapport d'opposition – typique d'un certain égotisme de la Belle Époque – qui se crée entre l'écrivain et la masse des profanateurs :

> Ces rues, ces places, ces banlieues de Constantinople, il me semble qu'elles sont un peu à moi, comme aussi je leur appartiens. Tous ces désœuvrés de boulevard que l'Express-Orient y jette maintenant en foule, je leur en veux de s'y promener, comme à des intrus profanant mon cher domaine[1].

« Mon cher domaine » : encore une fois, cette *métaphore territoriale*, par laquelle s'exprime une possession impossible, est une des formes à travers lesquelles se dit, dans un demi-aveu, le fantasme nobiliaire, mis en péril par les avancées du monde moderne.

Et pourtant, l'attitude du redresseur de torts adoptée par un Pierre Loti ou un Louis Bertrand apparaît fondamentalement insatisfaisante : entre 1900 et 1910, le discours plaintif élaboré dans un texte comme *La Mort de Philae* pouvait en effet paraître audacieux et provocant. Mais après 1910, il est en passe d'être repris par la masse et de perdre toute sa vigueur polémique : ces mêmes invectives contre le tourisme commencent à être répétées par les littérateurs de seconde zone, par les guides de voyage et – suprême ironie d'une société de masse qui fait de l'individualisme une valeur collective – par les touristes eux-mêmes, lecteurs des *best-sellers* de Loti... Si la nostalgie, devenue un sentiment banal à l'aube du XXe siècle, ne peut plus être un recours, d'autres façons de composer avec la réalité orientale s'imposent aux plus clairvoyants : en l'espace de quelques années, une génération d'écrivains abandonne en effet le désert et ses vestiges pour élaborer une sorte de *contre-idéologie du voyage*. Celle-ci se fonde sur un renversement des valeurs : c'est au commun qu'il convient, désormais, de s'extasier devant les paysages désertiques, et au voyageur dilettante de s'inventer une nouvelle raison d'être.

---

1 Loti, *Constantinople en 1890*, *op. cit.*, p. 48.

Par quoi remplacer les pyramides et les temples, devenus *infréquentables* ? Désormais, ce sont les symboles mêmes de la présence occidentale en Orient qui attireront le regard du voyageur : ce que les nouveaux *globe-trotters* vont choisir d'admirer, pour agrémenter leur très littéraire errance, ce ne sont plus les vestiges traditionnels – totalement passés de mode –, mais les signes de la modernité et du confort importé d'Occident que la plèbe affecte de ne pas considérer. Loin des sites archéologiques voués à l'admiration universelle, il s'agit désormais de se complaire dans la fréquentation des palaces, des trains de luxe, des dancings et des paquebots ! Le pétillant roman *Palace-Égypte* (1928) de l'écrivain et journaliste Francis Carco fonctionne précisément selon ce modèle. Son narrateur préfère en dernier ressort les commodités de son hôtel aux spectacles naturels :

> L'express roulait à la façon d'un pacifique train de banlieue, sans se hâter, et lorsqu'il s'arrêta, dans un grand sifflement de la locomotive, et que je sautai sur le quai, parmi toute espèce de touristes, la station d'Assouan m'apparut si médiocre que je fus aussitôt déçu.
>
> – Ah ! soupirai-je en regardant ma main bandée, tout cela ne vaut pas la chambre du *Sémiramis*[1] !

On ne saurait exprimer avec plus de nonchalance le désir de gratuité d'une classe d'écrivains-voyageurs attachés – comme le Barnabooth de Larbaud – à une nouvelle façon de découvrir le monde, libérée des pesanteurs sociales qui imposent d'admirer les chefs-d'œuvre et de faire la queue avec les "Cooks" et les "Cookesses" dans les musées. Roland Dorgelès lui-même s'inscrit, dans *La Caravane sans chameaux*, dans cette évolution des centres d'intérêts. Au moment de débarquer à Alexandrie, il résume d'un ton gouailleur les nouveaux « points forts » de la ville : « Les Aphrodites d'à présent, on les rencontre à l'Excelsior ou au Pavillon Bleu. Je m'en moque de l'heptastade et du Sérapeion ! Je ne viens pas ici cataloguer les ruines[2]. » Ce jeu de substitution fait sourire, mais il n'est pas aussi innocent qu'il y paraît : à bien y regarder, il permet de garantir la supériorité du flâneur averti sur la masse des touristes, regardés de haut comme des voyageurs de seconde zone prisonniers de leurs préjugés romantiques. De fait, le résultat recherché

1 Francis Carco, *Palace-Égypte*, Paris, Albin Michel, 1933, p. 113-114.

2 Dorgelès, *op. cit.*, p. 13.

est atteint : l'écrivain dilettante a préservé, par son mépris des objets esthétiques admirés par le commun des mortels, sa précieuse *singularité.* Par le décalage et la dérision, *il a réactivé l'imaginaire nobiliaire attaché à l'idée même de voyage en Orient.*

La réalisation la plus aboutie de cette attitude désinvolte – qui constitue le point ultime du renversement des valeurs – se trouve dans un ouvrage savoureux du romancier Pierre Frondaie : celui-ci met en scène, dans *L'Eau du Nil* (1926), un vieil Anglais buveur de whisky qui, de la terrasse de son hôtel, lève son verre à la santé des Pharaons, tout en célébrant – sans complexes – le « luxe du vingtième siècle » :

> Quelques-uns, vos romantiques, s'indignent de trouver le luxe du vingtième siècle sur les rives de la vieille Égypte ? Voilà une idée trop facile : le crépuscule n'est pas moins beau devant l'Éléphantine parce que nous avons des hôtels. [...] Je trouve amusant de boire mon cocktail en habit de soirée, ici, parce que je continue une tradition : j'imagine que les Pharaons et tous leurs seigneurs, ils s'habillaient le soir, dans leurs palais ! Hein, *my dear*[1] ?

À presque un siècle de distance, cet hymne à la futilité a conservé toute sa saveur : tout en traduisant, une fois pour toutes, la fin de la mythologie romantique liée à l'Orient, les pages écrites par Dorgelès, Carco ou Frondaie témoignent d'un attachement élitiste aux symboles du "monde moderne". Ce cosmopolitisme européen, destiné à sombrer dans le naufrage de la Deuxième Guerre mondiale, ne méritait-il pas, en effet, un dernier cocktail en guise d'au revoir ? Face au soleil couchant sur le Nil, qui évoque irrésistiblement le crépuscule d'un monde, on serait tenté de conclure avec le vieil Anglais de Pierre Frondaie : « Allons, encore un whisky... »

Paul-André CLAUDEL
Université de Nantes

1 Pierre Frondaie, *L'Eau du Nil*, Paris, Émile-Paul, 1926, p. 78.

SAINT-JOHN PERSE, PRINCE PAR L'ABSURDE

> Ô mes frères ! je vous investis d'une nouvelle noblesse
> Friedrich NIETZSCHE, *Ainsi parlait Zarathoustra*, III, § 12.

> Noblesse, vous mentiez ; naissance, trahissiez
> SAINT-JOHN PERSE, *OC*, 299[1].

L'imaginaire littéraire de la noblesse n'a pas été épargné par la vague déferlante de la pensée nietzschéenne[2], qui a particulièrement touché la France à partir des dix dernières années du XIXe siècle : il est un fait que, dans le contexte européen, « l'aire culturelle française apparaît [...] comme la plus fertile en littérature nietzschéenne, juste après l'Allemagne elle-même[3]. » La pensée acérée du philosophe qui intitule la neuvième partie de *Par-delà le bien et le mal* « Qu'est-ce qui est noble[4] ? » soumet

1 Les citations des œuvres de Saint-John Perse renvoient, de la façon suivante (*OC*) à l'édition des *Œuvres complètes* réalisée par l'auteur dans la « Bibliothèque de la Pléiade » (1972-1982) en mentionnant la pagination. Pour les citations de Nietzsche, et à l'exclusion de la compilation de fragments en tant que telle abusivement attribuée à Nietzsche et de ce fait placée entre guillemets, « *La Volonté de puissance* » (auquel nous nous référons par le sigle *VP*), le renvoi à la pagination de l'édition Robert Laffont (avec la traduction d'Henri Albert qu'Alexis Leger avait eue sous les yeux) suit la présentation en usage dans les études nietzschéennes.

2 Notre étude reprend, pour les approfondir et les prolonger dans la perspective qui est celle du présent volume collectif, des questions abordées dans notre ouvrage *Saint-John Perse, neveu de Nietzsche*, Paris, Champion, « Poétique et esthétique XXe – XXIe siècles », 2009.

3 Jacques Le Rider, *Nietzsche en France : de la fin du XIXe siècle au temps présent*, Paris, Presses Universitaires de France, « Perspectives germaniques », 1999, p. 105.

4 On ne peut qu'avec beaucoup de circonspection ajouter à ce corpus la quatrième partie du second volume de « *La volonté de puissance* » intitulée « L'idéal aristocratique » (243-258),

les attributs traditionnels de l'aristocratie à une relecture incisive dont plusieurs œuvres littéraires du XXe siècle français porteront la marque. Parmi ces dernières, la poésie de Saint-John Perse illustre de manière représentative la plupart des renversements de ces anciennes valeurs sociétales et leur transmutation dans un nouveau système de distinction. Non seulement l'hérédité, la supériorité, le retrait social, le rapport à l'histoire et à la religion sont radicalement transformés, mais la pratique scripturaire elle-même s'en trouve modifiée.

DE LA RACE REÇUE À LA RACE ÉLUE

Pour Nietzsche, qui s'est à plusieurs reprises exprimé sur l'idée de l'hérédité, la chose est entendue : l'hérédité n'existe pas à proprement parler. Dans ses fragments posthumes, le questionnement est on ne peut plus direct : « comment l'habitude est-elle possible ? Comment l'hérédité est-elle possible ? » (*OPC*, X, 1884, 26 [333]). L'hérédité que nous qualifions aujourd'hui de “sociale” résulterait en réalité d'une sédimentation conformiste bien plus que d'un atavisme biologique[1], d'une inertie nihiliste, d'une servitude volontaire, voire d'une passivité totale par rapport à ce qui nous précède et nous entoure. Il importe donc, pour le philosophe allemand, de résister à ce poids en lui opposant un contrepoids, en se créant une nouvelle hérédité et en se refaisant une généalogie personnelle dans le lacis des individus qui nous ont précédés.

C'est ainsi que, dans le sillage de la féconde pensée nietzschéenne, Saint-John Perse substitue aux « conditions fortuites d'une vie humaine » (*OC*, 467) et à « l'accident de sa naissance » (*OC*, 469) une nouvelle généalogie, en rupture avec les déterminations traditionnelles.

À l'hérédité physique Saint-John Perse va superposer un lignage mental. Plus qu'ailleurs, ce dernier apparaît dans la *Biographie* que le poète

---

*VP*1 étant en grande partie une réélaboration des aphorismes de *Humain, trop humain* en vue de la seconde édition de 1886 (voir Mazzino Montinari, *« La Volonté de puissance » n'existe pas*, Paris, Éditions de l'Éclat, 1996, p. 35).

1 Yannis Constantinidès, *Nietzsche*, Paris, Hachette Supérieur, « Prismes », 2001, p. 138.

rédige à la troisième personne au début du volume de la Pléiade, ainsi dans le recueil poétique intitulé *La Gloire des Rois*[1]. La chronique royale semble conter les aléas généalogiques d'une dynastie caractéristique des temps où commandaient la primogéniture masculine et la loi salique : on y trouve un roi, une reine, un régent, une fille malvenue, un héritier mâle présomptif puis triomphant. Mais l'exégèse allégorique qui est de mise pour la lecture de tout l'œuvre persien permet de révéler que *La Gloire des Rois* célèbre, parallèlement à l'avènement d'un héritier de sang, l'inédit et difficile affranchissement du « poids de l'hérédité » qui empêche tout héritier moderne de « naître à soi » : « Je n'imagine rien de plus épouvantable que la lutte pour le "silence" et cette torture de naître à soi parmi du "bruit" [...]. » (*OC*, 654, lettre du 9 mai 1909 à Gustave-Adolphe Monod).

Le Prince de *La Gloire des Rois* ne naît plus par filiation biologique mais « par l'absurde ». Issue d'une filiation *discordante* (c'est le sens premier du latin *absurdus*), la naissance princière se lit aussi dans le sens mathématique puisque l'expression « par l'absurde » pose que la proposition en question contredit des propositions auparavant reconnues vraies et se veut irrespectueuse des règles de la logique et des sens préétablis. Il s'opère donc un renversement à la fois logique, sémantique et axiologique de l'hérédité classique dont témoignent les épiclèses de ce Prince inaccoutumé : il est le « Dissident » et le « Sans-coutume-parmi-nous [...]... » (*OC*, 65-66).

Cependant, ni le poète ni le poème ne naissent à eux-mêmes par parthénogenèse totale. Bien qu'il arrive au poète d'affirmer, de son recueil *Exil* par exemple, qu'il s'agit d'« un grand poème né de rien » (*OC*, 124), Saint-John Perse inscrit le créateur et ses créations dans un lignage spirituel et littéraire ressortissant au temps long de l'histoire. Ainsi, le Prince a beau devoir sa naissance jubilatoire – « ô Prince sous la huppe, comme l'oiseau chantant le signe de sa naissance » (*OC*, 65) – à une insoumission à ce qui le détermine et le précède, il s'inscrit néanmoins dans la lignée spirituelle d'une République des lettres et des esprits, dans une « même vague par le monde, une même vague depuis Troie » (*OC*, 339-340), dans une « grande phrase humaine en voie toujours de création. » (*OC*, 446).

1 Recueil dont les poèmes majeurs ont étés écrits en 1911 et 1924, le dernier ayant été ajouté en 1948.

Il apparaît en effet que le Prince, avatar du Poète, est le créateur putatif vers qui convergent toutes les vagues depuis Troie. Or ces forces cumulées de la lignée n'apparaissent, comme chez Nietzsche, qu'au terme d'une « longue sélection » (*Par-delà le bien et le mal*, VI « Nous, les savants », § 213, 663). Lorsque Nietzsche écrivait que « seule la naissance ouvre l'accès à tout monde supérieur », qu'« il faut y avoir été formé et façonné par une longue sélection » et qu'« on n'a droit à la philosophie – au sens large du mot – qu'en vertu de ses origines », il entendait par « sélection » et « origines », non la phylogenèse biologique que des lectures faciles ou tendancieuses ont voulu y reconnaître, mais l'ontogenèse spirituelle des « aristocrates-nés de l'esprit » (*Humain, trop humain* I, « De l'âme des artistes et des écrivains », § 206, 547) :

> [...] il finit par se former un excédent de cette force [...] et qui attend maintenant un héritier qui la dépense avec prodigalité (ceux que l'on appelle des artistes sont de ces héritiers [...] toujours des hommes qui arrivent au bout d'une longue chaîne [...]). (Friedrich NIETZSCHE, *Le Gai Savoir* V, § 354, 218-219)

C'est à la lumière de l'extrait ci-dessus que l'on comprend comment l'héritier présomptif de *La Gloire des Rois* peut être « lourd d'ancêtres [...]. » (*OC*, 71). La conception nietzschéenne d'un philosophe-artiste s'inspire en effet des théories héréditaires du surplus et de l'excès. Chez Aristote déjà, la semence était considérée comme un surplus de l'alimentation (*De l'âme*, 415 a 26). À l'époque romaine, l'évangile de Jean prend acte de l'énergie vitale de l'accroissement et lui accorde une origine divine : « Moi, je suis venu pour qu'on ait la vie et qu'on l'ait surabondante » ('Εγὼ ἦλθον, ἵνα ζωὴν ἔχωσιν οἱ ἄνθρωποι καὶ περισσὸν ἔχωσιν, Jean X, 10), notion que Nietzsche resémantise dans le sens d'un art dionysien, lui aussi propice à la « surabondance de vie » (*Le Gai Savoir*, V, § 370, 240). Il est dès lors plus aisé de relier l'un des pseudonymes pressentis par Saint-John Perse (« Persse »), à la conception nietzschéenne du surplus dionysiaque, par la médiation de la translittération de la forme grecque *per(i)ssos* (supérieur, superfétatoire) du verset précité de l'évangile de Jean[1].

1 Voir Chehab, *Saint-John Perse, neveu de Nietzsche*, *op. cit.*, p. 209 *et sqq.* et Christian Rivoire, « Saint-John Perse, masque et pseudonyme : un horizon de l'Être », *La nouvelle Anabase : revue d'études persiennes*, n° 1 : Loïc Céry (dir.), *"Saint-John Perse, Mythes et Présences"*, 2006, p. 127-140.

Si le système de la nouvelle noblesse de sang reste « héréditaire », c'est donc uniquement dans le sens d'une lignée spirituelle. Chez Saint-John Perse, la transformation du vecteur sanguin de l'hérédité en un vecteur spirituel des « aristocrates-nés de l'esprit » se fait par le truchement de la métaphore saline : « ce n'est pas du sang que vous avez mis dans mes veines, mais de l'eau de mer », écrit le poète à sa mère (*OC*, 883)[1]. La mer métaphorise la nouvelle noblesse de sel :

> « ô grande dans l'écart et dans la dissemblance, ô grande de grande caste et
> [haute de haut rang,
> « À toi-même ta race, ta contrée et ta loi ; à toi-même
> [ton peuple, ton élite et ta masse,
> « Mer sans régence ni tutelle, Mer sans arbitre ni conseil, et sans querelle
> [d'investiture :
> « Investie de naissance, imbue de ta prérogative ; établie
> dans tes titres et tes droits régaliens [...]. » (*OC*, 365-366)

Dans ce nouvel espace emblématique, la mer régalienne « sans régence ni tutelle » est à elle-même la source et la loi. L'exégèse, par-delà la lecture littérale, permet d'y lire aussi la volonté d'enfreindre l'arborescence (auto)biographique et sa causalité biologique pour choisir, dans la surabondance et le désordre infini de toute ascendance, l'itinéraire qui a le mieux contribué à l'histoire d'une personnalité.

L'ŒUVRE ÉCRIVAIN DE LA VIE

Telle est l'entreprise de la *Biographie* atypique qui ouvre le volume des *Œuvres complètes* de Saint-John Perse. Atypique car, pour ne nous en tenir qu'au premier paragraphe où se contracte le pacte de lecture, le millésime de la naissance du poète est suivi d'un long développement hésiodique sur les ascendants du « seul garçon » (*OC*, IX) de la famille, lequel manifeste très tôt des qualités hors du commun. Or la précocité scolaire, valorisée comme « un indice de supériorité et une promesse de réussite sociale », permet justement la translation de la noblesse de

1 La lettre, bien qu'autographe, a été rédigée pour la publication du volume de la Pléiade.

sang à la noblesse d'école[1]. Elle fonctionne comme signe du passage entre les deux catégories antithétiques de la « naissance » nobiliaire et du « mérite » républicain (*OC*, 534). En termes plus nietzschéens et plus persiens, la précocité désignerait le passage de l'homme au *sur*-homme voué à se *trans*-gresser (le préfixe « *Über-* » signifiant chez Nietzsche « *trans-* » autant que « *sur-* »), à s'*outre*-passer, le passage vers « tout l'inconnu ultra-humain [...]. » (*OC*, 881).

La *Biographie* de Saint-John Perse doit donc être classée parmi les généalogies légendaires de héros exemplaires, autant par sa longueur, ses débordements temporels, dynastiques et mythologisants que par la valorisation des mérites de l'*aristos*. Elle procède d'abord d'une volonté de présenter les événements d'une vie « quotidiennement exceptionnelle[2] » ; elle signifie d'autre part que, dans un monde où, après la seconde Guerre mondiale, l'art ne pouvait plus vouloir décrire le réel ni se faire le lieu comme auparavant d'une littérarisation des catastrophes[3], l'entreprise mythographique permet de remplacer une parénèse littéraire dépréciée par l'exemplarité d'un Prince de l'esprit.

S'il faut donc d'un côté se reconstruire « soi-même, en tant qu'œuvre » ainsi que le prescrivait Nietzsche (*Aurore* V, § 548, 1201), on ne saurait s'étonner, de l'autre, que l'œuvre créée prime les vies courant sur leur erre. Affirmer, comme le fait Nietzsche à la suite de Flaubert, que « l'homme n'est rien, l'œuvre est tout » (*Contre Wagner*, « Nous autres antipodes », 1216) annonce le renversement d'une grande tradition causale qui expliquait l'œuvre par l'homme et qui culminera dans la « vieuvre » lansonienne[4]. C'est pourquoi « il ne faut pas substituer l'action littéraire à la création poétique », dit Saint-John Perse, précisant : « Quelle importance a le succès littéraire, entre la naissance et le tombeau ? L'essentiel, c'est comment on a mené son œuvre. » (*OC*, 575-576).

---

1 Pierre Bourdieu, *La Noblesse d'État : grandes écoles et esprit de corps*, Paris, Minuit, « Le sens commun », 1989.

2 Saint-John Perse, *Correspondance avec Dag Hammarskjöld*, Marie-Noëlle Little (éd.), Paris, Gallimard « Cahiers Saint-John Perse », 1993, p. 155-157.

3 William Marx, *L'Adieu à la littérature : histoire d'une dévalorisation. XVIIIe–XXe siècle*, Paris, Minuit, « Paradoxe », 2005.

4 Causalité ironiquement illustrée par le mot-valise « vieuvre » d'Antoine Compagnon (voir *La Troisième République des lettres : de Flaubert à Proust*, Paris, Seuil, 1983, p. 210-211). Par ailleurs, sur la question de la fin du lansonisme, Compagnon cite un ouvrage de Pierre Audiat au titre polémique révélateur (Pierre Audiat, *La Biographie de l'œuvre littéraire : esquisse d'une méthode*, Paris, Champion, 1924).

Dans le monde hiérarchisé de la filiation arborescente, c'est la vie qui expliquait l'œuvre. Dans le nouveau paradigme de la modernité, c'est l'œuvre qui est le biographe de son créateur.

« Une race nouvelle parmi les hommes de ma race, une race nouvelle parmi les filles de ma race [...]. » (*OC*, 250). La superbe de l'*aristos* se reflète dans l'écriture de Saint-John Perse. Il se tisse en effet dans son œuvre une poétique de l'illisible à travers une *obscuritas* délibérée. À la source de cette énigmatisation se trouve le souci stendhalien et nietzschéen de s'adresser à un lectorat qui le comprendrait, l'espoir secret de se trouver des disciples de la même « race » que soi. L'obscurité intentionnelle du langage de Nietzsche – comme son recours à la révélation plutôt qu'à la démonstration – est exposée dans le cinquième livre du *Gai Savoir* :

> On tient non seulement à être compris lorsque l'on écrit, mais certainement aussi à ne pas l'être. [...] peut-être cela faisait-il partie des intentions de l'auteur de ne pas être compris par « n'importe qui ». Tout esprit qui a un goût plus distingué choisit ainsi ses auditeurs lorsqu'il veut se communiquer ; en les choisissant, il se gare contre les « autres ». Toutes les règles subtiles d'un style ont là leur origine : elles [...] ouvrent les oreilles de ceux qui nous sont parents par l'oreille. (*Le Gai Savoir*, V, § 381, 250)

Ainsi pour Saint-John Perse, *Anabase* n'était destiné qu'à ces seuls « quelques-uns » qui « en eurent connaissance... » (*OC*, 117). L'obscurité de la poésie de Saint-John Perse tient donc à une volonté double : d'une part protéger son discours programmatique de toute profanation ou trahison herméneutique et d'autre part combattre, non la clarté, mais l'obsession de clarté, dont le caractère réducteur s'autorise d'une herméneutique iréniste et simpliste du langage. C'est pourquoi le mot de Saint-John Perse « Ils m'ont appelé l'Obscur et j'habitais l'éclat. » (*OC*, 283) doit s'entendre aussi bien comme le déni de cette inculpation – « son expression s'est toujours interdit l'obscur », proteste Saint-John Perse (*OC*, 446) – que comme une invite à partager cet éclat au sein même de son ombre.

UNE NOUVELLE NOBLESSE D'ÉPÉE

> – Et vous, hommes du nombre et de la masse, ne pesez pas les hommes de ma race. [...].
>
> Ils sont l'épine à votre chair ;la pointe même au glaive de l'esprit.
>
> *OC*, 241.

La supériorité de l'*aristos* de la modernité n'est plus une caractéristique de classe : ne devient aristocrate que celui qui se surmonte infatigablement soi-même, qui devient le surhomme *de soi*. Lorsque Zarathoustra déclarait : « Partout où j'ai trouvé du vivant, j'ai trouvé de la volonté de puissance ; et même dans la volonté de celui qui obéit, j'ai trouvé la volonté d'être maître » (*Zarathoustra*, II, 372), il entendait la relation d'obéissance *de soi à soi*, explicitée et soulignée quelques phrases plus loin : « Et la vie elle-même m'a confié ce secret : "Vois, m'a-t-elle dit, je suis *ce qui doit toujours se surmonter soi-même*." » Le péritexte même d'*Ainsi parlait Zarathoustra* éclaire la nature essentiellement réflexive de l'acte de (se) surmonter, puisque le chapitre évoquant cette notion a pour titre « De la victoire sur soi-même » (*Zarathoustra*, II, 371).

L'entreprise n'est pas dépourvue de violence : la formule « préférer le danger aux aises » (*VP1*, 250), à laquelle Leger acquiesce par un double soulignement et une croix marginale dans la partie de « *La volonté de puissance* » intitulée « L'idéal aristocratique » (*VP1*, 243-258), fait écho à des velléités guerrières déjà lues dans l'œuvre antérieurement publiée de Nietzsche :

> Je salue tous les indices de la venue d'une époque plus virile et plus guerrière qui mettra de nouveau en honneur la bravoure avant tout ! [...] pour introduire l'héroïsme dans la connaissance et *faire la guerre* pour l'amour de la pensée et de ses conséquences. [...] le secret pour moissonner l'existence la plus féconde et la plus grande jouissance de la vie, c'est de *vivre dangereusement* ! (*Le Gai Savoir*, IV, § 283, 169)

Il n'y a pas l'ombre, dans ces appels à « faire la guerre », d'une autorisation de belligérance que la pensée de Nietzsche aurait prétendument autorisée. Toute représentation rappelant l'ancienne noblesse guerrière doit au contraire se lire dans un sens éthique et réflexif, puisque « chaque morale est une tyrannie exercée sur la "nature" et aussi sur la "raison" » (*Par-delà* V, « Sur l'histoire naturelle de la morale », § 188, 633). L'héroïsme ne se manifeste plus contre un ennemi extérieur, mais comme une guerre conduite contre le nihilisme, cette « somnolence jouisseuse et ininterrompue[1] », qui constitue un ultimatum permanent : telle l'épée de Damoclès, c'est la menace de soustraire l'homme à son propre destin qui pèse au-dessus de la tête du preux. Provenant d'une sur-conscience à l'affût de toute velléité d'évasion, « l'homme de vigie, là-haut » (*OC*, 385), a pour tâche de veiller à redresser la déviance.

« Là-haut » : dans le langage poétique de Saint-John Perse, la métaphore de l'auto-dépassement, définitoire de la supériorité aristocratique, se spatialise : « l'acte est de coucher sur son toit », écrit le poète dès 1909[2]. Souvent associée à l'idée d'une élévation concrète et abstraite à la fois, l'expression « sur mon toit » et ses diverses déclinaisons vont traverser tout l'œuvre. On la rencontre dans *Anabase* : « Je ne sais qui de fort a parlé sur mon toit » (*OC*, 96) ; on la voit dans *Vents*, où l'image décrit la formation de l'orage poétique : « Les livres au fleuve, les lampes aux rues, j'ai mieux à faire sur nos toits de regarder monter l'orage » (*OC*, 188) ; dans *Amers* enfin, les « maîtres à danser le pas des hommes chez les Grands » sont aussi appelés « hôtes divins du toit et des terrasses » (*OC*, 306).

À la métaphore guerrière ou spatiale de la supériorité fait écho la relation de l'*aristos* au temps : l'homme des toits doit résister au poids du passé et à l'aujourd'hui pour devenir un inactuel et un homme du *sur*lendemain.

---

1 Jean Granier, *Nietzsche*, Paris, Presses Universitaires de France, « Que sais-je ? », 1982, p. 34.

2 [Alexis Leger / Saint-John Perse], *Lettres d'Alexis Leger à Gabriel Frizeau, 1906-1912*, Albert Henry (éd.), Bruxelles, Académie royale de Belgique – Classe des Lettres, 1993, p. 120, nous soulignons. La lettre, datée du 15 juin 1909, n'a pas été reprise dans l'édition de la Pléiade (voir Nietzsche illustrant l'auto-dépassement dans le langage concret qui lui est cher : « [...] vous n'avez pas appris à danser comme il faut danser ; – à danser par-dessus vos têtes ! » (*Zarathoustra*, IV, « De l'homme supérieur », §§ 19-20, 518) ; « [...] maintenant je me vois au-dessus de moi. » (*Zarathoustra*, I, « Lire et écrire », 314). À coté de « sur », traduction de la préposition ou du préfixe *über*, une *variatio* de la traduction française de l'original allemand est « par-dessus » ou « au-dessus ».

« [D']une race à l'autre la route est longue [...]. » (*OC*, 69). Le nouvel aristocrate méprise l'actualité et les polémiques du jour pour se situer sur le plan historique plus vaste de l'histoire longue. Il est en cela tributaire du sens nietzschéen de l'histoire, qui se lit notamment dans le § 224 de *Par-delà le bien et le mal* et dans la deuxième des *Considérations inactuelles* sous le titre « De l'utilité et de l'inconvénient de l'histoire pour la vie ». Nietzsche y précise que le fait de « vivre avec son temps », qui donne bonne conscience, n'est pas condition nécessaire d'idéal, car seul l'art est à même de délivrer l'humanité des entraves de l'actuel pour la convertir à « l'inactuel ». L'« inactualité » y est donc exhaussée au rang de valeur salvatrice puisque c'est dans l'écart de cette « mauvaise conscience » que se manifeste le potentiel de création de l'avenir. Ainsi, le poète inactuel, « homme supra-historique » (*Inactuelles*, II, « De l'utilité... », § 1, 224), doit se satisfaire d'être la « mauvaise conscience » de son temps afin de pouvoir surmonter « à part lui le présent » pour « en fixer à nouveau la valeur. » (*Inactuelles*, III, « Schopenhauer éducateur », § 3, 305).

Ce n'est donc que par la force de l'activité créatrice que la littérature, et selon Saint-John Perse, la poésie plus particulièrement, pourra agir sur l'avenir. À cette fin, levant sa « lampe d'argile » (*OC*, 447) après l'ère des « pires bouleversements de l'histoire » (*OC*, 446), l'aristocrate nouveau détourne son regard du passé pour le diriger vers l'ère des « renouvellements ».

Au XXe siècle, l'imaginaire littéraire de la noblesse se départ d'une de ses composantes traditionnelles majeures : la religion. Certes, cette transformation prend sa source dans le discrédit qui frappe les constructions métaphysiques en général mais, dans le sillage de la religion de la littérature des Romantiques allemands, c'est Nietzsche qui place la théorie de l'art à son plus haut, le sacralisant au détriment de la religion. Saint-John Perse illustrera ce revirement de manière très claire dans son *Discours de Stockholm* : « Lorsque les philosophes eux-mêmes désertent le seuil métaphysique, il advient au poète de relever là le métaphysicien [...]. » (*OC*, 444).

Or, afin de défaire l'identité de la morale et de la religion, il faut tuer Dieu. S'il s'agit donc dès lors, comme l'écrit Saint-John Perse dans *Anabase*, de mettre « le prêtre [...] en pièces » (*OC*, 95), il n'y a, dans cet appel à la violence, nul anticléricalisme primaire : l'image n'a rien

« d'anti-prêtre, pas plus que d'anti-prince[1] » mais doit se lire comme l'appel nietzschéen à la destitution de toutes les prêtrises, l'exhortation à jeter « au diable toutes les consolations métaphysiques, – et d'abord la métaphysique ! » (*Naissance*, « Essai d'autocritique », § 7, 31). Elle signifie plus globalement, et à la lumière de son intertextualité littéraire[2], la dispersion de tous les ordres anciens, prélude à l'établissement d'une écriture nouvelle.

Au désengagement de l'ordre métaphysique répond la revalorisation de l'humain : avec la mort de Dieu, l'agent humain « ne doit plus se concevoir comme un élément appartenant à un ordre plus vaste et signifiant. Il doit découvrir ses raisons d'être paradigmatiques en lui-même[3]. » *Ecce homo* est l'œuvre dans laquelle Nietzsche expose sa « casuistique de l'égoïsme » par laquelle l'égotisme retrouvé s'oppose à l'égoïsme vilipendé par la tradition chrétienne. Le langage poético-philosophique de Nietzsche va figurer cette nouvelle divinité immanente à l'aide d'une métaphore inattendue : la danse dionysiaque se voit consacrer tout un développement dans *Ainsi parlait Zarathoustra* (II, « Le chant de la danse », 366-368). Dirigée contre la pesanteur intellectuelle de la réflexion philosophique traditionnelle, elle exprime aussi la célébration et la divinisation de soi : « les pieds *légers* sont le premier attribut de la divinité » (*Crépuscule*, « Les quatre grandes erreurs », § 2, *in fine*, 975).

« Maintenant je suis léger, maintenant je vole, maintenant je me vois au-dessus de moi, maintenant un dieu danse en moi. » (Nietzsche, *Ainsi parlait Zarathoustra* I, « Lire et écrire », 314). À l'instar de « Zarathoustra le danseur, Zarathoustra le léger » (*Zarathoustra* IV, « L'homme supérieur », § 18, 517), Alexis Leger – le bien nommé, le prédestiné[4] – inscrit dans

1 Saint-John Perse & Jean Paulhan, *Correspondance, 1925-1966*, Joëlle Gardes-Tamine (éd.), Paris, Gallimard, « Cahiers Saint-John Perse », 1991, p. 213.

2 La mise à mort rituelle du roi est décrite par James G. Frazer dans *Le Rameau d'Or* (*The Golden Bough*). D'origine romaine, l'image du meurtre du prêtre fait partie du legs culturel de la fin du XIXe siècle : ainsi, dans son premier recueil critique, *The Sacred Wood (Le Bois sacré)*, T. S. Eliot – qui fut aussi le traducteur anglais d'*Anabase* – s'attaque au moralisme du poète et critique anglais Matthew Arnold (1822-1888), grand gardien du temple de la religion des écrivains, en le tuant rituellement à la manière décrite dans *Le Rameau d'Or* (Marx, *L'Adieu à la littérature…*, *op. cit.*, p. 5).

3 Charles Taylor, *Les Sources du moi : la formation de l'identité moderne*, trad. Charlotte Melançon, Montréal, Les Éditions du Boréal, 2003, p. 252.

4 L'un des surnoms d'enfant de Saint-John Perse, Cici Sevil, était l'anagramme de *levis*, « léger » en latin. Dans une étude consacrée à deux lettres d'Alexis Leger à Gabriel Frizeau, Michel Philippon avait relevé le nom « très nietzschéen » du futur Saint-John

son premier pseudonyme « Saint Leger Leger[1] » la devise onomastique d'une sur-légèreté nietzschéenne. Le triptyque « Saint Leger Leger » indique, par l'adjectif sacralisant et la réduplication du patronyme, vouloir sceller l'alliance nouvelle entre la sainteté immanente de l'homme et la légèreté créatrice du verbe. Le nouvel aristonyme signe la naissance à soi du « Prince sous son nom » (*OC*, 69) et inaugure le règne d'une nouvelle « grande aventure de l'esprit poétique [...]. » (*OC*, 444).

May Chehab
Université de Chypre

Perse (voir Michel Philippon, « Nietzsche rue Régis. À Bordeaux. Deux lettres d'Alexis Léger (Saint-John Perse) à Gabriel Frizeau », p. 201-209 *in* Alain Ruiz [dir.], *Présence de l'Allemagne à Bordeaux : du siècle de Montaigne à la veille de la Seconde Guerre mondiale : hommage au Goethe-Institut de Bordeaux, à l'occasion de son 25e anniversaire*, Bordeaux, Presses universitaires de Bordeaux, 1997 [p. 206]).

1 Avec ou sans trait d'union, ou Saintleger Leger, avec ou sans accents.

HENRY DE MONTHERLANT OU LE REVERS DU BLASON

« Allez, allez, en prison ! En prison pour médiocrité[1] ! » : cette célèbre réplique de Ferrante, ordonnant l'arrestation de son propre fils à la fin du premier acte de *La Reine morte*, vient conforter dans l'esprit du lecteur l'image d'un Montherlant solitaire et hautain, méprisant le commun des mortels. Bien que le nom de l'auteur reste très fréquemment associé à la hauteur et à la grandeur, c'est plutôt, il faut bien l'avouer, sous les traits d'un aristocrate collet-monté, vieille France et démodé que l'on a tendance à se le représenter. L'idéal héroïque de Montherlant et son « sentiment passionné de la différence[2] » ayant souvent été soulignés par les critiques, c'est plutôt la construction d'une image aristocratique, l'adoption d'une conduite et d'un discours sur les bases de ses origines sociales que nous privilégierons. Cette ascendance aristocratique, revendiquée par l'auteur et régulièrement mentionnée dans les manuels et les anthologies, n'est pas sans soulever quelques questions. L'auteur ne cesse effectivement d'affirmer son appartenance à un ordre, à un corps, qui, surtout à partir du XXe siècle, n'a plus d'existence sur le plan juridique ni officiel. L'appartenance à un espace dont les frontières sont devenues « particulièrement floues et indécises[3] » ne va donc pas de soi. Cette inscription dans une filiation aristocratique se révèle d'autant plus complexe quand on sait que les prétentions nobiliaires de l'auteur ont été violemment attaquées, comme en témoigne la publication en 1951 du pamphlet d'Antoine Bouch, *Montherlant bourgeois ou gentilhomme de lettres*[4] *?*. Laissant aux généalogistes le soin d'enquêter

1 Henry de Montherlant, *Théâtre*, Paris, Gallimard, « Bibliothèque de la Pléiade », 1972, p. 97-204 : *La Reine morte* (p. 126).

2 Pierre de Boisdeffre, *Métamorphoses de la littérature : de Barrès à Malraux*, Paris, Éditions Alsatia, 1952, p. 290.

3 Monique de Saint Martin, *L'Espace de la noblesse*, Paris, Métailié, « Leçons de choses », 1993, p. 13.

4 Antoine Bouch, *Montherlant bourgeois ou gentilhomme de lettres ?*, Paris, Par plaisir, 1951. Voir aussi Antoine Bouch, « Polémique autour d'une famille. Les Montherlant : des

sur la place de la famille Millon de Montherlant[1] dans l'ancienne France, nous verrons comment se construit la posture aristocratique de l'auteur, déterminante pour comprendre son insertion dans le champ littéraire, ses prises de position mais aussi ses silences.

Il conviendra tout d'abord de s'interroger sur la représentation de l'espace aristocratique dans l'œuvre, à travers un ensemble de signes, de repères identitaires (le château de famille, l'argenterie, le nom, les titres, les traditions...). L'étude de quelques portraits de personnages sera notamment l'occasion de mettre en avant la diversité de cette caste au XXe siècle et l'identification de l'auteur à certaines figures de la noblesse. Mais c'est aussi à travers une écriture, dont on a souvent souligné le caractère classique, académique, voire anachronique, que se manifeste l'inscription de l'écrivain dans un lignage, une *famille* littéraire. Cet éclairage à la fois sociologique et littéraire nous conduira à voir comment s'élabore, des années Vingt aux années Soixante-dix, cette image aristocratique de l'auteur, image qui lui a joué bien des tours, à en juger par la réception actuelle de son œuvre. Inévitablement perçu par le public comme une forme de mépris et d'indifférence, le retrait volontaire de l'auteur, correspondant pourtant bien plus souvent à une posture qu'à une réalité[2], ne semble avoir eu guère d'autre effet que de restreindre ses lecteurs à un petit cercle d'*aficionados*.

---

bourgeois », *Arts*, n° 578, 25 juillet 1956.

1 « Nés Millon, les ancêtres de Montherlant sont des bourgeois à particule. Ils font partie de la "noblesse acquise" avec des charges ou des titres attachés à leurs fonctions : "fils et petit-fils d'officiers de la maison du roi", dira Montherlant. Le nom de Montherlant est un pseudonyme ajouté en 1865, si l'on se réfère à l'*Annuaire de la noblesse de France.* » (Pierre Sipriot, *Montherlant sans masque*, Paris, Robert Laffont, 1990, p. 17).

2 « Montherlant aurait-il donc vécu dans un autre siècle que le nôtre ? On finirait par le croire quand on lit certains portraits qu'on a brossés de lui, comme un homme amer, cloîtré dans son appartement, au milieu de ses bustes antiques, ne lisant que les Romains. [...] Mais il est absurde d'imaginer qu'un écrivain aurait pu avoir la carrière brillante que Montherlant a eue, s'il s'était coupé du monde. » (Jean-François Domenget, *Montherlant critique*, Genève, Droz, « Histoire des idées et critique littéraire », 2003, p. 11).

SIGNES EXTÉRIEURS DE NOBLESSE

La construction de l'espace aristocratique dans l'œuvre passe tout d'abord par la reprise d'un réseau d'images et de symboles en parfaite adéquation avec nos représentations du milieu nobiliaire. Les références fréquentes aux ancêtres, aux châteaux de famille, aux armoiries et aux titres font en effet immédiatement appel à l'imaginaire du lecteur et fonctionnent comme des repères identitaires. C'est sur la description de la pierre tombale d'un des lointains ancêtres de l'auteur, dans l'ancien cimetière du château de famille, à Montherlant, que s'ouvre par exemple *Service inutile*, recueil d'essais publié en 1935. Le château et la tombe de cet « aïeul inconnu[1] » plongent d'emblée le lecteur dans un univers de vestiges et de revenants, marqué par la continuité entre le passé et le présent. On peut également mentionner l'aspect « féodal[2] » du château fortifié des Malatesta et les « trois blasons sculptés, sommés de heaumes[3] » sur le mur dépouillé de la demeure de Don Alvaro, le héros du *Maître de Santiago*. L'auteur et ses héros sont ainsi souvent présentés comme des héritiers enserrés « dans un temps familial qui dépasse toujours le cadre d'une seule génération et qui donne au passé une valeur de référence[4]. »

Cette fidélité à l'égard du passé n'est pas dénuée de ridicule, à en juger par l'acharnement avec lequel Élie de Coëtquidan continue à agiter frénétiquement la sonnette pour annoncer l'heure des repas[5]. Ce rituel désuet, perpétué dans une demeure sans électricité, « par crainte à la fois de la dépense et de la nouveauté[6] », traduit parfaitement l'immobilisme d'une caste sclérosée, engluée dans le passé. L'allusion aux « couronnes de

1 Henry de Montherlant, *Essais*, Paris, Gallimard, « Bibliothèque de la Pléiade », 1963, p. 567-735 : *Service inutile* (p. 595).

2 Montherlant, *Théâtre*, *op. cit.*, p. 333-467 : *Malatesta* (p. 343).

3 Montherlant, *Théâtre*, *op. cit.*, p. 469-552 : *Le Maître de Santiago* (p. 479).

4 Éric Mension-Rigau et Bruno Dumons, « Conserver l'identité nobiliaire dans la France contemporaine », p. 221-243 *in* Didier Lancien et Monique de Saint Martin (dir.), *Anciennes et nouvelles aristocraties de 1880 à nos jours*, Paris, Éditions de la Maison des sciences de l'homme, 2007 (p. 226).

5 Henry de Montherlant, *Romans*, t. I, Paris, Gallimard, « Bibliothèque de la Pléiade », 1959, p. 735-914 : *Les Célibataires* (p. 740).

6 *Ibid.*, p. 742.

comte[1] » sur l'argenterie et les serviettes des hobereaux ruinés témoigne de la fonction symbolique de ces vieux objets, s'inscrivant à la fois dans une logique de conservation et de transmission. La présentation de cet intérieur défraîchi, au début d'un roman qui, comme le rappelle Michel Raimond[2], a souvent été qualifié de balzacien, n'est pas sans rappeler la description de l'aristocratie décrépite de l'Houmeau, comparée dans les *Illusions perdues* « à une argenterie de vieille forme [...][3]. » Si les deux fins de race des *Célibataires* ne sont guère épargnées par Montherlant, la noblesse continue à exercer un réel pouvoir de fascination, comme le montre notamment l'importance accordée dans l'œuvre aux noms et aux titres.

Même si c'est souvent sur le mode de l'humour et de la taquinerie, l'auteur ne manque pas de traquer chez ses personnages les faux nobles et les particules douteuses. Ce garant de l'ordre aristocratique précise par exemple au début des *Garçons* que Mme de Bricoule « n'est comtesse que difficilement [...][4]. » C'est d'ailleurs en grande partie pour lutter contre les usurpations patronymiques qu'est fondée en 1933 l'Association d'entraide de la Noblesse Française, organisme auquel Montherlant fait référence dans un article paru dans *Le Journal des débats*[5], peu de temps après *Les Célibataires*. Parmi les imposteurs, on trouve la fausse comtesse de *La Rose de sable*, « redoutable pique-assiette[6] », avec laquelle Guiscart tente pourtant de sympathiser dans l'espoir de recevoir une récompense militaire. Le narrateur ne se prive pas non plus de retracer les vaines tentatives des Auligny, « bonne famille bourgeoise du Mâconnais[7] », pour se fondre dans la noblesse. Dès les dernières années de l'Ancien Régime, un des lointains ancêtres du lieutenant s'est tout bonnement fait cadeau du nom de sa terre, devenant ainsi, « par génération spontanée », M. de Bretteval, patronyme finalement jugé bien trop rustique par son entourage. Le fantasme nobiliaire continue de hanter cette famille, qui cherche par tous les moyens à « s'acoquiner à des familles qui étaient *de*

1 *Ibid.*, p. 740.

2 Michel Raimond, *Les Romans de Montherlant*, Paris, SEDES, 1982, p. 47.

3 Honoré de Balzac, *Illusions perdues*, Philippe Berthier (éd.), Paris, Flammarion, « GF », 1990, p. 98.

4 Henry de Montherlant, *Romans*, t. II, Paris, Gallimard, « Bibliothèque de la Pléiade », 1982, p. 429-851 : *Les Garçons* (p. 474).

5 Montherlant, *Service inutile*, *op. cit.*, p. 685-689 : « Sur la noblesse en France ».

6 Montherlant, *Romans*, t. II, *op. cit.*, p. 1-428 : *La Rose de sable* (p. 163).

7 *Ibid.*, p. 26.

comme Charles Auligny était de Bretteval [...][1]. » La généalogie, censée constituer pour la noblesse un « espace d'autodéfinition[2] », n'est qu'une vaste mascarade au cours de laquelle les titres fleurissent comme par magie. Mais l'auteur, dont la « haute gentilhommerie[3] » a d'ailleurs été jugée fort suspecte, ne se contente pas de dénoncer cette imposture généralisée. On ne peut guère en vouloir au petit retraité de *Brocéliande* de perdre la raison en apprenant qu'il est le descendant de Saint-Louis. Même si, à en croire Edgar Bonnet de la Bonnetière, tout le monde sait pertinemment que la noblesse, « c'est de la blague[4] », il semble bien difficile de résister à l'appel du blason :

> LA BONNETIÈRE : [...] Ah ! les blasons, Monsieur ! Songez, cela est plein de licornes, de lions, de dauphins, de soleils, de roses, de léopards, de croissants, d'éperviers, d'épées, de cerfs, d'étoiles, de cygnes, de centaures ; et cela de toutes les couleurs de la création[5].

Qu'ils soient matériels comme le château et l'argenterie ou immatériels comme le nom, les signes de noblesse constituent une ouverture vers un passé héroïque et fabuleux, permettant de rompre, au moins provisoirement, avec une existence morne et étriquée. Mais l'immersion des héros dans un univers de symboles ne suffit pas à garantir l'identité nobiliaire, qui exige l'appartenance à un réseau, à un groupe. C'est l'absence de relation, de « capital social[6] », qui précipite la chute de Léon et d'Élie. L'adhésion des hobereaux à l'Association d'entraide de la Noblesse Française leur aurait sans aucun doute été d'un grand secours[7]. Dans l'espace aristocratique, le capital social l'emporte sur le capital culturel et scolaire, comme en témoigne le peu d'intérêt de

1 *Ibid.*, p. 27.
2 Mension-Rigau et Dumons, « Conserver l'identité nobiliaire dans la France contemporaine », art. cité, p. 222.
3 Antoine Bouch, *Montherlant bourgeois ou gentilhomme de lettres ?*, *op. cit.*, p. 16.
4 Montherlant, *Théâtre*, *op. cit.*, p. 951-1007 : *Brocéliande* (p. 964).
5 *Ibid.*, p. 963.
6 « [E]nsemble de ressources actuelles ou potentielles qui sont liées à la possession d'un réseau durable de relations plus ou moins institutionnalisées et d'interconnaissances ; ou, en d'autres termes, à l'appartenance à un groupe, comme ensemble d'agents qui ne sont pas seulement dotés de propriétés communes [...] mais sont aussi unis par des liaisons permanentes et utiles. » (Pierre Bourdieu, « Le capital social. Notes provisoires », *Actes de la recherche en sciences sociales*, vol. 31, 1980, p. 2-3 [p. 2]).
7 Montherlant, « Sur la noblesse en France », *op. cit.*, p. 689.

Mme de Bricoule pour les résultats de son fils : « [...] il n'y avait que les bourgeois pour avoir l'obsession des bonnes notes[1]. »

Si la bourgeoisie sert très souvent de repoussoir à la noblesse, l'espace aristocratique lui-même est très diversifié, à en juger par la distance qui sépare le comte de Bricoule, modèle du parfait gentilhomme, de M. de Plémeur, croupissant « au fond d'un manoir crasseux près de Morlaix[2]. » On peine à croire que le dandy des *Jeunes Filles* et le peintre épicurien de *La Rose de sable* appartiennent à la même *famille* que le vicomte de Canadelles, fantoche grotesque et touchant dont l'uniforme élimé et les « galons dédorés[3] » rappellent un passé glorieux. La noblesse, dont Montherlant dresse un large panorama, se présente effectivement comme un ensemble hétérogène, au sein duquel l'écrivain ne prend pas n'importe quelle place. C'est à travers les nombreux portraits d'aristocrates de son œuvre, censés matérialiser l'appartenance au lignage, que l'auteur situe sa position.

PORTRAITS DE FAMILLES ET IDENTITÉS NOBILIAIRES

Le portrait rapide du comte de Bricoule, dans le premier chapitre des *Bestiaires*, montre à quel point le mode de vie et les centres d'intérêt du père d'Alban sont dictés par ses origines aristocratiques.

> Le comte de Bricoule – tube, veston, lavallière – aimait le monde, les beaux offices, l'écurie, la grandeur d'âme, les gravures anglaises. Sa destination avait toujours été d'être magnifique ; mais ses rentes se faisaient un peu tirer l'oreille, il était malhabile à les arrondir, n'ayant de connaissance spéciale que dans la généalogie. [...] Il était membre de la Conférence de Saint-Vincent-de-Paul et visitait le château de Versailles chaque année[4].

Cette énumération, qui suffit à classer socialement le personnage, n'est pas dénuée d'humour, comme le montre en particulier la mise sur le même plan de l'« écurie » et de la « grandeur d'âme ». Un ensemble de

1 Montherlant, *Les Garçons*, *op. cit.*, p. 389.
2 Montherlant, *Romans*, t. I, *op. cit.*, p. 219-379 : *Les Olympiques* (p. 281-282).
3 Montherlant, *La Rose de sable*, *op. cit.*, p. 95.
4 Montherlant, *Romans*, t. I, *op. cit.*, p. 381-583 : *Les Bestiaires* (p. 388-389).

modèles préexistants guide les choix de M. de Bricoule dans la mesure où « le goût classe et classe celui qui classe[1]. » La pratique de l'équitation, le goût pour la généalogie et l'adhésion à un organisme de bienfaisance s'inscrivent parfaitement dans un idéal aristocratique fondé sur la gratuité, le service et le désintéressement. C'est en donnant de son temps et de son argent que se renforce la conviction d'appartenir à une élite. Il ne reste plus au comte qu'à mourir d'une chute de cheval, ce qu'il fait bien entendu, en avril 1912, peu de temps avant le départ d'Alban pour l'Andalousie. C'est sur cette belle mort, digne de l'ancienne noblesse d'épée, que s'achève ce parcours sans faute.

Contrairement à M. de Bricoule, Octave de Coëtquidan, le frère de l'un des héros des *Célibataires*, est représentatif d'une noblesse en reconversion, qui n'a pas de scrupule à laisser de côté les traditions ancestrales pour s'enrichir et être « à la page[2] », expression qui n'est pas sans exaspérer l'auteur. Octave, qui ne cache pas son mépris pour les gentilshommes boiteux du boulevard Arago, se veut « l'homme moderne[3] » de la famille. Cet arriviste, qui s'est contenté de faire appel à ses relations pour se reconvertir dans la banque, a le culot de se présenter comme un « *self made man*[4]. » Installé dans son très inconfortable « rocking chair[5] », le baron s'efforce de feuilleter le « Daily Mail[6] » sans en comprendre un traître mot. C'est aussi pour faire *moderne* qu'il porte des bottines en cuir sur mesure, dont il apprécie la « *genuine* teinte marron d'Inde[7]. » L'intégration de mots anglo-saxons et l'omniprésence de l'italique viennent souligner le snobisme et le conformisme de cet aristocrate, finalement bien plus proche de la bourgeoisie d'affaires que de son milieu d'origine.

Montherlant se montre bien plus tendre envers quelques spécimens rares de la noblesse de vieille souche, cherchant tant bien que mal à se cramponner à un monde disparu. Dans son *Fichier parisien*[8], série de

1 Pierre Bourdieu, *La Distinction : critique sociale du jugement*, Paris, Minuit, « Le sens commun », 1979, p. VI.

2 « Il est évident que la vulgarité est aujourd'hui d'être "moderne", à la page, de se tenir au courant, de flairer l'avenir. » (Montherlant, *Essais*, *op. cit.*, p. 797-1360 : *Carnets* [p. 1095]).

3 Montherlant, *Les Célibataires*, *op. cit.*, p. 770.

4 *Ibid.*, p. 772.

5 *Ibid.*, p. 768 et 771.

6 *Ibid.*, p. 768.

7 *Ibid.*, p. 769.

8 Henry de Montherlant, *Le Fichier parisien*, Paris-Genève, La Palatine, 1952.

notes et d'observations prises au détour de promenades, l'auteur compose une véritable fiche sociologique sur la clientèle d'un restaurant bon marché du faubourg Saint-Germain. On y rencontre notamment une marquise fauchée, « vêtue comme une chaisière[1] » et vivant dans une austérité authentiquement aristocratique : « [...] on voit que c'est une vraie noble : elle est tout le temps occupée à renoncer à quelque chose ; son vœu secret, c'est qu'on lui coupe le cou. » Ce portrait humoristique est entrecoupé par la voix du patron, demandant à ce qu'on serve à la marquise « un peu mieux le camembert[2]. » Ce jeu sur les registres se retrouve également dans la description de l'un de ses voisins de table, le vieux commandant G. de L., luttant « avec le poulet maison, un valeureux adversaire[3]. » C'est finalement dans le dénuement, voire dans le déclin que peut se maintenir la véritable noblesse. L'attachement au passé, au risque de paraître hautain, grotesque ou démodé, explique en grande partie le recours à certaines pratiques d'écriture.

LES CODES DU HAUT LANGAGE

C'est en cultivant un style à contre-courant que ce « champion des causes perdues[4] » tente de restaurer dans son œuvre un monde sur le point de s'éteindre. L'idéalisation des origines et l'inscription de l'auteur dans une continuité intergénérationnelle se manifestent notamment par les références constantes aux époques reculées et à la chevalerie. La récurrence des sentences[5] dans toute l'œuvre est également pour lui une manière privilégiée de se présenter comme le dépositaire d'une sagesse ancestrale. C'est à travers l'image du « fil d'or de la conduite individuelle[6] » que l'auteur de *Service inutile* revendique à la fois sa

1 *Ibid.*, p. 14.
2 *Ibid.*, p. 13.
3 *Ibid.*, p. 14.
4 Montherlant, *Essais*, *op. cit.*, p. 851-964 : *Le Solstice de juin* (p. 881).
5 Romain Lancrey-Javal, *Le Langage dramatique de* La Reine morte, Paris, Presses Universitaires de France, « Littératures Modernes », 1995, p. 165-187.
6 Montherlant, *Essais*, *op. cit.*, p. 741-849 : *L'Équinoxe de septembre*, p. 765-777 : « Que 1938 est bon » (p. 770-771).

singularité et son inscription dans une tradition. L'écriture, comme le château et le nom, se doit d'être un lieu de conservation. Jacques Robichez insiste par exemple sur l'absence d'innovation scénique de ce théâtre classique, tourné vers le passé[1]. Les références fréquentes à Chateaubriand et à Saint-Simon, « spectre bien aimé[2] » de sa jeunesse, sont à rattacher au goût de Montherlant pour les mémoires, genre littéraire contribuant à perpétuer la geste familiale. C'est aussi pour marquer son appartenance sociale que l'auteur de *Pitié pour les femmes* intègre plusieurs extraits des *Vacances* dans la longue scène du thé chez Solange[3]. Il suffit à Costals de relire quelques passages de ce volume de la Bibliothèque Rose pour que ressurgisse dans sa mémoire son éducation de garçon de bonne famille :

> – [...] Ses livres respirent l'esprit de condition. On y boit jusqu'à la lie le malheur de ne pas être noble. Tous les bons ont une particule, et tous les méchants n'en ont pas. Au moins, comme cela, il est facile de s'y reconnaître[4].

Cette formule savoureuse et clairement provocatrice, dans la bouche d'un personnage cynique, « voire par moments odieux[5] », n'est bien sûr pas à prendre au pied de la lettre. À travers l'évocation nostalgique du monde rassurant et bien pensant de la « divine comtesse[6] », l'auteur s'amuse à conforter son image d'aristocrate vieille France[7].

Loin d'être contingent, le choix des genres est également largement influencé par une série de modèles et détermine en grande partie ce que Dominique Maingueneau nomme la « position[8] » de l'écrivain, son insertion stratégique dans le champ littéraire. Par exemple, l'intégration de l'épistolaire dans la série des *Jeunes Filles* fait de Costals le digne

---

1 Jacques Robichez, *Le Théâtre de Montherlant*, Paris, SEDES, 1974, p. 203.

2 Montherlant, *Essais*, *op. cit.*, p. 1371-1590 : *Textes sous une occupation* (p. 1505).

3 Voir Montherlant, *Romans*, t. I, *op. cit.*, p. 1079-1222 : *Pitié pour les femmes* (p. 1123-1126).

4 *Ibid.*, p. 1123.

5 Montherlant, *Romans*, t. I, *op. cit.*, p. 915-1078 : *Les Jeunes Filles* (p. 917).

6 Montherlant, *Pitié pour les femmes*, *op. cit.*, p. 1123.

7 Il est intéressant de noter à ce sujet que si Marguerite Yourcenar – dont le nom patronymique est Marguerite de Crayencour – se réfère elle aussi au sentiment de classe dans l'œuvre de la comtesse de Ségur, c'est au contraire pour s'en démarquer et contester son étiquette de petite fille modèle (voir *Les Yeux ouverts : entretiens avec Mathieu Galey*, Paris, Bayard, 1997, p. 22-23).

8 Dominique Maingueneau, *Le Contexte de l'œuvre littéraire : énonciation, écrivain, société*, Paris, Dunod, 1993, p. 69.

héritier du vicomte de Valmont. *La Reine morte*, “pièce en pourpoint” publiée en 1942 et remise à l’affiche de la Comédie-Française en 1948, après la sombre période de l’épuration, permet à l’auteur, comme le fait remarquer Jeanyves Guérin, de s’inscrire « ouvertement dans une lignée classique, cornélienne autant que racinienne[1]. » C’est aussi aux moralistes, et en particulier à La Rochefoucauld, que l’on pense en lisant les réflexions et les maximes des *Carnets* et du *Treizième César*[2]. Ce n’est pas un hasard si ce chantre de *l’alternance*[3] se définit comme un polygraphe, passant, à l’en croire, indifféremment du théâtre au roman, de l’essai au récit de voyage. Refusant toute spécialisation sur le plan générique, Montherlant se présente comme « un écrivain qui a écrit, entre autres, quelques pièces[4]. » Cette désinvolture affichée à l’égard des genres chez un auteur qui s’est aussi essayé au sport et au dessin[5] nous semble s’accorder parfaitement avec la valorisation aristocratique de l’amateurisme et du dilettantisme[6]. Cette autoreprésentation en homme de loisir implique en effet le rejet de toute forme de professionnalisation.

Les images associées à la hauteur, dont la plus connue est celle de l’aigle dans la bouche du vieux roi Ferrante, participent également de la construction de cette identité nobiliaire. L’image du « poisson dans l’eau[7] », utilisée par Don Eduardo pour décrire l’aisance des Grands à mentir, est jugée bien trop commune par Ferrante, qui s’empresse de la remplacer par celle de l’« aigle dans le ciel. » Mais encore faut-il savoir utiliser le haut langage, ce qui n’est pas le cas de Persilès. Le héros de *Brocéliande*, à qui l’idée d’appartenir à la noblesse donne des ailes, croit bien faire en s’adressant à l’employé de Gaz-Électricité sur un « ton royal[8] » :

---

1 Jeanyves Guérin, *Le Théâtre en France de 1914 à 1950*, Paris, Champion, « Dictionnaires et références », 2007, p. 311.

2 Henry de Montherlant, *Le Treizième César*, Paris, Gallimard, 1970.

3 Montherlant, *Essais*, *op. cit.*, p. 231-334 : *Aux Fontaines du désir* (p. 237-245).

4 *L’Avant-scène Théâtre*, n° 379-380, 1967, p. 42.

5 Voir *Montherlant : dessins*, préface de Pierre Sipriot, Paris, Copernic, 1979.

6 C’est le refus de se spécialiser et la recherche de loisirs rares, encore peu pratiqués, qui poussent par exemple les aristocrates à délaisser certains sports, devenus trop accessibles : « À mesure qu’augmente le corps des professionnels et que les différentes activités sportives deviennent des sports accueillant une clientèle bourgeoise et petite-bourgeoise, voire populaire, la plupart des aristocrates s’en excluent [...]. » (Saint Martin, *L’Espace de la noblesse...*, *op. cit.*, p. 158).

7 Montherlant, *La Reine morte*, *op. cit.*, p. 129.

8 Montherlant, *Malatesta*, *op. cit.*, p. 981.

L'EMPLOYÉ : Allez bonsoir, sieurs dames.
PERSILÈS : Au revoir, Monsieur, au revoir. Et que Dieu vous ait en sa sainte et digne garde.

Le jeu sur les registres souligne ici le ridicule de ce gentilhomme de carton pâte, bien incapable de s'élever au-delà de sa condition de « pauvre type[1]. » Persilès, qui se suicide après avoir découvert que les descendants de Saint Louis se comptent par milliers, était de toute façon condamné à rester en dehors d'un univers dont il ne maîtrise pas les codes.

LES PIÈGES DE LA HAUTEUR

Le recours fréquent à l'épigraphe et plus généralement à la citation, véritable « signal de culture[2] », contribue à faire du milieu nobiliaire un cercle fermé, réservé aux initiés. Cette pratique d'écriture permet notamment à l'auteur de préparer son entrée sur la scène littéraire en s'inscrivant dans une filiation aristocratique. C'est bien pour se démarquer et donner une légitimité à *L'Exil*[3], pièce qu'il a écrite en 1914, à dix-huit ans, qu'il cite Chateaubriand[4] dès le début de la préface de l'édition originale. On voit déjà se profiler la silhouette d'un aristocrate hors de son siècle, absorbé par l'écriture de son œuvre, alors que la guerre éclate sur tous les fronts. Même dans *Le Songe*, roman publié en 1922 dans lequel l'auteur transpose sa propre expérience de la guerre et qui lui a d'ailleurs valu la réputation de « brute casquée[5] », Alban de Bricoule semble regarder de l'extérieur les combats auxquels il prend pourtant part. La construction d'une posture aristocratique se traduit en effet par une envie profonde de se tenir en marge, au risque de déplaire et d'agacer ses lecteurs. Jean Guéhenno par exemple voit dans

1 Montherlant, *Brocéliande*, *op. cit.*, p. 959.
2 Gérard Genette, *Seuils*, Paris Seuil, « Poétique », 1987, p. 148.
3 Montherlant, *Théâtre*, *op. cit.*, p. 5-65 : *L'Exil*.
4 « Les barbouilleurs de papier ont surtout cette faculté de s'abstraire dans leur manie pendant les plus grands événements ; leur phrase ou leur strophe leur tient lieu de tout. *(Mémoires d'outre-tombe)*. » (*ibid.*, p. 5).
5 Montherlant, *Essais*, *op. cit.*, p. 171-226 : *Chant funèbre pour les morts de Verdun* (p. 216).

cette écriture constellée d'aphorismes hautains une « parade[1] », « une magnifique étoffe[2] » dans laquelle l'auteur se drape avant de s'exposer aux yeux du public.

Si l'élaboration d'une image d'aristocrate exilé de l'intérieur relève au départ d'une stratégie soigneusement étudiée, elle semble pourtant échapper en partie au contrôle de l'auteur. Comme le fait remarquer Jérôme Meizoz, la mise en scène de soi par soi peut, de manière rétroactive, finir par imposer à l'écrivain des propos et des conduites « générés tout d'abord par le choix postural[3]. » C'est sans doute à la fois pour ne pas ternir son image d'aristocrate conservateur et pour rester en marge de l'actualité, au-dessus de la mêlée, que Montherlant choisit de différer de trente-six ans la publication intégrale de *La Rose de sable*[4], roman dont certains passages se présentent comme une dénonciation de la colonisation. Cette posture de retrait finit par se retourner contre lui, comme en témoigne la réception du *Solstice de juin*, publié en 1941, sous l'Occupation. La devise du connétable de Bourbon « N'espoir ne peur[5] », qui sert d'épigraphe à ce recueil, est pour l'auteur l'occasion d'afficher un pessimisme serein et de justifier de manière héroïque son acceptation de la défaite. Mais ce ralliement au vainqueur, loin d'être vu comme un geste chevaleresque, lui a valu d'être classé parmi les écrivains collaborationnistes[6]. On lui reproche, comme l'explique Jean Paulhan à Roger Stéphane, « de ne pas avoir été à la hauteur de sa morale[7]. » L'auteur, qui a tenté de se justifier en contestant l'interprétation donnée à son apologue des *Chenilles*[8], se présente très souvent comme *Un incompris*, titre qu'il donne à un lever

1 Jean Guéhenno, *Entre le passé et l'avenir*, Paris, Grasset, 1979 : « Une vie poétique : Henry de Montherlant » [1930], p. 51-65 (p. 53).

2 *Ibid.*, p. 253.

3 Jérôme Meizoz, *Postures littéraires : mises en scène modernes de l'auteur*, Genève, Slatkine, « Érudition », 2007, p. 31.

4 Il faut effectivement attendre 1968 pour que ce roman, écrit entre 1930 et 1932, soit publié dans son intégralité. Dans l'avant-propos, l'auteur revient sur les différentes étapes de publication du roman et justifie ses choix (Montherlant, *La Rose de sable*, *op. cit.*, p. 3-8).

5 Montherlant, *Le Solstice de juin*, *op. cit.*, p. 855.

6 Voir Jeannine Verdès-Leroux, *Refus et violences. Politique et littérature à l'extrême droite des années Trente aux retombées de la Libération*, Paris, Gallimard, « La Suite des temps », 1996 : « Deux cas : le cas simple de Jacques Chardonne, le cas incertain d'Henry de Montherlant », p. 233-245.

7 Roger Stéphane, *Fin d'une jeunesse*, Paris, La Table ronde, 1954, p. 141-142.

8 Montherlant, *Le Solstice de juin*, *op. cit.*, p. 925.

de rideau écrit en 1943, pour accompagner *La Reine morte*. Il se réfère par exemple à plusieurs reprises à l'un de ses lointains aïeuls, François de Montherlant, traduit devant le Tribunal Révolutionnaire de Paris en 1794 et guillotiné pour avoir donné asile à un émigré[1]. C'est en se posant comme un écrivain-martyr, injustement persécuté par ses contemporains, que l'auteur tente de *redorer son blason* sans pour autant renoncer à sa position surplombante.

L'indifférence supposée de l'auteur à l'égard de la réception de son œuvre est contredite par la prolifération du paratexte, l'abondance des préfaces, des notes et des avertissements. Mais il s'agit bien moins d'assurer une meilleure compréhension des textes que de cultiver le mystère, d'envenimer le malentendu, afin de parfaire son image d'écrivain mal aimé, puni, comme Saint-Simon, « pour avoir trop aimé le rang[2]. » La préface de *Fils de personne*, publiée en 1943, n'est que l'énumération de toutes les raisons pour lesquelles la pièce risque de ne pas être comprise par un public de « Français moyens [...][3]. » La légitimation de l'œuvre passe ainsi par le retrait du monde, ce qui explique en grande partie pour Dominique Maingueneau la projection de l'auteur de *Port-Royal* dans le jansénisme, perçu comme un double inversé des salons[4]. C'est à travers l'identification à une minorité assiégée de toutes parts que l'écrivain se pose comme le garant d'un ordre fondé sur le rejet de la « gloigloire[5] » et du clinquant.

Désertant les salons mondains, la véritable aristocratie semble, de manière assez inattendue, trouver pleinement sa place sur les stades banlieusards, dans les salles de boxe de quartier ou encore dans les bars populaires de Séville, lieux de rencontre des *aficionados*. Il est vrai que la fascination de l'auteur pour les petits groupes, les sociétés secrètes que l'on construit « avec les êtres qu'on estime ou qu'on aime[6] » vient quelque peu contrebalancer la primauté accordée aux liens du sang dans l'œuvre. Paternalisme ? Tentative de « liquidation[7] » de l'héritage familial ? Simple plaisir de s'encanailler ? À moins que l'intrusion du

1 Montherlant, *Les Garçons*, *op. cit.*, p. 679 et *Carnets*, *op. cit.*, p. 1029.
2 Montherlant, « Sur la noblesse en France », *op. cit.*, p. 687.
3 Montherlant, *Théâtre*, *op. cit.*, p. 205-309 : *Fils de personne ou Plus que le sang* (p. 213).
4 Maingueneau, *Le Contexte de l'œuvre littéraire. op. cit.*, p. 36.
5 Montherlant, *La Rose de sable*, *op. cit.*, p. 15.
6 Montherlant, *Fils de personne ou Plus que le sang*, *op. cit.*, p. 213.
7 Montherlant, *Les Olympiques*, *op. cit.*, p. 9.

français populaire, du jargon sportif et de « l'argot collégien[1] » dans cette écriture jugée si *classique* ne soit encore une manière de se distinguer, en affirmant son appartenance à un cercle, à un groupe en marge, dont sont bien entendus exclus ceux qui n'en partagent pas les codes. Si les contours de l'identité nobiliaire se révèlent incertains et fluctuants, l'aristocratie reste un puissant réservoir d'images, de symboles, de figures sublimes et cocasses, dans lequel Montherlant ne cesse de puiser, à ses risques et périls.

Marie SOREL
Université Paris-Sorbonne

1 Montherlant, *Les Garçons*, *op. cit.*, p. 785.

VALEURS DE LA NOBLESSE LITTÉRAIRE CHEZ GEORGES BERNANOS

> Ce qu'il y a de plus fixe au monde dans ses vues, c'est une aristocratie [...]. Un corps aristocratique est un homme ferme et éclairé qui ne meurt point[1].

> Ma race est trop vieille et trop illustre pour se définir ; elle se nomme. Je porte son nom, je porte le nom qu'elle m'a donné. Je ne le porte pas comme une plume à un feutre, comme un galon sur la manche, ou comme un titre de comte du Pape. Je ne l'ai ni mérité, ni payé ; il n'est d'ailleurs pas distinct de moi-même, lui et moi ne faisons qu'un. J'essaie de le porter comme je porte celui de catholique, avec humilité, c'est-à-dire le plus naturellement et le plus simplement que je puis.
> III, 15-16[2].

Liberté, loyauté, honneur, droiture, courage, indépendance de caractère, fidélité à la parole donnée... Ces vocables sont partout présents dans l'œuvre de Georges Bernanos, qu'ils sous-tendent à la manière d'un fil conducteur ; mieux : d'une conscience. Tels des absolus, des mots d'ordre magiques ou majuscules, ils nourrissent l'écriture de combat

---

1 Alexis de Tocqueville, *De la Démocratie en Amérique*, t. I, p. 3-502 in *Œuvres*, t. II, André Jardin (éd.), Paris, Gallimard, « Bibliothèque de la Pléiade », 1992, p. 263.

2 Les abréviations utilisées dans le texte renvoient à Georges Bernanos, [I] *Œuvres romanesques*, Albert Béguin et Michel Estève (éd.), Paris, Gallimard, « Bibliothèque de la Pléiade », 1961 ; [II] et [III] *Essais et écrits de combat*, t. I et t. II, Michel Estève (éd.), Paris, Gallimard, « Bibliothèque de la Pléiade », 1971 et 1995.

de même que le roman, en leur critique du temps. Plus que de fonder une morale du monde, et l'idée d'une vocation spirituelle des individus comme des peuples, ils portent l'espérance, la promesse ou l'attente d'une autre histoire possible.

Avec la sociologie, la valeur désigne une idée, voire un idéal collectif qui définit dans une société ou à une époque donnée le possible, à défaut du parfait : ce qui est beau ou laid, mal ou bien, le juste et l'injuste, etc. Relativement autonomes, les valeurs forment un système moral, philosophique ou politique, de légitimation ou de refus. De cette conscience commune dépend la solidarité sociale, voire l'adhésion à la société[1]. Après d'autres, Max Weber constatait le déclin des valeurs dans la société moderne, dominée par la rationalité, la raison, l'intérêt ou le calcul ; en l'absence de toute interprétation éthique du réel, écrivait-il, l'homme serait guetté par le désenchantement généralisé[2]. Le constat rappelle celui de Bernanos. En effet, point d'ordre viable et digne de ce nom qui, aux yeux du monarchiste chrétien, ne se fonde sur une morale apte à lui donner forme et sens. Telle est la leçon retenue de la tradition, chez Maistre et d'autres, mais aussi des penseurs de l'utopie, de Saint-Simon à Proudhon ou Drumont. Et son combat d'une vie aura été d'affirmer la primauté du spirituel contre le prétendu réalisme du monde dit moderne, perçu comme une lente et continue dissolution des valeurs qui permettent l'être ensemble

Aussi, de quelle origine sont ces valeurs qui ont pour noms le courage, la liberté, la loyauté, l'honneur surtout, et qui désignent toutes, sans exception, telle aristocratie de l'esprit que l'écrivain appelait de ses vœux ? S'agissant d'un auteur qui n'a jamais fait mystère de ses fidélités chrétiennes et monarchistes, la réponse s'impose d'elle-même : de la noblesse, sans doute. C'est un fait, la filiation nobiliaire habite l'œuvre de Bernanos, roman et pamphlet confondus, qu'elle éclaire toute entière. Faute d'une théorie, d'un programme en bonne et due forme, la référence aux valeurs d'une aristocratie de l'esprit idéalisée ne fonde en effet rien moins que le projet, à la fois poétique et politique, de l'écrivain.

De là ces questions, en guise d'hypothèses : de quelle vision du monde et de l'Histoire, de quel projet aussi, ces valeurs sont-elles le nom ? Quel

1 Voir Jean Étienne *et al.* (dir.), *Dictionnaire de la sociologie*, Paris, Hatier, 2004, « Valeurs », p. 407.

2 *Ibid.*, p. 408.

rôle jouent-elles dans la critique du monde moderne ? Enfin, en quoi fondent-elles une politique de la cité, et jusqu'à une véritable poétique de l'écriture impliquée, sinon engagée ? Ces questions en appellent d'autres encore. Celle de l'origine, et de l'histoire de ces valeurs d'abord, à la croisée de généalogies multiples : chrétienne et monarchiste sans doute, mais aussi romantique ou déjà utopique, par référence à toute une littérature politique du XIXᵉ siècle qui va de Michelet ou Hugo à Péguy, de Saint-Simon à Proudhon ou Drumont, en passant par Maistre ou Maurras. Côté littérature, une autre lignée possible se dessine ici, largement oubliée de la critique : celle des Baudelaire, Barbey d'Aurevilly et autres Bloy ou Barrès, en leurs efforts pour fonder, autour de la figure ambiguë du dandy notamment, un nouvel idéal aristocratique voué à sauver la tradition, le monde et l'art avec elle, contre une modernité mal comprise. La posture solitaire de l'écrivain marginal, paria ou bohème, sinon maudit, libre en tout, que Bernanos au nom de sa seule conscience ne cessa d'être sa vie durant, tient-elle aussi de ce modèle-là ? Et que lui doit-elle au juste, outre la hauteur, d'aucuns diraient, la noblesse du point de vue, et une manière de concilier, sans jamais sacrifier l'un ou l'autre, le combat politique avec l'impératif de l'artiste ?

Appliquée à dire la filiation nobiliaire chez Bernanos, la philologie aura à cœur de retrouver dans le texte la présence et la valeur, ainsi que le jeu subtil ou complexe de mots concurrents, au sens et à l'origine parfois contraires : la noblesse et le peuple, l'autorité et la liberté, le devoir avec le droit, l'allégeance contre la servitude, la tradition et la Révolution (de 1789). L'histoire des idées (politiques ou autres), elle, montrera que la vision, voire le projet d'une aristocratie de l'esprit à opposer au monde moderne, aussi peu que l'œuvre de combat elle-même, ne sont nés d'un coup, d'un seul, mais en chemin, et à tâtons, par la synthèse de traditions diverses sinon adverses, bientôt amalgamées. Enfin, la poétique des formes qui disent le sens établira comment l'imaginaire nobiliaire fonde, avec le refus du monde moderne, une pratique de l'écriture impliquée, autour de la parole partagée et du pacte de confiance, quasi aristocratique, qui lie l'écrivain et son lecteur.

Évoquer la noblesse de Bernanos, c'est donc montrer d'abord combien la présence des valeurs nobiliaires irrigue l'œuvre, en son rapport avec l'Histoire ; et de même, tenter d'expliquer le parcours et l'écriture d'une pensée en évolution, telle que ses lectures et surtout l'expérience de l'histoire la changent. En réactualisant la tradition nobiliaire perdue, Bernanos aurait sublimé dans la vocation de l'écrivain cette aristocratie de l'esprit sans cesse appelée de ses vœux, que le monde moderne ne connaît plus.

UNE ARISTOCRATIE DE L'ESPRIT

Au commencement, et comme en réserve ou en attente de l'Histoire majuscule, dramatique et signifiante, sinon idéalisée, serait donc la lignée, la généalogie, la tradition, en un mot : la vocation. Soit cette pensée et cette mémoire de la continuité qui mesure la légitimité d'une classe ou d'un groupe social, moins à ses origines, qu'à son poids et sa place dans l'histoire. Or, plus que par le nom ou le titre, a fortiori le privilège, la noblesse chez Bernanos se définit avant tout par l'âge, la durée, l'expérience voire l'importance historique[1]. Qui dit lignée, dit aussi maison, mémoire, enfin l'ancrage dans un lieu particulier. L'aristocratie ne serait alors rien d'autre que l'adéquation, historiquement réussie, entre un espace, des valeurs et une légende. Cela vaut de toutes les aristocraties, qu'elles soient de l'esprit, de naissance ou de mérite, nobiliaires ou ouvrières, bourgeoises de même. Ainsi, il en va du peuple comme de la noblesse, et peut-être aussi d'une certaine bourgeoisie : à leur manière, et selon leur mission, l'une et l'autre ont su à un moment donné faire l'histoire, ou du moins en assumer la responsabilité. Au contraire, la bourgeoisie moderne, à l'image du monde de l'argent qui est le sien, celui de la seule puissance matérielle, n'a aucune valeur, n'est rien à proprement parler.

Or, à quelle aristocratie l'écrivain fait-il référence au juste ? Difficile de le dire, tant les détails manquent. À de rares exceptions près, en effet, Bernanos n'évoque jamais la noblesse, au sens d'une classe ou d'une force historiquement constituée, d'une réalité sociale au statut et à la logique propres. Notamment, lorsqu'il est question de la monarchie d'Ancien

1 Voir à ce sujet mon article « L'âge des nations. Éléments d'une géopolitique bernanosienne », p. 171-192 *in* André Not (dir.), *Bernanos et les âges de la vie*, Aix-en-Provence, Presses Universitaires de Provence, 2012.

Régime, de l'ancienne France, toute entière chrétienne et royaliste, alors comme un tout, sans distinction des groupes, a fortiori des classes, qui la composent. Plus qu'il n'est celui d'un historien ou d'un sociologue, le regard ici porte sur le tout de la nation : « Dans une société organisée, dans une société traditionnelle et fortement hiérarchisée comme l'était, par exemple, l'ancienne société française [...]. » (III, 263). Extrait de l'article devenu célèbre « Race contre nation », le passage qui suit est assez rare pour mériter d'être cité in extenso, sinon commenté dans le détail. Il appelle deux remarques. Par l'étymologie (italien *Razza*) déjà, le mot *race* désigne bien, au-delà de toute ambiguïté biologique ou autre, le long travail de l'Histoire dans la formation d'un pays ou d'un groupe social, la noblesse en l'occurrence. Par ailleurs, les nombreux anachronismes (nation et race, égalité et solidarité, droits et devoirs, etc.) que le propos, comme s'il allait de soi, met ensemble, témoignent de l'effort pour concilier deux, voire trois traditions historiquement éloignées, sinon contraires : le christianisme, l'aristocratie et la démocratie.

> « Il n'y a pas de privilèges, il n'y a que des services », tel était jadis le principe fondamental de l'ancien droit monarchique français. Mais il ne peut être compris que par une nation de vieille race, de race seigneuriale, pour qui la marque la plus évidente d'une basse origine est d'être naturellement tentée de se servir des faibles au lieu de les servir. Lorsqu'on parle de la tradition libérale ou démocratique de mon pays, on oublie qu'elle exprime, souvent sans le savoir, une conception aristocratique de la vie. (III, 217).

Et il poursuit :

> [E]lle n'a nullement le sens ni l'esprit d'une simple revanche des opprimés contre les oppresseurs, elle traduit en un vocabulaire malheureusement mis à la portée du premier venu, d'un public inculte – du monde moderne, en un mot –, le sentiment à la fois chrétien et chevaleresque que la véritable égalité ne peut naître que dans une société assez ancienne pour que l'étroite solidarité des obligations librement consenties fasse tour à tour, de chacun de ses membres, des serviteurs conscients de leurs droits et des maîtres conscients de leurs devoirs. Mais qui se soucie aujourd'hui de l'expérience accumulée au cours des siècles par un peuple aussi sage et aussi humain que le nôtre ? (III, 217-218).

L'aristocratie en tant que classe ou force sociale n'intéresse guère Bernanos, aussi peu d'ailleurs que l'Ancien Régime, lorsque l'un comme l'autre désignent une réalité historique advenue. Plus que d'une posture sociale particulière, la noblesse participe d'une réalité sublimée, érigée en idéal : celui d'une aristocratie de l'esprit, ouverte à toutes les consciences et aux forces vives d'une société, par delà ses classes ou ses groupes. Elle désigne un principe, et comme un mythe, au sens presque sorélien d'une idée, sinon d'une pratique collective, apte à porter la critique du monde, faute de mieux et en l'absence des forces pour le transformer. Autant le dire, cette vision n'a rien d'historique, ni même de politique, au sens propre du mot. Largement idéalisée, voire sublimée par ses valeurs, l'aristocratie chez Bernanos se résume au fond à une affaire d'attitude, de posture si l'on veut. Surtout, l'écrivain de combat, à la différence du roman qui en propose parfois une véritable sociologie, ne la considère à aucun moment comme le pilier d'un ordre politique, la royauté ou l'Ancien Régime, répondant ainsi à une légende commode qui voudrait voir dans l'utopie réputée passéiste du monarchiste un retour au *statu quo ante*, par définition révolu. Plutôt que la lettre ou le statut même, c'est donc l'*esprit* de la noblesse, une idée forte, une valeur vive, et comme une réserve morale pour penser le monde et agir en lui, que retient l'historien, autant qu'il fournit à l'écrivain les raisons et les valeurs de son combat contre le monde moderne.

LA FRANCE DE TOUJOURS

De cette noblesse virtuelle, l'histoire est diverse, et la généalogie multiple. Une première origine remonte bien sûr – comment en irait-il autrement, s'agissant d'un monarchiste ? – à la France d'Ancien Régime, maintes fois évoquée. Rien de passéiste ou de réactionnaire, ni même d'une quelconque nostalgie, dans cette vision de la monarchie passée. Au contraire, la référence à cette tradition s'inscrit dans l'actualité du présent ; à travers elle, dirait Bernanos, l'Histoire se révèle à elle-même, dans la durée et la permanence qui la constituent en propre, par delà ses détours ou ses ruses mêmes.

> Je ne vante pas le passé parce qu'il est le passé. Si le passé n'avait aucune chance de renaître, il ne m'intéresserait guère. On ne peut donner tout son temps à vénérer les morts, ce sont les vivants qu'il faut sauver. Si je pensais

> que la tradition de l'ordre monarchiste chrétien ne subsiste plus que dans la mémoire d'un petit nombre de privilégiés, je n'insisterais pas : l'air des musées me fait mal et celui des petites chapelles m'écœure. Mais je crois cette tradition encore vivante, bien que méconnaissable, au plus profond de notre peuple, de notre peuple tel que nous le connûmes à la guerre, au feu, sous le feu – non pas au champ, à l'usine. Je crois que cette tradition a trop longtemps formé la conscience de notre peuple pour que celle-ci lui survive. (II, 760-761)

De l'ancienne France, l'écrivain de combat retient moins l'histoire en détail que les valeurs et la tradition d'une conscience réputée tout à la fois monarchique et chrétienne. L'Honneur, le Droit, la Justice, le Service en font partie, mais aussi la pauvreté, la charité (autre mystère).

> Car, sans doute, il n'y a pas de Droit français, de Justice française, mais, comme un frère prêcheur ou un trappiste servent Dieu, chacun selon la tradition de son ordre, il y a une manière française de servir le Droit et la Justice. Jeunes gens qui me lisez, souvenez-vous que seul, ou presque seul, en des jours de mensonge, j'ai essayé de maintenir cette vérité de salut : il y a une vocation de la France, il y a encore une vocation de Français. (III, 709).

LE PRINCE ET LE PEUPLE

Outre la référence à la tradition (plutôt qu'à l'Ancien Régime à proprement parler), un autre mythe encore fonde la généalogie nobiliaire chez Bernanos : le Peuple (celui de France, s'entend), dont la Révolution de 1789 marque à la fois l'espérance et l'avènement. Preuve qu'elle transcende ou sublime l'événement par l'idéal, la vision du monarchiste passe par-dessus la rupture supposée entre l'ancien et le nouveau, pour inscrire l'histoire dans la continuité et la permanence d'un destin réputé collectif, unique surtout. « Ah ! nos légendes ont la vie dure… Et quand j'emploie ce mot de légende, c'est faute de mieux ; car une légende n'est le plus souvent bonne qu'à enchanter l'imagination. La légende française n'a pas fait qu'enchanter l'imagination des hommes, elle les a défendus, protégés, parfois sauvés. » (III, 1278).

Avec Michelet, Hugo et Péguy, le monarchiste Bernanos revisite l'histoire de France, à la lumière d'une actualité marquée par la démission de Munich puis l'exil volontaire au Brésil. Or, qui ne voit la révision qu'il pratique, tant sur le plan personnel que politique, idéologique ? Pour devoir davantage qu'il n'y paraît au romantisme, cette redécouverte du passé national et la vision nouvelle d'un peuple fidèle à sa vocation jusque dans l'art de faire la Révolution est certes atypique et, pour le coup, tout à fait contraire à celles d'un de Maistre ou d'un Maurras. Chez eux, dans la théorie du moins, le peuple, pour peu qu'il échappe à l'emprise de la tradition, tourne vite à la plèbe.

De ce roman national, 1789 reste le symbole obligé. Plus qu'un événement, la Révolution désigne un « temps sacré », une « révélation, dont le peuple est le héros[1]. » De crise, ou de catastrophe, point. Si rupture il y a, elle se situe ailleurs : entre 1789 et 1793, la Nuit du 4 août et la Terreur. Pour Bernanos, et d'autres avec lui, à commencer par les socialistes de l'utopie, la Révolution n'est ni cette punition de la divine Providence, entrevue par Maistre, Burke ou Rivarol, ni même, dans l'explication positiviste d'un Maurras, une faute de politique. Avec – et à la fois contre – une certaine historiographie républicaine (Hugo, Michelet), le monarchiste souligne au contraire la continuité historique qui conduit de la tradition à la révolution, à travers la permanence du peuple : loin de signifier la fin d'un récit maîtrisé (selon la réaction) ou une maîtrise nouvelle de l'Histoire (selon la modernité), 1789, au contraire marque le point culminant d'une Légende – de fait, son chant du cygne, une rencontre unique, aussitôt gâchée, avec l'Histoire.

> L'expérience de 89, en effet, tire son principe de notre vieux fonds chrétien, elle est tout à fait dans la ligne de notre tradition médiévale ; un homme du XIIIe y eût parfaitement trouvé sa place. L'expérience de 93, au contraire, tire son principe d'une tradition tout opposée : celle des légistes du XVe siècle et de la Renaissance, d'esprit romain [...]. Les hommes de 89, même républicains, se fussent très bien entendus avec Henri IV, c'étaient des hommes de la monarchie populaire. Tout régicides qu'ils fussent, les hommes de 93 appartenaient à la tradition de la monarchie absolue – celle de Charles Quint, de Philippe II, de Louis XIV lui-même, si fortement influencé par le sang espagnol qu'il tenait de sa mère. Les hommes de 89 n'ont pas laissé de postérité véritable, leur œuvre est à reprendre. Mais [c]es hommes [...], les hommes inflexibles de la Convention nationale – du type de Robespierre –, ont des fils qu'ils ne pourraient renier, s'ils vivaient encore : ce sont les chefs des États totalitaires et leurs complices. Pour exprimer ma pensée d'une

---

1 Paule Petitier, « Historien ou romancier ? », *L'Histoire*, n° 363 : *"Michelet"*, avril 2011, p. 50-55 (p. 53).

> manière que je souhaite encore plus saisissante : 89, c'est Péguy, 93, c'est Maurras ou Lénine. (III, 629-639)

Si le monarchiste intègre à sa vision de la France éternelle le fait révolutionnaire, il n'aura pourtant de cesse d'en dénoncer les trompe-l'œil et les promesses vides, pour mieux rappeler les idéaux trahis. À la fois critique et solidaire, la démystification des slogans et autres phrases creuses du « Catéchisme des Droits de l'Homme[1] » conduit cependant à affirmer, après Saint-Simon, Leroux, Proudhon et d'autres[2], « les grands mots [qui] s'écrivent avec une majuscule[3]. » Liberté, Égalité, Fraternité. À chacun de ces mots d'ordre, pour le coup à l'opposé des valeurs nobiliaires, les deux derniers surtout, répond ainsi un moment de la politique bernanosienne. Au monarchiste « intégral », plus ou moins proudhonien (II, 385), chez qui liberté et égalité riment avec atomisme social et perte des solidarités traditionnelles, succède bientôt l'admirateur – conditionnel – de Péguy, misant sur la fraternité pour rétablir la communauté.

Parvenu à maturité, l'esprit de synthèse qui anime la pensée de Bernanos scelle la difficile réconciliation du Prince et du Citoyen, de l'ordre et de la liberté, de la noblesse avec le peuple. Entre le rappel du passé et les enjeux du présent, sa vision transcende l'Histoire ; contre le double danger de la clôture (par la tradition) ou de l'ouverture indéfinie (dans le progrès), or elle recherche dans le présent les traces d'une mémoire à conserver, l'éternellement neuf au sein de l'Ancien Régime, et l'élan même de la Révolution. « J'honore le passé, mais je ne pense qu'à l'avenir. » (III, 246). Tradition *et* Révolution (III, 309), donc. Ou encore du mythe à l'utopie. Original, le projet associe d'un même tenant le sujet monarchique au citoyen républicain : à l'être d'histoire, fort de ses valeurs, de veiller à ce que l'homme et ses droits ne tournent à l'abstraction, au rituel vide. « En défendant l'homme du passé, c'est notre tradition révolutionnaire que je défends. » (III, 1020). Car l'homme n'est rien, et ne vaut rien, sans la tradition et ses valeurs – sans ses préjugés,

1 Charles Maurras, *Enquête sur la monarchie*, Paris, Nouvelle Librairie Nationale, 1923, p. 61.

2 Voir mon article, « Bernanos et l'utopie », p. 113-142 *in* Michel Estève (dir.), *Études bernanosiennes 19 : "Confrontations (2)"*, Paris, Minard, « La Revue des Lettres modernes », 1988.

3 Georges Bernanos, *Le Combat pour la liberté : correspondance inédite*, t. II, 1934-1948, Paris, Plon, 1971, p. 160.

dirait de Maistre. Cette leçon de la réaction, Bernanos la traduit ainsi : en faisant la Révolution, et singulièrement lors de la nuit du 4 août, le peuple de France n'aurait fait que laisser parler, à son insu même, tout un passé en lui, à savoir « une certaine conception proprement religieuse de la personne humaine. » (II, 349).

> [L]'ancienne Monarchie avait fait un peuple capable de se lancer tout entier dans une si extraordinaire aventure, un peuple entier qui après mille ans d'expérience s'enflamme pour cette Cité harmonieuse dont rêve Ch. Péguy, rêve de justice universelle, la veut réaliser sur-le-champ. (II, 588)

Certes, le raccourci est original, et le point de vue singulier. Nul doute que Bernanos ici s'arrange avec l'Histoire. Mais pour vivre de la passion, la politique chez lui est plus qu'une affaire de raison[1]. De la marche des siècles, elle retient moins l'institution, le système, la structure ou la tendance lourde, que la force des idées et des légendes qui fondent la tradition, ou l'espérance. Sa valeur, partant, ne saurait être que de l'esprit ; exemplaire, intellectuelle et morale plutôt que sociale ou matérielle.

De là sans doute ce réinvestissement – d'aucuns diront ce surinvestissement –, ce transfert à la fois idéologique et affectif de l'ancienne France vers le peuple. Or, qui ne voit, ici encore, le déplacement que Bernanos opère comme pour mieux répondre à un exil double, dans l'espace comme dans le temps ? Deux traditions ici se rejoignent intimement, par delà même le principe de distinction propre à l'aristocratie : la première, chrétienne sinon monarchiste, articulée autour de la figure du pauvre ; la seconde, républicaine, qui instaure le peuple dit souverain. Qu'il soit de France ou plus tard du Brésil, le peuple ainsi défini serait en

1 Or, quelle est dans cette vision la part du mythe, de la légende ? Pour le savoir, mieux vaut interroger Maistre ou Tocqueville, que Michelet ou Hugo. À lire *L'Ancien Régime et la Révolution* (1856) et les historiens (Furet, Gauchet) qu'il inspire, la cause semble entendue : politiquement du moins, à la fois par l'ordre nouveau et l'idéologie qu'elle met en place, la Révolution est bien une, d'un « seul bloc » (Clémenceau) en effet. Selon Saint-Simon ou Quinet, ses dérives ou impasses les plus extrêmes, comme d'ailleurs la radicalité même de l'événement, s'expliqueraient avant tout par le conflit de fond, voire de classe, qui oppose la noblesse à la bourgeoisie, et sa résolution plus que tardive. Si elle subsiste, à l'exemple notamment du centralisme de l'État monarchique puis jacobin, la permanence même souterraine ou anachronique du régime ancien dans le nouveau serait donc surtout institutionnelle voire culturelle, plutôt que politique à proprement parler. Reste que l'Histoire selon l'auteur de *Nous autres Français* est bien d'une autre veine, plus proche du possible que du réel : idéelle (sinon idéale), en un mot.

quelque sorte la noblesse de droit (sinon en titre), mais sans le privilège de la naissance ; la mission, la vocation spirituelle, plutôt que le statut ou la fonction sociale ; enfin le pays réel, légitime, contre l'ordre (mal) établi, fût-il la démocratie.

Une autre lecture est donc possible, où l'écrivain tente d'accorder le mythe avec l'Histoire. À suivre Tocqueville, l'aristocratie se caractériserait par la passion de la liberté, la démocratie, au contraire, par celle de l'égalité. La première privilégie l'obligation réciproque et le contrat personnel, au lieu que la seconde fonde la relation sociale sur le calcul, l'intérêt bien compris des individus, gage de la liberté de tous. Enfin, celle-ci suppose la société ouverte, sinon la culture de masse, celle-là une société fermée sur soi et sa tradition[1]. Cependant, dirait Montesquieu, la « vertu » patriotique fonde le gouvernement de la république, tout comme l'honneur règle la monarchie, ou la crainte le despotisme. Sans cette morale collective forte, les démocraties menaceraient de se dissoudre de l'intérieur, en proie à la division[2]. De là ce semblant d'axiome, que Bernanos sans nul doute ferait sien : « L'esprit de modération est ce qu'on appelle la vertu dans l'aristocratie ; il y tient la place de l'esprit d'égalité dans l'état populaire. Si le faste et la splendeur qui environnent les rois font une partie de leur puissance, la modestie et la simplicité des manières font la force des nobles aristocratiques. Quand ils n'affectent aucune distinction, quand ils se confondent avec le peuple, quand ils sont vêtus comme lui, quand ils lui font partager tous leurs plaisirs, il oublie sa faiblesse[3]. » Bref : « Les familles aristocratiques doivent donc être peuple autant qu'il est possible. Plus une aristocratie approchera de la démocratie, plus elle sera parfaite ; et elle le deviendra moins, à mesure qu'elle approchera de la monarchie[4]. »

1 Voir Jean Étienne *et al.* (dir.), *Dictionnaire de la sociologie*, *op. cit.*, « Tocqueville », p. 389.

2 Voir Charles Taylor, « Le pluralisme religieux est le fait marquant de la modernité », *Books*, n° 17, 2010, p. 16-22 (p. 21).

3 Charles de Montesquieu, *Œuvres complètes*, t. II, Roger Caillois (éd.), Paris, Gallimard, « Bibliothèque de la Pléiade », 1952, p. 227-995 : *De l'Esprit des lois* (p. 284).

4 *Ibid.*, p. 247.

LA SAINTE FAMILLE

La noblesse (ou la tradition), le peuple (de 1789, puis de l'utopie). À n'en guère douter, c'est donc bien cette double filiation – à laquelle il conviendrait sans doute d'ajouter la tradition du dandysme[1] –, bientôt confondue voire sublimée dans une hypothétique aristocratie de l'esprit, que le romancier et l'écrivain de combat convoquent pour mieux l'opposer au monde moderne. Singulière pour le moins, voire contre-nature, cette généalogie nobiliaire emprunte à chacune de ces traditions une histoire, une espérance particulière : l'une qui puise dans le passé la mémoire de l'idéal chevaleresque, l'autre qui l'inscrit dans l'actualité historique, à la manière d'un mythe mobilisateur, propice à la critique, sinon à l'action.

À preuve, le combat contre le monde moderne. On le sait, c'est un thème majeur, le leitmotiv et presque l'obsession de l'œuvre. De l'exploitation ou du paupérisme, de la condition ouvrière et de l'ordre bourgeois, du capitalisme libéral ou du socialisme d'État, l'écrivain de combat retient avant tout le coût spirituel, mesuré à l'aune des valeurs majuscules que sont la Dignité, la Liberté, la Justice, l'Honneur, etc. Mieux encore, c'est bien l'absence de telles valeurs qui caractérise en propre, par défaut, le monde moderne.

Moderne, sans tradition, sans valeur donc. Filons la métaphore. Si, par le passé et la culture, plutôt que par son statut ou son rang social, la noblesse selon Bernanos s'oppose à la roture (sinon au peuple), à l'arriviste – on dirait aujourd'hui : au nouveau riche –, alors la société actuelle serait en quelque sorte le parvenu de l'Histoire : rien de noble ni de spirituel en elle, tant les valeurs de l'esprit (qui n'est pas l'intelligence, il s'en faut) font ici défaut. Comme une certaine bourgeoisie d'affaires ou d'argent, avec laquelle il a partie liée, le monde moderne en effet n'est rien qu'un présent qui se survit, sans visage ni profondeur historique ; il « n'a pas de papiers » (II, 673), dirait l'auteur de *Nous autres Français*. Entendre par là qu'il lui manque l'essentiel, ce qui fonde les sociétés ou les époques véritables : un passé, une durée, une tradition. Mieux qu'il

1 Voir, à ce sujet, mon article : « La noblesse de l'écrivain. Généalogie des valeurs chez Georges Bernanos », *Interférences littéraires / Literaire interferenties*, n° 8, mai 2012, p. 175-198 <http://www.interferenceslitteraires.be/node/161> (page consultée le 20 décembre 2014).

n'aspire à le changer de l'intérieur, à le transformer, Bernanos appelle à sauver le monde. La noblesse de l'écrivain tient d'une espérance, et comme d'une utopie. Elle est le dernier recours, face à une réalité dont les discours ou les projets échouent à dire la vérité profonde – à savoir, le vide spirituel, plus que le simple déclin ou la décadence.

Faute d'une alternative politique réelle, l'écrivain en appelle à une possible aristocratie de l'esprit, aux valeurs et aux traditions fondues en un seul mot d'ordre : défendre l'humain, le sens ou le mystère spirituel de l'homme, face aux forces qui le déshumanisent de l'intérieur, le capital, les masses, la science et la technique, la politique de même. Jeanne d'Arc, le Prince, la France et son peuple ; mais aussi Barbey, Bloy, Baudelaire peut-être, Péguy, Le Play, Proudhon, Drumont et d'autres moins connus, tel Georges-Henri Torrès. Plus qu'un air de famille, une complicité d'origines et de valeurs réunit ces auteurs, par delà leurs différences. Surtout, ils ont en commun la posture de l'écrivain témoin d'un autre monde possible, engagé dans l'époque et à la fois contre, tout contre elle. Aussi, est-ce un hasard que Bernanos ait choisi pour modèles ces porteurs de valeurs associées à la noblesse : la hauteur de vue et l'indépendance, la fidélité à l'idéal et l'esprit de révolte, qui se paient souvent au prix fort de la solitude ?

Ici encore, dans la recherche d'une généalogie, la logique du romancier joue à plein, jusqu'à instruire le sens, et la diction même du combat politique ; en quoi l'écrivain et l'historien chez Bernanos, mieux que de se confondre, s'appellent mutuellement. Si l'histoire des individus souvent exprime celle de leur peuple, dans l'honneur ou la douleur (voir Jeanne d'Arc, Hugo, Péguy, de Gaulle, mais aussi Franco, Pétain, Staline, Hitler), elle suscite chez l'écrivain la sympathie ou l'antipathie, l'admiration ou la colère. À l'aune du romancier, les hommes et les peuples valent surtout par leur capacité à incarner un destin romanesque, c'est-à-dire une vie singulière, plutôt qu'exemplaire ou édifiante. Ainsi, Joseph de Maistre, le penseur de la tradition, a tout d'une autorité ; mais il reste lointain, et comme désincarné, en un mot : abstrait[1]. À l'inverse, nombre de qualificatifs traduisent chez l'écrivain la relation privilégiée, toute d'émotion vécue, avec les personnages historiques devenus des modèles : « la voix du vieux Bloy » (II, 818), « notre vieux maître »

1 Voir mon article « Joseph de Maistre, le fil perdu. Sur la culture politique de Georges Bernanos », *in* Monique Gosselin (dir.), *Les Cultures de Georges Bernanos*, à paraître.

(II, 1071), « le cher vieux Drumont » (II, 862), « les vieux socialistes qu'aimait Drumont » (II, 600), sans oublier ces « jeunes chrétiens aristocrates et plébéiens mêlés – le jeune Lyautey était de ceux-là » (II, 600), ou tel « jeune Français », lecteur anonyme de *Nous autres Français*, qui se demande : « Mon pays vaut-il la peine d'être sauvé ? À quoi bon ? » (II, 617). Le contraire vaut également, s'agissant de destins coupables ou trahis : « la voix du vieux Pétain » (III, 489), homme sans mystique (III, 210-211), celle de Maurras surtout, objet d'un portrait sans concession, non dénué d'une empathie certaine, où le bilan politique le dispute à l'examen de conscience (III, 455). Par delà le propos polémique, la référence à la personne a ici valeur propre, au point de fonder une véritable psychologie (ou psychanalyse) des profondeurs, que le romancier de l'âme humaine sans doute ne renierait point. Preuve que chez lui, l'histoire des êtres, derrière la seule biographie, s'explique et se juge avant tout à leur noblesse intérieure, réelle ou supposée.

UN CHEVALIER DES TEMPS MODERNES

En plus d'informer une vision de la cité et de la vie, les valeurs nobiliaires chez Bernanos sont le socle sur lequel se construit le projet de l'écrivain de combat. À défaut d'un système de pensée, d'un programme politique en bonne et due forme, toute une rhétorique (elle est aussi, n'en doutons pas, une poétique) de la parole donnée fonde ici l'action, en même temps qu'elle établit un lien que l'on dirait aristocratique entre l'œuvre et son lecteur. Mieux que de défendre ou illustrer ces valeurs, l'écrivain – dans le sens déjà moderne que lui donne Bernanos – les incarne et les habite, comme à son corps défendant : elles sont sa raison d'être, mais aussi le levain de son œuvre ; il en est à la fois le témoin et le garant. Responsable, en un mot, devant les hommes et l'Histoire. Là serait sa vraie place, et son pari : « Je tiens ma place, comme jadis, au front des hommes libres – une petite place sur un front immense – : pourquoi n'essayez-vous pas de tenir la vôtre ? » (III, 437).

Des valeurs qui distinguent l'écrivain selon Bernanos, l'*honneur* est sans doute la première. « L'honneur chevaleresque – c'est-à-dire le renversement des valeurs du monde, le mépris de l'argent, l'exaltation de la pauvreté, la force ne tirant sa dignité que des services rendus aux faibles, la Force devenue servante – a été consacré par l'Eglise une fois pour toutes. Il est devenu le type chrétien de l'honneur, le type orthodoxe de l'honneur. » (III, 161). « Nous avons rêvé de mettre l'honneur à la portée de tout le monde, il faut que nous le mettions aussi à la portée des gouvernements. Nous croyons qu'il y a un honneur de la politique, nous croyons non moins fermement qu'il y a une politique de l'honneur, et que cette politique vaut politiquement mieux que l'autre » (II, 764), écrit l'auteur de *Nous autres Français*, avec les accents, les mots et presque la syntaxe de Péguy, avant de préciser : « L'homme d'honneur est même beaucoup moins facilement berné que l'honnête homme, justement parce que sa règle est absolue, qu'il ne saurait commettre la faute habituelle aux honnêtes gens, de s'engager honnêtement dans une entreprise malhonnête, car l'honneur ne connaît pas la justification des moyens par la fin. » (II, 764-765).

La *pauvreté* ensuite. Dans son acception chrétienne, elle désigne moins l'inconfort matériel, quelque gène ou privation, que le renoncement voulu, choisi ou consenti, comme pour mieux rester à l'écoute des faibles et des humbles et répondre de la douleur du monde. L'esprit de pauvreté, l'humilité, en un mot. Elle est, plus qu'un choix de l'écrivain, la condition même de sa liberté exemplaire.

> Il me plaît de me rendre ce témoignage que je me suis pas « mis à l'aise » dans mes livres, et mes livres, en retour, ne m'ont jamais « mis à l'aise » non plus. Je puis le dire sans aucune amertume, car je n'ai pas l'honneur d'être un écrivain méconnu [...]. Mes livres se vendent, mais le public ignore malheureusement que les gros tirages ne nous font pas riches ; ils nous apportent seulement, avec la notoriété, les moyens de le devenir grâce à de profitables besognes dont la littérature n'est plus dès lors que le prétexte ou l'alibi. (II, 896).

Important, l'autoportrait suivant dit assez la référence croisée, politique et religieuse, à « la plus antique aristocratie du monde » : le lignage inattendu, qui va du Christ et de Saint François d'Assise jusqu'à l'auteur, l'ordre, le groupe social ou la « race », la noblesse et la roture, le mépris de l'argent ainsi que l'hommage au travail non salarié, non capitalisé – tout se passe donc comme si Bernanos, en filant la métaphore nobiliaire, l'avait transposé à sa propre condition d'écrivain, la sublimant par là.

> Que voulez-vous ! j'ai souvent parlé de la pauvreté. Je me suis efforcé d'en parler noblement, j'aurais trop honte si vous pensiez un moment que je l'ai jugé de loin, en amateur, en curieux, à la manière d'un jeune Bourget observant les gens du monde grâce à un généreux pourboire glissé dans la main du portier. Mais vous perdriez votre temps à me plaindre [...]. J'ai « fait la pauvreté » comme j'ai fait la guerre, au rang le plus modeste, je n'ai jamais dépassé, dans l'armée des pauvres comme dans l'autre, le grade de caporal. Ou si vous préférez, dans la plus antique aristocratie du monde, celle qui a pour chef Jésus-Christ et Saint François d'Assise pour connétable, je ne suis qu'un tout petit gentilhomme. N'importe ! [...] C'est assez cependant pour que je me sente humblement solidaire de l'honneur des pauvres gens. Vous ne sauriez croire combien ce point a d'importance aux yeux d'un chrétien ! (II, 896-897).

Et il ajoute :

> Nous sommes ainsi des milliers et des milliers à travers le monde qui osons rarement nous prévaloir d'un tel lignage – ne serait-ce que par déférence pour nos illustres cousins, les Princes du sang de la Pauvreté, les grands seigneurs de la Misère – mais nous ne tâchons pas moins de regarder honnêtement la sainte règle de notre ordre. [...] Oh ! sans doute, on dira que nous sommes pauvres par hasard par hasard, mais quoi ! choisit-on sa race ? Un prince, pour être prince, s'est-il donné d'autre peine que de naître ? Nous n'avons pas fait vœu de pauvreté, comme tant de religieux confortables, c'est le bon Dieu lui-même qui a fait ce vœu pour nous, et si nous y manquons, il l'observe à notre place, il reste pauvre afin de nous maintenir dans la pauvreté [...]. Nous sommes pauvres comme les Rois sont légitimes, par la seule grâce de Dieu. (II, 897).

Fondé sur la fidélité ou la loyauté, le *service* serait une autre valeur intimement associée à la noblesse de l'écrivain. En effet, il entre quelque chose de quasi aristocratique dans l'idée même que Bernanos a de son métier, ou plutôt de sa mission (III, 395), et du pacte qui le lie à son lecteur. « Je ne voudrais donc être parmi vous que l'un de vous, un exilé comme les autres », écrit-il du Brésil en janvier 1941, dans la situation difficile que l'on sait ; « pour le moment, je ne puis qu'écrire, je n'ai malheureusement pas d'autre moyen de servir. » (III, 774). Ici encore, le modèle emprunte à des références connues, à l'ancienne France notamment. « Un roi n'est pour moi que le premier serviteur du peuple, le protecteur naturel du peuple contre les puissantes oligarchies – hier les féodaux, à présent les trusts –, il est le droit du peuple incarné, le droit et l'honneur du peuple. C'est l'idée que se faisaient du pouvoir royal, de ses charges, de ses risques, les Valois ou les Bourbons, et ils étaient ainsi absolument d'accord avec la tradition de leur famille et celle de la Chrétienté. » (III, 654). Dans cet esprit, il déclare aux lecteurs de *La Marseillaise*, en septembre 1942 : « je me demande avec plus d'inquiétude que jamais si je remplis ma tâche auprès de vous, si je vous rends les modestes services que vous êtes en droit d'attendre de moi. J'écris "services" au pluriel, mais c'est là un pluriel de style noble, puisque je n'ai réellement qu'une manière de servir, c'est de dire ce que je pense. Comme je m'efforce de le dire avec toute l'énergie dont je suis capable – car l'énergie, c'est le style, et il n'y a pas plus, en ce monde, de vérité sans style que d'âme sans corps [...]. » (III, 453).

Honneur, pauvreté, humilité, loyauté et indépendance d'esprit, *liberté* enfin. Telles sont les valeurs qui légitiment l'écrivain, en droit et en pratique. « Je n'ai pas la prétention de penser mieux qu'un autre, mais j'écris ce que je pense. Je ne me flatte pas de voir plus clair, mais j'écris ce que je vois, comme je le vois. Il me semble que c'est le moins que l'on puisse exiger d'un écrivain qui se dit libre. » (III, 272). Manière d'affirmer aussi que l'autonomie de principe propre à l'art s'accorde et se confond avec tout un projet politique, la défense de la liberté, plus que jamais menacée dans le monde moderne. Or, point d'engagement véritable qui ne procède d'une liberté bien comprise, entière sinon absolue, de l'écrivain. Contre les militants et partisans de tout bord, inféodés à l'esprit de système, qu'il appelle les « hommes du Parti » – « Je n'honore pas de la même manière leur discipline, pour la raison que l'obéissance totale me semble contraire à l'honneur ; on ne saurait servir ensemble deux absolus. » (III, 677) –, Bernanos en effet n'aura cessé d'affirmer la noblesse de l'homme libre, comptable de sa seule conscience : « Le premier devoir d'un écrivain est d'écrire ce qu'il pense, coûte que coûte. Ceux qui préfèrent mentir n'ont qu'à choisir un autre métier – celui de politicien, par exemple. » (III, 675).

L'APPEL DE L'ÉCRIVAIN

« J'appartiens probablement de naissance à ce peuple de l'attente, à la race qui ne désespère jamais, pour laquelle le désespoir est un mot vide de sens, analogue à celui de néant. Et c'est nous qui avons raison ! » (II, 629). Ici encore, la référence nobiliaire joue à plein. Comme la noblesse, l'écrivain selon Bernanos répond d'une mission, plutôt que d'un statut ou d'un métier : d'un pari. Écrire, pour témoigner, c'est avant tout répondre à un appel. « Un appel mystérieux – tel est le sens, pour les peuples, comme pour les hommes, du mot de vocation, *vocatus*, appelé. Il ne dépend pas de nous d'être appelés, mais il dépend de nous de ne pas répondre à l'appel. » (III, 9). À elle seule, cette définition de l'écrivain inclut toutes les valeurs qui fondent par ailleurs son combat contre le monde moderne : l'honneur, la loyauté, la fidélité à la parole donnée, le sens du devoir et du service, le courage, le risque, la liberté enfin. Où l'on mesure, par parenthèses, combien chez le monarchiste le présent l'emporte face au passé, fût-il la tradition. Loin qu'elle soit affaire de naissance, de lignée ou d'origine (sans parler même de titre ou de rang), la noblesse de l'écrivain, comme celle des peuples et des individus, tient à leur responsabilité, d'un mot on ne peut plus bernanosien : à leur vocation spirituelle devant le monde et l'Histoire.

Par la vision d'une aristocratie fondée en l'esprit, Bernanos s'inscrit dans toute une littérature rebelle du XIXe siècle, avec pour compagnons de l'idéal les Baudelaire, Barbey, Bloy, Péguy, Proudhon, Drumont et autres témoins solitaires de l'absolu, catholiques pour l'essentiel. Tout laisse à penser que l'auteur de *Nous autres Français* aurait réuni dans cette définition inédite de l'écrivain impliqué les héritages et les figures d'une autre noblesse possible. Noblesse virtuelle ou idéelle, nous l'avons vu, et beaucoup plus littéraire qu'elle n'est l'expression d'un statut voire d'une classe quelconque. D'une certaine façon, Bernanos fait d'une pierre deux coups (et peut-être même trois) : en même temps qu'il se revendique d'une histoire et d'une généalogie multiple, l'écrivain s'invente pour ainsi dire une *légitimité* nouvelle, tant politique que littéraire. Ici, l'écriture et le combat fondent une seule et commune littérature politique (elle est aussi, n'en doutons pas, une politique de la littérature), où l'une et l'autre ont toute leur place, leur raison d'être : la politique, en ce qu'elle traduit le souci du monde et l'effort pour penser la cité ; la littérature, parce qu'elle constitue une réserve de questions, de sens ou de valeurs, que la politique précisément ne saurait plus dire.

La question se pose donc : à la fin, Bernanos aurait-il sublimé via la littérature, dans la figure et la posture de l'écrivain certes engagé, mais libre et solitaire, cette noblesse passée ou perdue, que l'Histoire précisément lui refusait ? Les preuves sont là, en tout cas. À bien lire l'œuvre elle-même, il apparaît que cette vocation nouvelle prend effet sur le tard, à partir de *Nous Autres Français*, écrit dans la situation que l'on sait. Plusieurs explications à cela. La première serait sans doute la rupture idéologique avec Maurras, qui conduit le monarchiste à revoir en profondeur tout un système de pensée jusque-là acquis, sans revenir sur l'essentiel cependant. Une autre l'expérience cruciale de l'exil, et la distance que la séparation instaure face à d'anciennes certitudes, en matière politique ou autre. Une dernière, enfin, le besoin d'une parole neuve, mieux accordée à l'urgence du temps comme à l'impératif de l'art.

Reste l'essentiel, la vocation de l'écrivain. Comme Bloy ou Péguy, Bernanos est un écrivain inquiet, impliqué plutôt qu'engagé. Militant certes, mais de l'éternel[1]. Sa devise, ou plutôt son souci : répondre du monde tel qu'il est, autant que faire se peut. C'est dire qu'il n'y a chez lui aucune théorie, ou doctrine politique quelconque. Juste une inquiétude et une solitude de fond, et la certitude de l'artiste à propos de « tout ce que l'art doit contenir : la passion, l'éphémère rendu éternel, une tension formidable, un silence lourd, l'humain [...] une spiritualité profonde – et un peu de la terre dont nous sommes faits[2]. » Là serait la vraie, la seule noblesse de l'écrivain : dans le refus de l'imposture et l'exigence de vérité, au nom d'une certaine idée de l'homme et de la vie. « J'ai remis mon espoir entre les mains des insurgés. J'en appelle à l'Esprit de Révolte, non par une haine pure et aveugle du Conformisme, mais parce que j'aime mieux voir le monde risquer son âme que la renier. » (III, 184).

La noblesse affichée ou revendiquée, l'aristocratie portée tel un viatique, la couleur du sang, la race ou l'origine vécues comme signes de

1 Monique Gosselin-Noat, *Bernanos : militant de l'éternel*, Paris, Michalon, « Le bien commun », 2007.

2 Heinrich Böll, *Essayistische Schriften und Reden*, t. I (1952-1963), Köln, Kipenheuer und Witsch, 1978, p. 473.

supériorité, la défense bec et ongles d'un rang, de titres ou de privilèges, le repli conservateur voire réactionnaire dans un passé qui n'existe plus ? En vérité, rien de tout cela ne vaut pour Bernanos. Guère plus d'ailleurs qu'il ne tient du dandy snob ou narcisse, cette autre figure improbable des aristocraties en déclin. L'individualité excentrique, non conformiste ? Elle est ici le signe de la révolte, d'un refus plus que d'une distinction. L'art pour unique refuge, pour toute patrie ? Nul n'est moins artiste (au sens d'une pose ou d'une posture) que cet écrivain-là. Et rien qui ne participe chez lui de quelque élitisme aristocratique, fût-il négatif[1], vécu sur le mode d'une tentation rentrée ou cachée, et d'une indifférence souveraine aux affaires de la cité, à tout ce qui n'est pas l'Art. En vérité, la noblesse de cet écrivain est autre, ailleurs : moins dans la forme ou l'élégance d'une attitude, que dans la ferme exigence d'un esprit libre et cependant fidèle à ses valeurs. De Bernanos, Baudelaire dirait sans doute comme de Poe qu'il est « un aristocrate de nature plus encore que de naissance[2]. » Un noble de cœur et de conviction, sinon de convention, en effet. De toute façon, pour l'écrivain véritable, il n'est de noblesse que choisie, libre.

Michael KOHLHAUER
Université de Savoie

1 Voir Otto Mann, *Der Dandy : ein Kulturproblem der Moderne*, Heidelberg, Rothe, 1962, p. 40 et p. 44 *et sq.*

2 Charles Baudelaire, *Œuvres complètes*, t. II, Claude Pichois (éd.), Paris, Gallimard, « Bibliothèque de la Pléiade », 1976, p. 319-337 : « Notes nouvelles sur Edgar Poe » (p. 322).

LA HAUTE NOBLESSE

Poétique de la valeur de Nietzsche à Saint-Exupéry

Le projet le plus général de Friedrich Nietzsche, ainsi que l'a résumé Gilles Deleuze, consistait à « introduire en philosophie les concepts de sens et de valeur[1]. » Le premier impératif de cette philosophie iconoclaste, voulant renverser les valeurs anciennes « à coups de marteau », était de donner une généalogie de ces valeurs, pour mettre au jour leurs pieds d'argile. Cette partie du projet de Nietzsche est particulièrement sensible dans *La Généalogie de la morale* et dans les volumes de fragments qui précèdent et préparent ce traité[2]. Le philosophe y débat, écrit Deleuze, de « l'élément différentiel [ou généalogique] dont dérive la valeur des valeurs elle-même[3] », à savoir « le noble et le vil, le haut et le bas [...][4]. »

Dès les premières pages d'*Humain, trop humain*, Nietzsche pressent que « l'origine de toute morale » serait à la fois subjective et relative. Un des aboutissements majeurs de cette réflexion sera la différenciation de deux systèmes de valeurs opposant respectivement, et comme on sait, « bon et mauvais » et « bon et méchant ». La *morale des forts*, qui distingue le bon du mauvais, serait la morale originelle :

> Ce sont [...] les « bons » eux-mêmes, c'est-à-dire les nobles, les puissants, les hommes de condition supérieure et d'âme élevée, qui se sont sentis eux-mêmes bons et ont estimé leurs actes bons, c'est-à-dire de premier ordre, par opposition à tout ce qui est bas, mesquin, commun et populacier[5].

La *morale des esclaves* serait, par réaction, la morale des *vils* définis par la première, animés d'un *ressentiment* vengeur :

---

1 Gille Deleuze, *Nietzche et la philosophie*, Paris, Presses universitaires de France, « Quadrige », 2005, p. 1.

2 *Humain, trop humain, Aurore, Le Gai Savoir* et *Par-delà bien et mal.*

3 Deleuze, *Nietzche et la philosophie*, *op. cit.*, p. 3.

4 *Ibid.*, p. 3.

5 Friedrich Nietzsche, *La Généalogie de la morale*, trad. Isabelle Hildengrand et Jean Gratien, Paris, Gallimard, « Folio Essais », 2002, p. 21.

> Alors que toute morale aristocratique naît d'un oui triomphant adressé à soi-même, de prime abord la morale des esclaves dit non à un « dehors », à un « autre », à un « différent-de-soi-même », et ce non est son acte créateur[1].

Ces deux morales se présentent dans les textes de Nietzsche sous la forme de deux systèmes d'oppositions linguistiques partiellement intersectés. La première morale, celle des forts, qui oppose bon (*Gut*) à mauvais (*Slecht*), voit ainsi s'associer le noble et l'aristocratique (*Edel*, *Vornehm*)[2] à ce qui est supérieur ou élevé (*Höhergestellt*, *Hochgesinnt*), par opposition au commun (*Gemein*, *Pöbelhaft*) et au bas (*Niedrig*). La seconde oppose plus généralement bon (*Gut*), dans une acception différente, on l'aura compris, à méchant (*Böse*). La mobilisation récurrente de ces différents termes pose un problème fondamental pour l'interprétation des textes de Nietzsche, dans la mesure où il s'agit de comparatifs, dont le sens (*bedeutung*) est essentiellement relatif. Pour cette raison, de nombreux passages d'*Aurore*, du *Gai Savoir*, de *Par-delà bien et mal* et de *La Généalogie de la morale* sont consacrés à un travail de déconstruction et de (re)définition de la dénotation de ces termes problématiques. « Fidélité, grandeur d'âme, pudeur de la bonne renommée : [...] voilà ce que nous appelons *aristocratique*, *distingué*, *noble*[3] », annonce *Aurore*. « Ce qui fait la noblesse d'un être, c'est que la passion qui l'affecte est une singularité[4] », dit *Le Gai Savoir*. Mais c'est dans *Par-delà bien et mal* que Nietzsche prend le problème à bras le corps, en consacrant un chapitre entier à la question : « Qu'est-ce qui est aristocratique *[vorn*hem] ? », pour annoncer que le noble « devra être une volonté de puissance incarnée », qu'« il voudra croître, s'étendre, accaparer, dominer, non pas par moralité ou immoralité, mais parce qu'il vit, et que la vie est volonté de puissance[5]. » Le mot est lâché.

---

1 *Ibid.*, p. 35.

2 *Edel*, généralement traduit en français par *noble*, renvoie étymologiquement à l'idée de patrie, de *natale solum*, mais s'entend au sens du *nobilis* latin, avec les mêmes connotations de générosité et de grandeur que son équivalent français. *Vornehm*, que l'on pourrait traduire par *aristocratique*, est étymologiquement un différentiel, comme l'indique le préfixe *–vor*, qui indique une précellence. Les deux termes ont également, et comme leurs équivalents français, une signification sociale.

3 Friedrich Nietzsche, *Aurore : pensées sur les préjugés moraux*, trad. Julien Hervier, Paris, Gallimard, « Folio Essais », 1989, p. 152.

4 Friedrich Nietzsche, *Le Gai savoir, « La Gaya scienza »*, trad. Pierre Klossowski, Paris, Gallimard, « Folio Essais », 2008, p. 91.

5 Friedrich Nietzsche, *Par-delà bien et mal : prélude d'une philosophie de l'avenir*, trad. Cornélius Heim, Paris, Gallimard, « Folio Essais », 2009, p. 182.

En redéfinissant les termes du vocabulaire moral depuis son point de vue, Nietzsche sape les assises de l'axiologie traditionnelle et cherche à introduire de nouvelles valeurs, avec l'objectif, exprimé dès *Aurore*, de « changer notre façon de juger[1]. » C'est un « créateur de langage[2] », comme l'a dit Karl Jaspers. Mais en recourant exclusivement à un lexique usuel, au sein duquel il dégage des sens nouveaux, Nietzsche s'expose logiquement – et sans doute volontairement[3] – à l'incompréhension du plus grand nombre, et partant condamne ses textes à être interprétés à l'envers, suivant les acceptions les plus *communes* des mots qu'il utilise. Un des exemples les plus significatifs de ce phénomène a pour origine l'association, mentionnée plus haut, du *noble* avec le *haut*, et par antithèse du *vil* et du *bas*. La distinction entre le vil (*gemein*) et le noble (*edel*, *vornehm*), longuement commentée par Nietzsche, correspond au sens commun des concepts, et même à l'étymologique de ces termes, qui différencient ce qui est *distingué* du *commun* – elle ne pose pas de problème particulier. Mais l'association par métaphore de l'opposition spatiale entre le haut et le bas à cette antithèse fondamentale, parce qu'elle est traditionnelle, pose certaines difficultés d'interprétation.

Chez Nietzsche, le *noble* ou l'*aristocratique* est « plus élevé[4] », « plus haut » : il a l'« âme élevée[5] » parce qu'il « vol[e] sans scrupule[6]. » Plus généralement, toute la poétique de Nietzsche est agie par un schème ascensionnel : Gaston Bachelard affirme qu'il serait « le type même du *poète vertical*, du *poète des sommets*, du *poète ascensionnel*[7] », animé d'une volonté rêveuse de rejoindre « la patrie ou l'être s'appartient à soi-même » : « l'air du ciel[8]. » Le poéticien se laisse tant et si bien gagner par le dynamisme ascensionnel des images aériennes de Nietzsche qu'il proclame que sa « métaphysique » est « un idéalisme de la force[9]. » Aucun autre mot, sans doute, ne s'oppose pourtant plus à la philosophie de Nietzsche

1 Nietzsche, *Aurore...*, *op. cit.*, p. 83.

2 Karl Jaspers, *Nietzsche et le christianisme* suivi de *Raison et existence*, trad. Jeanne Hersch et Robert Givord, Paris, Bayard, 2003, p. 139.

3 « On dirait que Nietzsche se refuse », résume Karl Jaspers (*ibid.*, p. 109).

4 Nietzsche, *Par-delà bien et mal*, *op. cit.*, p. 75.

5 Nietzsche, *La Généalogie de la morale*, *op. cit.*, p. 21.

6 Nietzsche, *Le Gai savoir...*, *op. cit.*, p. 201.

7 Gaston Bachelard, *L'Air et les songes : essai sur l'imagination du mouvement*, Paris, Le livre de poche, « Bilbio essais », 2001, p. 164.

8 *Ibid.*, p. 189.

9 *Ibid.*, p. 205. Bachelard évoque également un « platonisme de la volonté » (*ibid.*, p. 187).

qu'« idéalisme », dans la mesure où situer la vérité hors du monde des apparences revient selon lui à dévaloriser la vie, et où toute son œuvre se conçoit comme une critique de la tradition philosophique fondée sur le constat que « [d]e tout temps les sages ont porté le même jugement sur la vie : *elle ne vaut rien*[1]… » Mais, depuis Platon, c'est justement la valorisation du « haut » qui fut, dans la poétique des philosophes, l'instrument de ce que Nietzsche considère comme une dévalorisation de la vie. La métaphore de l'âme ailée, sortie comme une évidence de la bouche de Socrate dans son dialogue avec Phèdre, associe explicitement la « perfection », le « divin », en somme l'accomplissement total du « bien », à la « hauteur » : « Quand elle est parfaite, et porte des ailes, [l'âme] s'élève dans les hauteurs et gouverne le monde entier ; quand elle a perdu ses ailes, elle est entraînée jusqu'à ce qu'elle saisisse quelque chose de solide[2]. »

Nietzsche se réapproprie cette opposition manichéenne dans les termes, c'est pourquoi Bachelard put interpréter sa pensée comme une forme nouvelle d'idéalisme. C'est pourquoi, aussi, Heidegger put définir la pensée de Nietzsche comme un idéalisme de la volonté de puissance, et la réduire à un dernier avatar du platonisme, dans la mesure où elle semble reproduire son partage des eaux fondateur entre le haut et le bas.

Pourtant, Nietzsche ne valorise pas systématiquement le "haut" au détriment du "bas". Sa logique verticale est même à première vue contradictoire : le philosophe semble en effet tout à la fois critiquer les habitudes platoniciennes et idéalistes de valorisation du haut, et y revenir irrésistiblement. Ce paradoxe est une fois de plus particulièrement sensible dans *La Généalogie de la morale* et les volumes de fragments qui précèdent ce livre. En effet, d'une main, Nietzsche y met en garde contre la hauteur, quand de l'autre, il y aspire, et y invite. Dans les premières pages d'*Aurore*, par exemple, Nietzsche proclame son hostilité à l'idéalisme « qui toujours nous "entraîne vers les hauteurs" et toujours, par là-même, nous "mène à la déchéance[3]." » Mais c'est à la dernière

1 Friedrich Nietzsche, *Le Crépuscule des idoles*, trad. Henri Albert, Paris, Flammarion « GF », 1985, p. 81.

2 Platon, *Phèdre*, trad. Paul Vicaire, Paris, Gallimard, « Tel », 1989, p. 191. Cette association repose bien évidemment sur un substrat mythologique, mais qui constitue tout de même une interprétation unilatérale de cette mythologie.

3 Nietzsche, *Aurore…*, *op. cit.*, p. 16.

page du même livre qu'il se qualifie d'« aéronaut[e] de l'esprit[1]. » Il récidive dans *Le Gai Savoir*, en commençant son ouvrage par un prudent conseil : « Ne t'avise pas trop de monter[2] ! », avant de recommander, en fin de parcours, de « voler sans scrupule vers là où nous emmène notre élan[3]. » Dans *Par-delà bien et mal*, Nietzsche suggère de « [n]e pas s'attacher à son propre détachement, à cette volupté du lointain qui est celle de l'oiseau volant toujours plus haut[4] », mais rappelle que « l'âme noble [...] *se sait elle-même dans l'altitude*[5]. » Dans *La Généalogie de la morale*, enfin, les « nobles » sont les hommes de « condition supérieure » et d'« âme élevée[6] », mais il faut « mettre en garde à temps contre toutes ces hypothèses [...] qui s'en vont *dans l'azur*[7] ».

Nietzsche a toutefois mis lui-même en évidence la problématique du *sens* (*Sinn*) des termes *haut* et *bas* dans *Le Gai savoir* : si Dieu est mort, interrogeait-il, « [e]st-il encore un haut et un bas[8] ? » La signification du « haut » et du « bas » découle en effet nécessairement d'une axiologie prédéfinie, en l'occurrence celle de l'Occident chrétien. Et puisque Nietzsche, le premier, prenait acte de la "mort" de cette axiologie, il lui était loisible de mobiliser lesdits différentiels pour la création de nouvelles valeurs : dans la poétique de Nietzsche, la "supériorité", c'est-à-dire la "hauteur", est une distinction hiérarchique, tandis que le donné céleste et aérien de son imaginaire symbolise l'aspect dynamique de la volonté de puissance. C'est pourquoi Nietzsche peut associer la hauteur aérienne et la supériorité céleste à la noblesse sans verser dans l'idéalisme. Par contre, lorsqu'il met en garde contre l'"azur" – en faisant à ces occasions un usage presque systématique de guillemets et de tirets qui mettent à distance ce vocabulaire –, le philosophe se réfère bien aux anciennes idoles.

Si donc il n'y a pas de contradiction fondamentale dans la conception de la hauteur et son association à la noblesse chez Nietzsche, il y a en revanche une différenciation d'avec le modèle platonicien dont Bachelard

1 *Ibid.*, p. 289.
2 Nietzsche, *Le Gai savoir...*, *op. cit.*, p. 32.
3 *Ibid.*, p. 201.
4 Nietzsche, *Par-delà bien et mal*, *op. cit.*, p. 59.
5 *Ibid.*, p. 183, souligné par l'auteur.
6 Nietzsche, *La Généalogie de la morale*, *op. cit.*, p. 21.
7 *Ibid.*, p. 15.
8 Nietzsche, *Le Gai savoir...*, *op. cit.*, p. 149.

et Heidegger n'ont pas vu l'enjeu : le goût immodéré de Nietzsche pour l'altitude et l'élément aérien aura induit en erreur la plupart des commentateurs. Mais dans les années de l'entre-deux-guerres, alors que la réception de Nietzsche jouait un rôle crucial dans l'histoire de l'Europe, une lecture venue d'une autre hauteur de vue donnait lieu à une des œuvres les plus lues de son siècle : celle du pilote français Antoine de Saint-Exupéry. Il aura fallu un autre homme de l'air, un aviateur aristocrate, connaisseur comme lui de l'altitude, pour donner à l'inversion du platonisme réalisée par la philosophie de Nietzsche une expression poétique autrement lisible.

On sait relativement peu de choses des lectures de Saint-Exupéry : l'écrivain, dont la figure d'auteur est toujours restée dans l'ombre de son image publique d'aviateur, a davantage raconté ses heures de vol que ses nuits de lectures. Sa correspondance privée révèle toutefois à l'occasion un intérêt marqué pour l'actualité littéraire française, et notamment pour les travaux de Valéry et Gide[1]. Dans sa prime jeunesse, avant qu'il ne devienne un aviateur de métier, Saint-Exupéry avait d'ailleurs pu s'immiscer un tant soit peu dans le monde littéraire parisien par l'entremise de familiers issus comme lui de l'aristocratie, et notamment de sa cousine Yvonne de Lestrange, qui l'aura présenté à André Gide. Mais de cette coterie, Saint-Exupéry gardera le souvenir de personnages vides et factices, auxquels il opposera bientôt la force de ses propres expériences, dont il racontera dans ses livres la tout autre noblesse. Seul le témoignage d'un petit article, assez lapidaire, rédigé par l'auteur pour le magazine américain *Harper's Bazaar*[2], raconte l'histoire de ses lectures de jeunesse. L'aviateur s'y prête à l'exercice un peu convenu de retracer les grandes lignes de sa mémoire littéraire, et d'esquisser en passant quelques filiations. On apprend ainsi que son premier souvenir littéraire remonterait à Hans Christian Andersen, et que Jules Verne aurait tant et si bien fait voyager son enfance que son deuxième roman, *Vol de nuit*, serait en quelque sorte une prolongation de ses rêveries de jeune lecteur des *Indes noires*. Mallarmé, Leconte de Lisle ou Heredia, lit-on encore, auraient été les maîtres de sa prime jeunesse, et l'on se prend à

1 Voir notamment sa correspondance avec Yvonne de Lestrange (Antoine de Saint-Exupéry, *Œuvres complètes*, t. II, Michel Autrand et Michel Quesnel (éd.), Paris, Gallimard, « Bibliothèque de la Pléiade », 1999, p. 851-907 : « Lettres à Yvonne de Lestrange »).

2 Saint-Exupéry, *Œuvres complètes*, t. II, *op. cit.*, p. 1-362 : *Écrits de guerre* (p. 49).

imaginer que, peut-être, ils lui auront inspiré son goût prononcé pour ces « images poétiques » que les critiques de son temps trouveront parfois artificielles ou surannées[1], mais dont Bachelard, dit-on, ne comprenait pas pourquoi elles suscitèrent si peu l'intérêt des littéraires[2]. Balzac, Dostoïevski, Rilke et quelques autres complètent ce bagage littéraire conventionnel de garçon bien élevé d'un autre siècle. Et voilà tout, ou presque. Car un coup d'œil indiscret à la correspondance amicale de l'aviateur révèle l'absent le plus notable de ce bouquet : Nietzsche, évidemment. Passées les lectures de jeunesse, il semblerait en effet qu'il soit revenu au philosophe allemand d'accompagner les premiers pas de l'écrivain naissant.

En 1926, après plusieurs années de tâtonnements et de tentatives littéraires, aviatrices ou autres, Saint-Exupéry était parvenu à poser les premiers jalons d'une double carrière d'aviateur et d'écrivain : il pilotait depuis peu la poste pour la société Latécoère, sur la nouvelle ligne Toulouse-Dakar, et avait rédigé deux nouvelles qui avaient enthousiasmé Gaston Gallimard. Au mois de novembre de la même année, alors qu'il s'apprêtait à partir pour le fortin espagnol de Cap Juby, escale saharienne dont il venait de se voir confier la direction, Saint-Exupéry écrivait à son amie Renée de Saussine : « J'emporte Nietzsche sous mon bras. J'aime ce type immensément. Et cette solitude. Je m'allongerai dans le sable à Cap Juby et je lirai Nietzsche[3]. » Dans les mois qui suivront, c'est donc selon ses dires en compagnie du philosophe allemand que Saint-Exupéry écrira son premier roman, *Courrier Sud*, rédigé en grande partie dans le Sahara, et accessoirement qu'il imprimera dans l'histoire de l'Aéropostale la légende de ses premiers exploits, ceux dont Joseph Kessel ferait le récit émerveillé dans *Vent de sable*, en 1929. Cette influence directe explique que, si l'ombre du philosophe allemand plane indiscutablement sur toute la littérature française de l'entre-deux-guerres, sa marque soit particulièrement lisible chez Saint-Exupéry. La critique a d'ailleurs très tôt mis en évidence le

1 Voir notamment la critique de *Vol de nuit* par Brasillach, parue dans *L'Action française* en 1931 et reprise dans Antoine de Saint-Exupéry, *Autour de* Courrier Sud *et de* Vol de nuit, Paris, Gallimard, 2007, p. 67.

2 Voir Geneviève Le Hir, *Saint-Exupéry ou la force des images*, Paris, Imago, 2002, p. 11.

3 Lettre à Renée de Saussine, Alicante [novembre 1926] (Antoine de Saint-Exupéry, *Œuvres complètes*, t. I, Michel Autrand et Michel Quesnel [éd.], Paris, Gallimard, « Bibliothèque de la Pléiade », 1994, p. 439-868 : *Écrits personnels* [p. 808]).

« nietzschéisme[1] » de son œuvre, sans toujours commenter la nature de cette influence, généralement ramenée à quelques clichés d'ordre moral. La tâche est, en effet, assez ardue, dans la mesure où l'ensemble du champ culturel français, ne fut-ce que par l'intermédiaire de Gide – qui a d'ailleurs joué un rôle important et méconnu dans la direction de la carrière littéraire de Saint-Exupéry –, fut comme le reste de l'Europe subjugué par le philosophe allemand entre les deux guerres, et qu'il est dès lors mal aisé de distinguer les influences directes des traces du climat intellectuel de l'époque[2].

Mais Nietzsche, comme il se plut à le rappeler lui-même, était aussi, et peut-être avant tout, un homme de grand style, à la poétique duquel un aviateur pionnier pouvait sans soute difficilement rester insensible. « De l'air ! Plus d'air[3] ! », voilà ce à quoi aspirait Nietzsche, ce penseur des hauteurs. Or, une vingtaine d'années avant que Saint-Exupéry n'entame, en sa compagnie, l'écriture de son premier roman, et alors que l'invention de l'aéroplane venait tout juste d'être médiatisée par les grands illustrés français, le roman d'aviation avait pris corps dans le cadre d'un imaginaire naturellement ascensionnel, qui faisait écho à la poétique du philosophe, telle que l'a décrite Gaston Bachelard. En effet, en 1908, les démonstrations des frères Wright furent, comme l'a noté l'historien de la culture Robert Wohl, « *un événement* esthétique[4] », dans la mesure où leur médiatisation eut d'abord un retentissement artistique : bien avant que l'avion ne trouve ses applications commerciales et militaires, les artistes en firent un symbole. C'est ainsi que naquit, à partir de 1909, une littérature de l'avion féconde et remarquablement cohérente, portée par des écrivains aussi dissemblables que Gabriele D'Annunzio (*Forse che si, forse che no*, 1910) et Joseph Kessel (*L'Équipage*, 1923), lesquels donnèrent naissance en l'espace de quelques années à tout un imaginaire de l'avion, peuplé comme on s'en doute d'images aériennes et ascensionnelles. Ce qui ne signifie pas que Nietzsche ait forcément eu

1 Pierre-Henri Simon, *L'Homme en procès*, Neuchâtel, La Baconnière, 1955, p. 127.

2 Karl Jaspers, dans une conférence de 1935, affirmait : « La situation philosophique actuelle est déterminée par le fait que deux philosophes ; Kierkegaard et Nietzsche, [...] grandissent constamment en signification. » (Jaspers, *Nietzsche et le christianisme...*, *op. cit.*, p. 124).

3 Nietzsche, *Le Crépuscule des idoles*, *op. cit.*, p. 198.

4 « [T]he invention of the airplane was at first perceived by many as an *aesthethic* event. » (Robert Whol, *A passion for wings : aviation and the western imagination, 1908-1918*, New Haven, Yale University Press, 1994, p. 1. Nous traduisons).

un rôle à jouer dans la constitution de cet imaginaire, même s'il paraît évident que l'intérêt d'un D'Annunzio pour l'aviation, par exemple, lui fut dicté par son tempérament poétique, lui-même inspiré de Nietzsche. Mais ce qui indique clairement, en revanche, que l'aviation fut rêvée dès l'origine dans un style rappelant celui de Nietzsche, et explique en passant pourquoi on associe si facilement Saint-Exupéry à Nietzsche : pour de mauvaises raisons.

En réalité, et en dépit de leur parenté poétique *élémentaire*, l'imaginaire de l'aviation s'était développé en totale contradiction avec Nietzsche : suivant les structures du platonisme. L'invention de l'avion fut en fait l'occasion pour les auteurs de moderniser le thème ancestral de l'âme ailée, attirée par les cieux mais retenue ici-bas par les liens charnels. En effet, chez D'Annunzio, Kessel, Faure-Favier et quelques autres, l'intrigue des premiers romans d'aviation est toujours la même : un aviateur héroïque subit la tentation de rester au sol en raison d'un lien amoureux, charnel, féminin, qui l'empêche de voler, mais finit par trouver la force de reprendre les airs, et le plus souvent de disparaître dans sa patrie céleste. En somme, les aviateurs de la littérature rêvent d'abandonner leur corps pour rejoindre définitivement le ciel. En cela, Gaston Bachelard les aurait assimilés à Nietzsche, désireux selon lui de « jeter à la mer tout notre être pesant[1] », et il n'est d'ailleurs pas du tout exclu que Nietzsche, avec ses images aériennes, ait paradoxalement servi de patron à cet imaginaire antithétique et platonicien de l'aviation. D'ailleurs, à première vue, Saint-Exupéry lui-même, tout en lisant Nietzsche, aurait réécrit le même scénario dans son premier roman, *Courrier Sud*, récit d'un aviateur amoureux qui abandonnera ses espoirs de romance pour retourner à son avion, et disparaître dans le désert où, comme Saint-Exupéry l'écrivit dans sa correspondance, il l'avait envoyé « buter dans une étoile[2]. »

L'aviateur, cependant, procède dans la plupart de ses textes à une inversion saisissante de la structuration platonicienne de l'imaginaire de l'aviation, qui constitue, si on la lit dans ce cadre, une expression poétique de l'inversion nietzschéenne du platonisme. C'est ainsi que dans *Vol de nuit* les étoiles du ciel nocturne ne représentent pas un horizon de rêverie ascensionnelle pour le pilote, mais sa tentation la plus charnelle

1 Bachelard, *L'Air et les songes…*, *op. cit.*, p. 185.

2 Saint-Exupéry, *Autour de* Courrier Sud *et de* Vol de nuit, Paris, Gallimard, 2007, p. 48.

et la plus sournoise : la lumière des étoiles y est reconnue comme « un appât mortel au fond d'une nasse [...][1]. » Le haut n'est plus le sens de la volonté chez Saint-Exupéry qui, dans *Terre des hommes*, matérialise cette inversion des valeurs par un renversement pur et simple du monde :

> Échoué ainsi une autre fois dans une région de sable épais, j'attendais l'aube. [...] Quand je me réveillai, je ne vis rien que le bassin du ciel nocturne, car j'étais allongé sur une crête, les bras en croix et face à ce vivier d'étoiles. N'ayant pas compris encore quelles étaient ces profondeurs, je fus pris de vertige, faute d'une racine à quoi me retenir, faute d'un toit, d'une branche d'arbre entre ces profondeurs et moi, déjà délié, livré à la chute comme un plongeur.
>
> Mais je ne tombai point. De la nuque aux talons, je me découvrais noué à la terre. J'éprouvais une sorte d'apaisement à lui abandonner mon poids. La gravitation m'apparaissait souveraine comme l'amour[2].

Qu'un aviateur littéraire désigne tout à la fois la gravitation et l'amour, c'est-à-dire les liens terrestres et charnels, comme valeur "souveraine" relève en soi de l'oxymoron. C'est pourtant suivant la cohérence paradoxale de ce renversement que Saint-Exupéry va laisser l'intrigue de ses romans se structurer : ses aviateurs de papier s'inscrivent tous dans la même volonté de retour. Si *Courrier Sud* raconte la tentative avortée d'une conciliation entre l'univers céleste et masculin de l'aviation et l'univers de l'amour, *Vol de nuit*, *Terre des hommes*, *Le Petit Prince* et *Pilote de guerre* sont au fond des histoires de retour au terrestre et au féminin. *Terre des hommes*, sans doute, manifeste le mieux cette obsession, par sa répétition des aventures de la revenance. La succession apparemment arbitraire d'anecdotes y poursuit en effet jusqu'à son terme un mythe personnel du retour, depuis l'histoire d'une errance nocturne dans le désert d'un aviateur qui rêve qu'à son retour il « communie avec toute la terre[3] », en passant par la célèbre aventure du pilote Guillaumet, qui trouvera la force de traverser les Andes à pied dans le souvenir de sa femme[4], jusqu'à l'histoire décisive de l'accident de Saint-Exupéry dans le Sahara. L'aviateur, accompagné de son mécanicien, avait été sauvé *in extremis* par un nomade, rencontré par hasard et par miracle en plein cœur du Sahara, en Lybie, après plusieurs jours de soif et d'errance. Le

1 Saint-Exupéry, *Œuvres complètes*, t. I, *op. cit.*, p. 111-167 : *Vol de nuit* (p. 154).
2 *Ibid.*, p. 206.
3 Saint-Exupéry, *Écrits personnels*, *op. cit.*, p. 183.
4 *Ibid.*, p. 195.

héros salvateur de cette histoire, qui est le centre lumineux de *Terre des hommes*, prend sous la plume de Saint-Exupéry des allures divines :

> C'est un miracle... Il marche vers nous sur le sable, comme un dieu sur la mer... L'Arabe nous a simplement regardés. Il a pressé, des mains, sur nos épaules, et nous lui avons obéi. Nous nous sommes étendus. Il n'y a plus ici ni races, ni langages, ni divisions... Il y a ce nomade pauvre qui a posé sur nos épaules des mains d'archange[1].

Ce dieu que se choisit Saint-Exupéry est évidemment une icône, comme l'auteur le met lui-même en évidence :

> Tu es l'Homme et tu m'apparais avec le visage de tous les hommes à la fois. Tu ne nous as jamais dévisagés et déjà tu nous as reconnus. Tu es le frère bien-aimé. Et, à mon tour, je te reconnaîtrai dans tous les hommes.
>
> Tu m'apparais baigné de noblesse et de bienveillance [...][2].

Le dieu, l'image de la valeur, de l'origine de la noblesse, et partant du bien, est donc incarné chez Saint-Exupéry par l'altérité d'un homme, et plus précisément par l'humanité brute de cet homme sans identité, nomade rencontré loin de l'occident et de sa civilisation. Cet homme qui en donnant de l'eau donne la vie. La marche dans le désert de l'aviateur, la somme de ses expériences, l'a donc conduit à découvrir et affirmer, comme Nietzsche dans son cheminement philosophique vers une généalogie de la morale, que l'origine des valeurs, le lieu de la valeur, n'est pas dans le ciel des idées, mais simplement dans ce qui donne la vie, ce que Nietzsche a appelé volonté de puissance, représentée ici par une humanité nue. Ce retournement de situation est aussi la conséquence logique de la poétique de Saint-Exupéry, qui ne cherche pas l'azur, mais la terre, et qui inversait dans *Terre des hommes* le haut et le bas, faisant du terrestre le lieu de la valeur et partant sa "hauteur", et du ciel étoilé les "profondeurs" du "bas". En ce sens, l'aviateur semble matérialiser dans sa poétique et dans l'idéologie qu'elle détermine le renversement nietzschéen du platonisme, tout en se départant de ses images aériennes. Mais on ne peut pas en conclure pour autant que sa lecture de Nietzsche ait ignoré les aspects poétiques de son œuvre, notamment parce que sa propre poétique, dans sa complexité paradoxale,

1 Saint-Exupéry, *Œuvres complètes*, t. I, *op. cit.*, p. 169-296 : *Terre des hommes* (p. 267-268).
2 *Ibid.*

épouse parfaitement la structure ambivalente de celle du philosophe allemand, dont l'emblème est selon Bachelard ce trait *renversant* : « tu es la profondeur de tous les sommets[1].

L'intérêt du développement poétique et littéraire que Saint-Exupéry a donné aux paroles de Nietzsche, qui ont ensemencé son œuvre à l'origine, réside dans sa double singularité. Singularité dans le champ de la littérature d'aviation, tout d'abord, car les aviateurs de Saint-Exupéry, tentés par le ciel étoilé, ont renoncé aux sirènes aériennes et accepté le lien charnel, l'ennemi juré des héros du progrès et de l'idéalisme d'abord mobilisés pour rendre compte de l'invention de l'avion. Singularité, aussi, dans le champ des lectures de Nietzsche, dont certaines des plus fameuses fléchirent à la même époque sa pensée aérienne et dynamique en doctrine servile d'un idéalisme de la volonté de puissance, d'une nouvelle vérité absolue à laquelle soumettre la vie, en somme, d'une nouvelle idole.

L'aviateur français, en 1939, ne faisait que rejoindre la liberté la plus intime de la pensée de Nietzsche lorsqu'il mettait très explicitement en garde contre « les idoles carnivores » des « mystiques de pangermanisme ou d'Empire romain[2] », et y opposait pour la première fois la morale de la responsabilité qui sera développée plus tard dans certaines des pages les plus fameuses du *Petit Prince.* À l'origine de ces images puériles, et mondialement célèbres, d'un petit garçon éprouvant sa responsabilité à l'égard d'une rose et d'un mouton, il y avait d'abord l'expérience vécue de Saint-Exupéry, qui lui avait révélé, comme cela apparaît d'ailleurs dans l'épisode du sauvetage dans le désert, que la volonté de vivre d'un homme est toujours ancrée en dehors de lui. L'histoire de Guillaumet en est l'exemple le plus manifeste. Saint-Exupéry, dans *Terre des hommes*, compare ce héros de l'aviation à un jardinier : « Il était lié d'amour à toutes les terres et à tous les arbres de la terre. C'était lui le généreux, le prodigue, le grand seigneur[3] ! »

Le sommet de l'aristocratie, la noblesse la plus haute, pour Saint-Exupéry, est celle du lien terrestre assumé, de la responsabilité. C'est pourquoi *Citadelle* s'achève sur ces lignes : « Car Tu es, Seigneur, la

1 Bachelard, *L'Air et les songes…*, *op. cit.*, p. 185. Citation d'un poème de Nietzsche adressé au poète persan Hafez.

2 Saint-Exupéry, *Terre des hommes*, *op. cit.*, p. 279-280.

3 *Ibid.*, p. 197.

commune mesure de l'un et de l'autre. Tu es le nœud essentiel d'actes divers[1]. » Le plus haut, le divin, est précisément, dans la poétique de Saint-Exupéry, ce que les aviateurs littéraires voulaient jusqu'alors rejeter comme le plus bas : le lien. Et c'est peut-être là que l'aviateur rejoint le plus secrètement Nietzsche, dans sa conception de la supériorité et de la noblesse, quand ce dernier se risque à décrire le sommet de la plus haute noblesse, le « fruit le plus mur de l'arbre, l'individu souverain » :

> Le fier savoir du privilège extraordinaire de la responsabilité, la connaissance de cette rare liberté, de cet empire sur lui-même et sur le destin l'ont si profondément marqué qu'ils sont devenus en lui un instinct, l'instinct dominant [...][2].

En ce sens, ce n'est pas énoncer un paradoxe de dire que pour Nietzsche et Saint-Exupéry l'homme le plus haut, relevant de la plus haute noblesse, est aussi le plus bas, le plus terrestre. Mais ce qui importe surtout, c'est que tout cela n'ait, grâce à eux, plus le même sens.

Habitués à lire de longs traités philosophiques raisonnablement charpentés et clôturés, de nombreux commentateurs ont inféré de l'aspect fragmentaire de la plupart des volumes de Nietzsche que son travail n'avait pas été mené à terme, qu'il ne constituait en quelque sorte qu'une immense œuvre posthume, dont il revenait à d'autres de révéler le sens définitif. Heidegger et Jaspers se sont ainsi employés à *mettre un terme* à cette œuvre, le premier en la décrivant comme le dernier mouvement de l'histoire de la métaphysique, le second en l'assimilant à une manifestation inconsciente de la pensée chrétienne[3]. C'est ainsi que Nietzsche devint pour les uns et pour les autres un *idéaliste*, et que sa philosophie fut mise au service de ce qu'elle avait précisément cherché à combattre : les idoles que sont tous les dogmes, toutes les vérités absolues. Le vocabulaire de Nietzsche servit facilement cette cause, en indiquant le chemin retrouvé d'une haute noblesse de l'esprit, d'un bien souverain au ciel des idées auquel sacrifier sans regret sa vie d'homme ou la vie de tous les hommes. Saint-Exupéry, en donnant dans sa poétique une autre forme de lecture et de prolongation de l'œuvre de Nietzsche, sans

1 Saint-Exupéry, *Œuvres complètes*, t. I, *op. cit.*, p. 363-834 : *Citadelle* (p. 834).

2 Nietzsche, *La Généalogie de la morale*, *op. cit.*, p. 62-63.

3 Voir Martin Heidegger, *Nietzsche*, t. I & II, trad. Pierre Klossowski, Paris, Gallimard, « Bibliothèque de philosophie », 1971 et Jaspers, *Nietzsche et le christianisme...*, *op. cit.*

doute tout aussi subjective, mais autrement novatrice, allait en revanche donner corps à un humanisme nouveau où la *noblesse* et la *bienveillance*, en somme, les valeurs, sont débarrassées des questions de "supériorité" et de "hauteur", grâce au renversement de la représentation du monde que propose sa poétique.

C'est pourquoi l'œuvre du philosophe et de l'aviateur s'éclairent mutuellement. Retracer la filiation de Nietzsche à Saint-Exupéry permet d'une part de révéler certaines possibilités ignorées du renversement du platonisme proposé par le philosophe, et d'autre part de retrouver les sources de l'humanisme esquissé par Saint-Exupéry : d'un côté comme de l'autre, il s'agit, en repensant la *noblesse*, de repenser le *bien* et donc la morale, hors de toute référence absolue, et par là de tenter de retirer aux états leur possibilité d'instrumentaliser la morale au profit d'une vision totalitariste du monde. Que l'œuvre de Nietzsche ait débuté en 1871, année de la répression de la Commune de Paris, et que celle de Saint-Exupéry se soit achevée en 1944, alors que la chute du IIIe Reich devenait une réalité, est à ce titre une coïncidence pleine de sens.

Olivier ODAERT
Université catholique de Louvain
(Louvain-la-Neuve)

DE QUOI SERGE DALENS EST-IL LE NOM ?

L'écriture de la noblesse comme quête identitaire

Le premier roman de Serge Dalens, *Le Bracelet de vermeil*, publié en 1937 dans la collection « Signe de piste », témoigne de l'importance accordée par l'auteur à la noblesse et à ses attributs : les héros sont des aristocrates (Christian est seigneur de Creil et marquis d'Ancourt, Éric n'est autre que le prince héritier de Swedenborg) et le camp scout auquel ils participent est situé près du château de Birkenwald, sur les terres de Mme de Lienville. Les autres tomes du cycle du Prince Éric, sur ce point, ne s'éloignent pas du premier : *Le Prince Éric*, qui se déroule en grande partie dans la principauté de Swedenborg, voit entrer en scène le page Jef d'Hilssen ou encore l'ambassadeur de France Robert de Kertad ; dans *La Tache de vin*, les protagonistes se nomment Rémy de Terny et Jean-Luc de Bretteville ; et l'on apprend, dans le prologue d'*Ainsi régna le prince Éric*, que sont nés le même jour qu'Éric son sosie Yngve, enfant caché du prince de Wildstein-Taunus, et Franz, fils du baron von Waldenheim. D'autres œuvres de Dalens se signalent elles aussi par la place qu'elles réservent à l'aristocratie : les deux tomes de *L'Étoile de pourpre* évoquent la figure du jeune roi Baudouin IV de Jérusalem et de son page Denis, neveu du chevalier de Blais ; *La Couronne de pierres* raconte l'histoire de Tarcisius, fils du chevalier romain Lucius Valerius Probus ; les récits de *La Plume verte*, dont l'illustration de couverture représente deux chevaliers en armure, font la part belle aux nobles et aux rois, qu'ils appartiennent à un passé immémorial d'allure féodale ou à une époque plus précise – celle de Jean II, celle de Louis XI ou encore celle du roi de Pologne Jean Sobieski. Il n'est pas jusqu'aux enquêtes du Chat-Tigre, écrites en collaboration avec Jean-Louis Foncine sous le pseudonyme de Mik Fondal (FONcine-DALens), qui ne portent parfois la marque de cette attirance, comme l'indiquent ces titres : *Le Piano des princes Darnakine* et *L'Assassinat du duc de Guise*.

D'autres exemples existent, qu'il n'est pas nécessaire d'inventorier d'une manière systématique ; du moins cette première approche permet-elle de constater que l'aristocratie ne fournit pas seulement le cadre, spatial (châteaux) ou temporel (de la féodalité à l'Ancien Régime), dans lequel se déroulent les récits, mais qu'elle en constitue une composante centrale, par l'intermédiaire d'un nombre important de protagonistes.

Cette caractéristique n'est pas spécifique à Dalens. Plusieurs critiques ont remarqué qu'elle se retrouvait dans un certain nombre de romans de la collection « Signe de piste », au sein de laquelle sont parus la plupart des ouvrages de l'auteur du *Prince Éric*. L'historien Christian Guérin a ainsi observé que, de la création de la collection, en 1937, jusque dans les années Soixante, « [d]ans plus d'un livre sur deux apparaît un patronyme nobiliaire, même à titre de référence discrète ou, comme parfois, d'ironique marque de déférence[1]. » Forts de ce constat notamment, certains critiques, usant d'une phraséologie assez marquée, n'ont pas hésité à parler de « [l]ittérature de classe » favorisant la promotion d'« [u]ne France maurrassienne[2] », tandis que d'autres ont, avec davantage de finesse et de rigueur, montré l'idéologie féodaliste de la collection : « Malgré son nimbe religieux, sa principale préoccupation est d'ordre social ; elle tient dans la relation hiérarchique, de suzerain à vassal, qui structure son imaginaire, dans la méfiance atavique qui l'anime à l'égard de la démocratie, principes et résultats[3]. » Cette dernière lecture n'est pas dénuée de fondements, mais elle présente au moins deux inconvénients : d'une part celui de résumer par une ligne idéologique simple un imaginaire complexe, au sein duquel des différences, voire des divergences apparaissent en fonction des auteurs et des époques ; d'autre part celui de réduire la signification d'une œuvre littéraire à l'éclairage que jettent sur elle les concepts et les méthodes de la science historique. Or, si celle-ci s'avère souvent indispensable pour une interprétation valable de certains textes littéraires, elle possède inévitablement ses propres biais. Ainsi, alors qu'elle se montre souvent attentive aux

1 Christian Guérin, *Éclaireurs Scouts de France et « Signe de piste » : histoire d'un système de représentations (1920-1964)*, thèse de doctorat d'État en histoire, t. III, Nanterre, Université Paris 10 – Nanterre, 1993, p. 93.

2 Isabelle Jan et Paul Lidsky, « Faux roman scout ? Vrai roman de classe ? », *Combat*, 8 novembre 1972.

3 Pascal Ory, « "Signe de piste" : le pays perdu de la chevalerie », *La Revue des livres pour enfants*, n°s 134-135, automne 1990, p. 73-81 (p. 79).

rapports entre une œuvre, son auteur et le contexte socio-historique dans lequel celui-ci s'inscrit, elle ne s'intéresse guère, en principe, à la poétique même de l'œuvre et aux motivations intimes qui président à son élaboration. C'est la raison pour laquelle l'analyste littéraire a tout intérêt à ne pas négliger cette dimension, afin de compléter et parfois de nuancer les résultats des lectures historiennes, ainsi que de prendre en compte l'essentielle part subjective de toute création littéraire, qui demeure irréductible aux catégorisations collectives définitives.

Le cas de Serge Dalens est à cet égard emblématique. En effet, la forte présence de l'aristocratie dans son œuvre pourrait être reliée notamment à une tendance idéologique « qui conduit en ligne droite du pétainisme au Front national[1]. » Ce constat dévoilerait certes une partie de l'imaginaire de l'auteur (même s'il doit être formulé avec prudence : l'enjeu est de comprendre l'engagement politique tel qu'il a été vécu – à tort ou à raison – et non comme nous pourrions le percevoir au travers de notre propre grille de référence). Toutefois, il ne parviendrait pas à expliquer en quoi la noblesse constitue un moteur poétique qui traduit bien plus qu'une vision du monde exprimable en termes politiques : symbole d'un ordre social dont Dalens entretiendrait peut-être la nostalgie, la noblesse fonctionne également comme révélateur d'un questionnement intime sur la transmission et sur l'autonomisation, auquel l'auteur tente d'apporter une forme et une réponse au moyen de l'écriture.

TRANSMISSION ET AUTONOMISATION

Dans *Le Bracelet de vermeil*, la noblesse est, d'emblée, mise en relation avec la filiation. En effet, le prologue, qui sert à introduire l'un des personnages principaux, évoque de façon descendante la lignée de laquelle celui-ci est le dernier représentant : « En l'an de grâce 1936, le dernier d'Ancourt s'appelait Christian, exactement Christian-Marie-François Liévin de Creil d'Ancourt[2]. » Contrairement à une idée répandue à

1 *Ibid.*, p. 79.

2 Serge Dalens, *Le Bracelet de vermeil* [1937], Paris, Fleurus, « Roman d'aventures », 1995, p. 13.

propos des romans de Dalens, la noblesse ne constitue donc pas l'un des thèmes du *Bracelet de vermeil*, mais est utilisée comme motif pour introduire le thème de la transmission familiale. D'autres motifs auraient pu être choisis à cette fin, mais celui-ci s'avère particulièrement efficace, puisque les familles de l'aristocratie sont connues pour l'intérêt qu'elles portent à leur histoire : « Elles détiennent plus souvent encore que les familles de la bourgeoisie des ouvrages écrits par l'un de leurs membres sur leur propre famille, des archives familiales, des écrits ou des documents généalogiques, le plus souvent manuscrits, parfois imprimés[1]. » Parmi les éléments légués, le patronyme constitue une métonymie de la transmission, comme l'indique le prologue : le narrateur n'explicite pas le lien existant entre Christian et ses prédécesseurs, mais l'on constate que tous se nomment d'Ancourt et qu'au nombre de leurs prénoms figure celui de Marie, ce qui suffit à esquisser une généalogie sommaire.

Cependant, la suite du récit montre que le principe même de la transmission est profondément perturbé dans *Le Bracelet de vermeil* et qu'il s'y trouve finalement mis en échec. Le premier chapitre présente la rencontre des deux protagonistes, Christian et Éric, à la gare de l'Est. Dans le train qui les mène vers le château de Birkenwald, où ils partent camper, Christian est surpris par le bracelet qu'Éric porte au poignet. Au chapitre suivant, il apprend que ce bracelet lui a été transmis par son père. Il faut attendre le chapitre IV, alors qu'une amitié est née entre les deux garçons, pour qu'Éric donne quelques indications supplémentaires à ce sujet : le bracelet symboliserait une mission qu'il lui incomberait de remplir, mais dont son père n'a pas pu lui révéler la teneur exacte avant de mourir. L'on apprend du moins que cette mission est transmise de génération en génération :

> Il [le père d'Éric] parlait d'un flambeau à transmettre à son tour, flambeau qui lui était parvenu après de longues haltes au cours des siècles. La seule chose précise dont je me souvienne, c'est que cette mission devait être un acte symbolique et de justice, se renouvelant périodiquement, à de très longs intervalles[2].

Ce n'est qu'au chapitre IX que le mystère se dévoile, grâce à un manuscrit découvert dans les souterrains de Birkenwald : le 11 août de l'an 36 de

1 Monique de Saint-Martin, « Les stratégies matrimoniales dans l'aristocratie. Notes provisoires », *Actes de la recherche en sciences sociales*, n° 59, septembre 1985, p. 74-77 (p. 74).

2 Dalens, *Le Bracelet de vermeil*, *op. cit.*, p. 94.

chaque siècle, un descendant de la famille d'Éric doit tuer un descendant de celle de Christian, afin de réparer les méfaits commis jadis par les d'Ancourt. « Jadis, les parents de Christian avaient tué, volé, dépouillé ceux d'Éric, qui avaient conçu une terrible vengeance. Vieille de cinq siècles, elle s'exerçait encore, pour la sixième fois, un d'Ancourt devait disparaître aujourd'hui[1]. » Christian, qui a précédé Éric dans le souterrain afin de l'aider à élucider l'énigme du bracelet, est resté prisonnier d'une salle dans laquelle il mourra si personne ne le secourt. Un choix crucial se présente donc à Éric lorsqu'il découvre ce qui est arrivé à son ami : remplir son devoir filial, abandonner Christian et perdre du même coup « le seul être au monde que, ses parents excepté, [il] eut vraiment aimé », ou sauver son ami et faillir ainsi à la tâche dont il a hérité. Dans ce dilemme cornélien, le sens du devoir finit par triompher :

> Il aurait admis de se déshonorer, il ne pouvait consentir à trahir la parole donnée. Et après un affreux débat intérieur, il sut qu'il allait étouffer la voix de son cœur. Il choisit ce qu'il considérait comme son devoir, bien qu'il le détestât de toute son âme : abandonner Christian au jugement de Dieu. [...] Le sacrifice était fait. Il préférait son père à son ami. Il n'avait pas le droit de choisir[2].

La mission semble donc remplie, et la transmission assurée. Toutefois, sitôt après s'être résigné à laisser Christian, Éric arrache « de son bras le bracelet cause de tant de maux, s'acharnant à le mettre en morceaux[3]. » De cette façon, la vengeance familiale ne peut plus être perpétuée, puisque l'objet qui la désigne de manière énigmatique est désormais brisé. Si la mission paraît réalisée effectivement, la transmission est refusée sur le plan symbolique, comme l'exprime cette réaction d'Éric : « Une haine farouche le dressait contre ceux dont il était l'involontaire héritier. » Celui-ci se trouve d'ailleurs, ensuite, en proie au doute et à l'angoisse, jusqu'à ce que se fasse entendre une voix semblant répondre à la prière qu'il a adressée à la Vierge lors de la messe du matin :

> Je t'ai donné un ami non pour le perdre, mais pour le sauver. Souviens-toi petit frère, souviens-toi : Parce qu'il y a un scout quelque part, il faut qu'il y ait quelque chose de changé. Ton serment, Je puis t'en délier. Ton père ne

1 *Ibid.*, p. 163.
2 *Ibid.*, p. 164-165.
3 *Ibid.*, p. 165.

> savait pas, Ce qu'il te demandait, Et Moi Je sais qu'il t'approuvera. Car je te le répète, Je t'ai donné un ami, non pour le perdre, mais pour le sauver[1]...

Dès lors, Éric révèle au chef de troupe l'endroit où Christian gît enfermé, et choisit ainsi de conformer ses actes à son rejet intime de la charge dont il a hérité. L'image de son père reste sauve : la voix qu'entend Éric le disculpe, de même que l'aumônier, qui assure au garçon que, si son père avait connu la teneur exacte de sa mission, il n'en aurait jamais chargé son fils[2]. Cette réhabilitation discursive semble s'imposer, dans un récit écrit et diffusé au sein d'un milieu, scout et catholique, attentif au respect de l'autorité des parents en général – et du père en particulier. Néanmoins, elle ne parvient pas à compenser la dévalorisation narrative de la logique patrimoniale, dont la mise en échec radicale est exprimée par l'aumônier : « Tu as brisé une terrible chaîne. » *Le Bracelet de vermeil*, qui s'annonçait comme un roman de l'héritage, illustre finalement, au contraire, une prise de distance par rapport à la transmission : comment devenir autonome tout en maintenant un lien avec les générations précédentes, quitte à remanier celui-ci ?

Cette dernière question se pose également à l'auteur lui-même. D'une part, en effet, la transmission ne va pas pour lui sans un certain nombre de difficultés. Mobilisé en 1914, son père a dû s'éloigner de lui alors qu'il était tout jeune[3]. Il semble en outre que les relations entre l'enfant et ses parents aient été marquées par une certaine incompréhension :

> Mes parents m'aimaient beaucoup, et moi de même énormément, mais ils ne me comprenaient absolument pas, et moi je ne comprenais pas leur attitude. [...] toute mon enfance, toute mon adolescence, il y a eu un mur entre mes parents et moi, dont j'ai beaucoup souffert[4].

Cet écart se renforça lorsque l'auteur dut choisir une profession : alors qu'il voulait embrasser une carrière militaire, parce qu'il était « fasciné par son *père* », celui-ci le dissuada d'emprunter la même voie que lui[5].

---

1 *Ibid.*, p. 194.

2 *Ibid.*, p. 199.

3 Voir Éric Bargibant, *Serge Dalens / Yves de Verdilhac (1910-1998) : le Père du Prince Éric, un homme engagé dans le siècle*, Mémoire de maîtrise en histoire contemporaine (inédit), Villeneuve d'Ascq, Université Charles de Gaulle – Lille 3, 2001, p. 13.

4 Serge Dalens, entretien avec Laurent Déom (inédit), Saint-Cloud, 10 avril 1997.

5 Bargibant, *Serge Dalens / Yves de Verdilhac (1910-1998)...*, *op. cit.*, p. 29.

Si Dalens hérite, c'est donc d'abord de l'impossibilité à suivre les traces de son propre père[1]. D'autre part, il n'échappe pas pour autant à tout héritage : à défaut de l'armée, il s'oriente vers la magistrature, et ce choix respecte la tradition familiale puisque, « [d]ans cette famille "de robe et d'épée", on est militaire, comme son père ou son grand-père, ou magistrat, comme son arrière-grand-père[2]. » Rien ne permet d'indiquer que cette carrière ait été subie ; au contraire, son investissement scrupuleux dans ses missions professionnelles et les rapports élogieux produits par sa hiérarchie (voir chapitre V : « Le Magistrat ») tendent à montrer que Dalens a exercé son métier de magistrat comme une vocation. Toutefois, il n'est pas certain que celle-ci ne serve pas de substitut à une autre vocation, plus essentielle peut-être : celle de la médecine. Nous disposons malheureusement de très peu d'informations permettant d'asseoir cette proposition, que nous n'envisageons donc qu'à titre d'hypothèse. On sait du moins que, lorsqu'il était juge suppléant à Dieppe (de 1937 à 1939), Dalens se montrait fort intéressé par le milieu médical : « Chaque matin, tout en préparant son doctorat en Droit, Yves[3] profite de son temps libre pour se rendre à l'hôpital et suit des cours de Médecine[4]. » S'agit-il d'un simple intérêt anecdotique ou l'auteur envisage-t-il alors sérieusement une réorientation professionnelle ? La question demeure en suspens. Toujours est-il que, selon Éric Bargibant, « la guerre et les réticences de son père mettront un terme à son début de carrière médicale. » Ces réticences paternelles sont significatives pour l'interprétation que nous entendons développer : quelles que soient leurs causes, elles traduisent l'interdiction par le père du désir du fils. La médecine n'appartenant pas aux deux voies dans lesquelles la famille de l'auteur s'illustre traditionnellement, cette interdiction peut être interprétée comme l'effet d'une transmission familiale qui vient contrecarrer l'avènement de l'autonomie du sujet.

---

1 Il en prendra d'ailleurs acte, d'une certaine manière, dans le cadre de sa profession, puisque, dès le début de sa carrière de magistrat, il s'occupera notamment de dossiers de déchéance paternelle (*ibid.*, p. 17).

2 *Ibid.*, p. 12.

3 Prénom de Dalens à l'état civil.

4 *Ibid.*, p. 21.

LA LITTÉRATURE COMME ESPACE DE SUBJECTIVITÉ

La littérature permettra probablement à Dalens de compenser la frustration née de cette interdiction. Ainsi, dans *La Plume verte*, il met en scène un narrateur homodiégétique qui constitue de toute évidence une figure de l'auteur[1] : dans une « Explication » proposée en guise d'avant-propos, c'est-à-dire dans cet espace liminaire où se brouille volontiers la frontière entre auteur réel et instance narrative abstraite, il se présente comme ayant été jadis interne dans un hôpital où il racontait des histoires à un jeune malade[2]. La littérature, ici envisagée sous l'angle du récit, apparaît donc comme un substitut de la médecine, ce qui en dit long sur une conception de l'écriture comme moyen d'assomption d'un désir personnel et d'une identité autonome.

Cette fonction de la littérature apparaît dès *Le Bracelet de vermeil.* Dans ce roman, le désir du fils contrecarré par le père appartient clairement au domaine des sentiments : Éric se trouve engagé dans un conflit cornélien typique, où les motivations affectives s'opposent aux exigences du devoir filial. Cette structure se rencontre dans d'autres tomes du cycle du Prince Éric : dans *La Tache de vin*, c'est la tutrice de Rémy, donc la dépositaire de la puissance paternelle[3], qui s'oppose à son amitié avec Jean-Luc ; dans *Éric le Magnifique*, c'est par un prétendu oncle dont « l'œil s'efforce à paraître paternel[4] » que l'orphelin Yngve est séparé de son ami Silvio. La récurrence de ce schéma révèle l'importance de cette problématique pour Dalens. On a parfois estimé que l'amitié mise en scène dans Le Bracelet de vermeil était celle que l'auteur n'avait pas pu vivre dans la réalité – ce qu'il admettait d'ailleurs : « Au fond, c'est peut-être la vraie raison de cette histoire[5]... » Dans cette perspective, Éric a pu être considéré comme l'ami dont Dalens avait manqué[6]. Cette

1 Voir Maurice Couturier, *La Figure de l'auteur*, Paris, Seuil, « Poétique », 1995.

2 Serge Dalens, *La Plume verte et autres Contes pour Roland*, Paris, Alsatia, « Prince Éric », 1957, p. 9.

3 *La Tache de vin* est un roman publié en 1947, donc avant que la puissance paternelle ne soit remplacée dans le Droit français par l'autorité parentale (loi du 4 juin 1970).

4 Serge Dalens, *Éric le Magnifique* [1984], Paris, Fleurus, « Roman d'aventures », 1996, p. 44.

5 Alain Gout, « Qui êtes-vous, Serge Dalens ? », *La Fusée*, n° 75-76, 1975, p. 29-46 (p. 34).

6 « Quant à Éric, il a été pour moi le frère que je n'ai jamais eu », confiait même un jour Dalens (voir Jean-Marie André et Christophe Luxen, « Interview de Serge Dalens », *Bulletin*

interprétation n'est toutefois pas entièrement satisfaisante sur le plan structural. En effet, si l'amitié narrée dans le roman a effectivement une fonction compensatoire, deux cas de figure au moins sont logiquement envisageables : soit l'auteur met en scène deux personnages inventés de toutes pièces, qui vivent par procuration une relation qu'il regrette de ne pas avoir connue et qu'il projette dans l'espace romanesque ; soit l'un de ces deux personnages possède un modèle avéré dans le hors-texte, et l'autre représente alors, d'une façon ou d'une autre, une projection de l'auteur. Or, le personnage de Christian d'Ancourt repose sur un modèle réel (« Il a réellement eu l'âge, le visage, le caractère, que je lui ai donnés[1] ») : François Chatelin (dont le propre père a inspiré le personnage du docteur d'Ancourt, le père de Christian[2]), qui était scout dans l'une des troupes nancéiennes dans lesquelles Dalens fut assistant du chef de troupe[3]. L'ami que Dalens aurait voulu avoir n'est donc pas Éric, mais plutôt Christian, ce qui explique peut-être que la dédicace du *Bracelet de vermeil* à François Chatelin soit accompagnée de l'adverbe « affectueusement[4]. » On peut ainsi considérer qu'Éric constitue une projection de l'auteur lui-même : l'un et l'autre désirent vivre une amitié qui est empêchée par leur père, Éric en raison d'une tradition dont la force héréditaire s'impose d'autant plus qu'elle est liée à l'aristocratie, Dalens au moins à cause des obligations de service de son père – « [...] je n'ai pas eu d'ami semblable, sans doute parce que mon père étant officier et déménageant très souvent, chaque fois que j'ai commencé à avoir un ami, il fallait partir[5]. » Personnage fantasmé, Éric, au lieu d'incarner l'ami idéal, représenterait plutôt le moi idéal d'un auteur tentant de transposer dans l'espace de la fiction une vie rêvée qui lui a été refusée dans la réalité. De cette façon, l'intrigue du *Bracelet de vermeil* pourrait être considérée comme un scénario fantasmatique qui permettrait à l'auteur de prendre position par rapport à une figure paternelle problématique : c'est l'amitié qui triomphe en définitive, signalant la victoire du pair sur le père. À cet égard, la comparaison du prologue et de l'épilogue du *Bracelet de vermeil* est révélatrice : au lieu

de l'Association belge des amis du Signe de piste, n° 37, 1991, p. 10-15 [p. 11]).

1 Gout, « Qui êtes-vous, Serge Dalens ? », art. cité, p. 34.

2 Voir Bargibant, *Serge Dalens / Yves de Verdilhac (1910-1998)...*, *op. cit.*

3 *Ibid.*, p. 20.

4 Dalens, *Le Bracelet de vermeil*, *op. cit.*, p. 6.

5 Dalens, entretien avec Laurent Déom, *op. cit.*

de la transmission généalogique évoquée au début du roman, les dernières pages insistent sur la relation unissant les deux garçons. Afin de rassurer son ami, Christian exclut les parents de la mésaventure qu'ils ont vécue : « Ce qui s'est passé, c'est notre affaire à nous ; ça ne regarde pas les parents[1]. » Quant à Éric, il offre à Christian les morceaux de son bracelet, qui, en plus de représenter la rupture de la transmission et la faillite du père, symbolisent l'amitié qui les réunit désormais. Notons que cette préférence de l'ami contre le père, qui fournit la matière de l'œuvre inaugurale de Dalens, se retrouve dans d'autres récits de celui-ci. Ainsi, dans « La Souris blanche », un conte de *La Plume verte*, on rencontre un prince dont le père, Louis XI, retient prisonnier le jeune duc de Nemours parce qu'il est le fils de Jacques d'Armagnac, qui s'est rebellé contre le roi. Alors que Louis XI, malade, ordonne que le duc soit exécuté, la mort l'emporte lui-même avant que cette sentence ne soit appliquée. Le dauphin, devenu Charles VIII, libère le prisonnier, avec qui il s'était secrètement lié d'amitié du temps où son père était encore vivant et où il espérait devenir roi à sa place afin de délivrer son ami. Quant aux autres tomes du cycle du Prince Éric, on observe que, dans *La Tache de vin*, Rémy se dégage de l'emprise de sa tutrice pour rejoindre son ami Jean-Luc, et que, dans Éric le Magnifique, Yngve tente l'impossible pour rester en contact avec Silvio, malgré l'opposition de son "oncle" qui le séquestre.

Remarquons que, dans ces deux derniers cas, l'aristocratie n'entre pas directement en ligne de compte, ce qui tend à montrer qu'elle ne joue pas un rôle essentiel dans ce scénario général, et que, si elle est importante dans *Le Bracelet de vermeil*, c'est plus comme indice que comme fonction (pour reprendre la distinction opérée par Barthes[2]). En tant qu'indice, elle doit être reportée à « un niveau supérieur » ; Barthes envisage celui-ci à l'intérieur même du texte (les actions des personnages ou la narration[3]) – dans *Le Bracelet de vermeil*, la transmission aristocratique se référerait à la vendetta familiale et à l'opposition accidentelle d'Éric et de Christian –, mais il est utile, en l'occurrence, de chercher du côté de l'auteur ce niveau supérieur vers lequel pointe

1 Dalens, *Le Bracelet de vermeil*, *op. cit.*, p. 210.

2 Voir Roland Barthes, « Introduction à l'analyse structurale des récits », p. 7-33 *in* Roland Barthes *et al.*, *L'Analyse structurale du récit*, Paris, Seuil, « Points Essais », 1981, p. 14-15.

3 *Ibid.*, p. 15.

l'indice. En effet, d'un point de vue strictement narratif, *Le Bracelet de vermeil* aurait pu se passer de la noblesse, mais l'auteur, quant à lui, doit composer avec elle, puisqu'elle fait partie du legs dont il hérite. Si la littérature constitue pour lui un espace de redéploiement subjectif, il n'est pas étonnant qu'elle soit placée sous l'égide d'un pseudonyme qui révèle une certaine prise de distance avec cet héritage. Pour l'état civil, Serge Dalens est Yves de Verdilhac, fils du comte Raoul de Verdilhac[1]. Le choix d'un nom de plume n'est pas en lui-même très révélateur : « Je n'ai pas publié mon premier roman sous mon nom, parce qu'à l'époque (1937) un jeune magistrat ne pouvait se permettre de paraître se soucier davantage de littérature que de droit – et surtout de littérature de jeunesse[2] ! » Toutefois, l'on peut remarquer que cet hétéronyme crée une rupture dans la transmission du nom de famille, et ce d'autant plus que la particule à connotation nobiliaire est abandonnée pour un nom manifestement roturier. En outre, alors que d'autres auteurs de la collection « Signe de piste » s'anoblissent virtuellement au moyen d'un pseudonyme à particule (Philippe de Baër, Josy de Bouclans, A. G. de Chamberlhac, Jean d'Izieu…), Yves de Verdilhac choisit de renoncer à celle-ci en allant jusqu'à la faire disparaître du nom qu'il désire adopter : adolescent, il avait été fasciné par la veuve d'un aviateur de la Grande Guerre, Mme d'Allens[3], dont il adapte le patronyme par agglutination graphique. Ainsi l'auteur évite-t-il doublement la marque onomastique de l'aristocratie, d'une part en renonçant au nom transmis par son père, d'autre part en la masquant dans celui qu'il emprunte. Néanmoins, elle y demeure présente phonétiquement, ce qui n'est pas tout à fait indifférent.

LE PRINCE CACHÉ

Le pseudonyme choisi par Yves de Verdilhac dissimule ainsi la noblesse plutôt qu'il ne l'élimine. Ce phénomène de distanciation sans rupture absolue se cristallise, chez Dalens, dans la figure du prince caché. Celle-ci

1 Bargibant, *Serge Dalens / Yves de Verdilhac (1910-1998)…*, *op. cit.*, p. 12.
2 André et Luxen, « Interview de Serge Dalens », art. cité, p. 11.
3 Bargibant, *Serge Dalens / Yves de Verdilhac (1910-1998)…*, *op. cit.*, p. 19.

apparaît plusieurs fois dans l'œuvre de l'auteur, à commencer par son premier roman. Dans *Le Bracelet de vermeil*, rien, de prime abord, ne distingue Éric sur le plan des origines sociales ; ce n'est qu'au chapitre VI que l'on apprend qu'il est prince de Swedenborg. À la surprise que cette nouvelle provoque chez Christian, Éric répond de manière ironique :

> Sur les traits de Christian se peignait le même étonnement qui allongeait la figure du garde. L'enveloppe qu'il tenait à la main était adressée à Son Altesse le Prince Éric Jansen, Légation de Swedenborg à Paris, puis au château de Birkenwald, par Marmoutier. – Oui… c'est mon nom. Pourquoi ? Tu ne le connaissais pas ? Eh bien, tu en fais une tête ! – Tu es vraiment un prince ? – Ah, c'est pour ça ! Écoute Christian, il ne faut pas m'en vouloir, ça peut arriver à des gens très bien. Et puis d'abord, monsieur d'Ancourt, ici, je suis Éric Jansen tout court. Compris[1] ?

Éric a beau être prince, il n'entend pas être valorisé au travers de cette caractéristique. Cette attitude apparaît dans d'autres romans du cycle. Ainsi, dans *Éric le Magnifique*, il interdit à Arnaud de le traiter de manière cérémonieuse : « Répète après moi : "Tu t'appelles Éric, tu es mon C.P[2]., mon ami, et rien d'autre." Répète, andouille[3] ! » Surtout, il meurt à la guerre incognito, l'infirmière qui lui ferme les yeux trouvant dans son portefeuille cette simple plaque d'identité : « Éric JANSEN, aspirant. Swedenborg, 13 juin 1922[4]. » La figure du prince caché est plus fortement narrativisée en au moins deux endroits du cycle du Prince Éric. D'une part, dans *La Tache de vin*, elle apparaît dans le cadre d'un jeu scout raconté au cours d'un chapitre intitulé « Le Prince masqué » :

> Soit un jeune prince se dirigeant vers le palais de l'enchanteur. Celui-ci possède de nombreux serviteurs chargés d'épier l'imprudent, et d'exiger un gage s'ils le surprennent. […] Pour plus de commodité, et afin de ne pouvoir être reconnu, le prince est masqué[5].

1 Dalens, *Le Bracelet de vermeil*, *op. cit.*, p. 101.
2 Chef de patrouille.
3 Dalens, *Éric le Magnifique*, *op. cit.*, p. 278.
4 Serge Dalens, *La Mort d'Éric* [1943], Paris, Fleurus, « Roman d'aventures », 1996, p. 192. Notons que, dans *La Plume verte*, le jeune Henri de Lodz, à la grande surprise de son ami Louis, s'avère être Jean Sobieski, le fils du roi de Pologne (Dalens, *La Plume verte et autres Contes pour Roland*, *op. cit.*, p. 155).
5 Serge Dalens, *La Tache de vin* [1947], Paris, Fleurus, « Roman d'aventures », 1996, p. 173.

D'autre part, dans *Le Prince Éric*, elle se manifeste d'une manière intertextuelle par l'évocation du *Prince et le Pauvre*, ce récit de Mark Twain dans lequel deux garçons, l'un prince, l'autre pauvre, échangent leurs vêtements par jeu et sont confondus par l'entourage du prince, ce qui oblige ce dernier à se faire reconnaître, non sans difficulté[1].

Ce qui est caché, ce n'est pas tant l'appartenance à l'aristocratie (dans le cas du Jean Sobieski de *La Plume verte*, elle ne fait aucun doute) que le caractère princier, c'est-à-dire la noblesse portée à son plus haut degré. En montrant ainsi que la noblesse la plus éminente n'est pas forcément la plus visible, Dalens conçoit l'aristocratie non comme apanage social, mais comme qualité morale. À ce propos, le dernier conte de *La Plume verte* est révélateur. Tandis que l'identité du protagoniste se réduit, durant la majeure partie du récit, à la désignation « petit garçon », ses actions sont quant à elles plus développées : il rend visite aux malades de l'hôpital, et en particulier aux plus souffrants d'entre eux.

> Il s'approche du premier lit, se courbe vers un corset de plâtre, effleure de ses lèvres un front vert. Voilà que le corset éclate, que l'enfant grandit, bondit, agite un bras musclé. [...] Le petit garçon s'arrête à chaque lit. Quand il a fini, les plus beaux des enfants des hommes rient dans la salle. Des enfants qui s'appellent Claude, Henri, Monique, Albert, Louis, tels ceux que l'on voit dans la rue[2].

C'est donc, essentiellement, par un acte discret de secours et de réhabilitation que se distingue ce personnage, dont la nature divine se précise à la fin du récit par l'entremise d'une simple majuscule : « Le petit garçon sourit. Sourit à la Sœur qui L'a reconnu. Et Il s'en va comme Il est venu[3]. » Avec la mise en scène du Christ, qui dans l'évangile de Jean affirme que « [s]on royaume n'est pas de ce monde » (Jean XVIII, 36), l'aristocratie acquiert clairement une dimension éthique et spirituelle, en même temps qu'elle perd ses marques de distinction sociale : la plus haute noblesse n'est ni celle du sang, ni celle des honneurs qui lui sont afférents, mais celle du cœur. Le titre du conte, « Noël », encourage lui-même cette lecture : la naissance du Christ n'est pas celle d'un roi riche et honoré, mais celle d'un pauvre enfant dont seuls quelques humbles

1 Serge Dalens, *Le Prince Éric* [1939], Paris, Fleurus, « Roman d'aventures », 1996, p. 108-120.

2 Dalens, *La Plume verte et autres Contes pour Roland*, *op. cit.*, p. 170.

3 *Ibid.*, p. 171.

et quelques sages étrangers perçoivent la divinité, et dont la noblesse est celle d'un « Prince de la paix », comme l'indique Isaïe dans un texte qui annonce la Nativité (Isaïe IX, 5)[1]. Dans cette perspective, il est peut-être significatif que, alors que l'illustration de première de couverture de *La Plume verte* représente, en pleine page, deux chevaliers en armure portant écu, celle de la quatrième de couverture, vignette sur grand fond blanc, montre, avec un certain dépouillement, un garçon auréolé embrassant un personnage alité. De la sorte, ce recueil (dont il resterait à démontrer le statut particulier dans l'ensemble de l'œuvre de l'auteur) révélerait que, si l'aristocratie constitue l'un des axes structurants de la poétique de Dalens, ce n'est pas en tant que composante d'un imaginaire statique, mais, au contraire, comme une dynamique qui mène de l'héritage à l'autonomie, en même temps que de la reconnaissance sociale à l'accomplissement spirituel.

Ainsi l'aristocratie indique-t-elle chez Serge Dalens un mouvement vital : pour l'auteur, il ne s'agit pas avant tout de se complaire dans les honneurs d'un milieu privilégié, mais d'élaborer sa propre identité en transmutant un legs familial avec lequel il ne peut – ou ne veut – pas rompre tout à fait. Plutôt que de s'inscrire dans une perspective de conformisme social, la noblesse participe donc chez lui à un processus d'invention de soi. Celui-ci, qui se déploie de manière éminente dans l'espace de la création littéraire, révèle finalement une aspiration spirituelle qui constitue une clef de lecture fondamentale sans laquelle on risque de mécomprendre son œuvre. Encore faut-il, pour s'en apercevoir, renoncer à projeter sur celle-ci d'éventuelles réticences par rapport à un imaginaire que l'on jugerait obsolète – des réticences qui relèvent plus du réflexe idéologique que de la démarche herméneutique, et qu'il est nécessaire de dépasser désormais.

Laurent DÉOM
Université Charles-de-Gaulle –
Lille 3

1 On notera que ce texte d'Isaïe, qui figure aujourd'hui encore parmi les lectures bibliques de l'office de la nuit de Noël, appartenait déjà, à l'époque de la rédaction du conte de Dalens, à la liturgie de la Nativité, dont il constituait l'introït de la messe de l'aurore.

« TOUTES LES BERGÈRES SERONT DES REINES »

Roger Vailland prosélyte d'une authentique aristocratie populaire

Dans son *Éloge du cardinal de Bernis*, Roger Vailland rappelle l'émotion qui l'avait étreint lors de son voyage en Indonésie : « À Boroboudour, j'ai rêvé du temps où "toutes les bergères seront des reines[1]." » Fascination "exotique" face à des femmes dont la démarche majestueuse, le port de tête altier expriment une souveraineté de fait ? Utopie d'une organisation sociale qui consacre l'excellence ? Refuge au sein d'un merveilleux conventionnel procédant par inversion de la hiérarchie ? Ce rêve détient une telle importance au sein du système de pensée de l'écrivain moins parce qu'il l'a fait lorsqu'il se trouvait sur l'île de Java[2] que parce qu'il s'en souvient cinq ans plus tard dans un ouvrage qui traite d'un tout autre sujet que ses voyages. Pourtant, un aveu de cette teneur sous la plume d'un écrivain qui prône l'érection d'une société sans classes paraît pour le moins déroutant.

Un tel paradoxe ne peut cependant en constituer un que si l'on néglige que ce militant communiste était aussi un érudit épris des valeurs propres à un XVIIIe siècle placé sous le règne de la raison et du plaisir. À cette époque, la noblesse française, destituée de ses prérogatives, ne disposait plus que de son esprit pour se consacrer à la raison et de son corps pour s'adonner au plaisir. Les meilleurs d'entre eux devinrent ces libertins qui suscitent l'éloge de Vailland. Transcendant les distinctions de classes, mais retenant qu'étymologiquement l'aristocratie désigne "le gouvernement des meilleurs", il s'évertue à distinguer ces meilleurs au

---

1 Roger Vailland, *Le Regard froid* [1956], Paris, Grasset, « Les Cahiers rouges », 2007 : « Éloge du cardinal de Bernis », p. 149-207 (p. 192).

2 Voir Roger Vailland, *Boroboudour : voyage à Bali, Java et autres îles* [1951], Paris, Éditions du Sonneur, 2008.

sein de la société actuelle. À ce titre, il emprunte pour fixer le cadre de la société future appelée de ses vœux le modèle des périodes de l'histoire de France qui consacrèrent l'excellence de la noblesse : le moyen âge féodal, la tragédie cornélienne, le XVIIIe siècle libertin…

La gageure qui traversa tout particulièrement son œuvre romanesque réside dans cet équilibre instable entre sa conviction de la nécessaire émancipation du prolétariat et son admiration pour une société rigidement organisée selon un système de classes hermétiquement étanches. Démontrant que la contradiction n'était qu'apparente, il répliqua à Émile Henriot qui, dans *Le Monde*, l'avait qualifié « d'aristocrate d'extrême gauche » :

> Voilà une formule qui m'enchante. Mais je n'y vois pas la contradiction que M. Émile Henriot semble avoir voulu exprimer […]. Je me bats coude à coude avec les meilleurs de mon époque. Je fais partie de l'armée des hommes de cœur, de ceux qui font la preuve, partout dans le monde, qu'ils savent mourir sans espérer de récompense. Je suis du parti des meilleurs. Je suis un aristocrate[1].

La référence militaire, transposée des joutes médiévales d'antan aux combats syndicaux et politiques d'aujourd'hui, établit la logique historique que discerne Vailland entre les batailles entreprises par des féodaux conquérant leur fief à coups d'épée et les luttes menées par des militants sous l'égide du parti afin de conférer les rênes du pouvoir aux plus méritants d'entre eux.

Afin de déterminer comment et pourquoi l'homme de demain se doit de renouer avec l'homme d'hier en prenant en compte la réalité du monde d'aujourd'hui, nous nous intéresserons à la notion d'homme de qualité qui est au centre de l'édifice romanesque bâti par Vailland, puis nous examinerons les limites du système ainsi mis en place, que non seulement le romancier n'occulte pas, mais qu'au contraire il interroge patiemment, enfin nous tenterons d'établir les raisons pour lesquelles, loin de menacer la cohérence du système, ces infractions à son fonctionnement entérinent sa validité.

1 Roger Vailland, cité par Christian Petr, *Roger Vailland : éloge de la singularité*, Monaco, Éditions du Rocher, « Les Infréquentables », 1995, p. 149.

UNE CONSTRUCTION STRICTEMENT HIÉRARCHISÉE

Le réseau de résistance, la cellule du parti, se présentent comme des structures supérieurement organisées et strictement hiérarchisées. Cette discipline fonde l'efficacité actuelle de la lutte et assurera à terme la victoire aux combattants qui œuvrent en son sein. Toute initiative personnelle est proscrite, non seulement parce qu'elle peut s'avérer dangereuse, mais aussi, mais surtout, car elle constitue *sua specie* une remise en cause de la hiérarchie instituée, et par voie de conséquence de la hiérarchie elle-même. Ainsi, Vizille qui prépare une embuscade contre les CRS pour venger la mort de Beau Masque, est-il sévèrement tancé par Pierrette, la « secrétaire de l'Union des Syndicats CGT du Clusot[1] », percevant dans ce geste mu par la révolte un acte funeste pour le Parti :

> Imbécile... [...] Tu ne comprends donc pas que le gouvernement n'attend que cela... Il se moque pas mal de la vie de quelques C.R.S., le gouvernement... Au besoin, il nous paierait pour les tuer... Ce qu'il veut, le gouvernement, c'est un prétexte pour dissoudre le parti[2]...

Rodrigue, emprisonné du fait de son appartenance au parti, reproche à son épouse l'héroïsme dont elle a fait montre pour le faire libérer. Loin de s'apitoyer sur l'œil qu'elle a perdu lors d'un interrogatoire musclé au commissariat, loin de la remercier de l'avoir fait sortir de prison, il reproche à Antoinette d'avoir agi seule sans s'enquérir au préalable des consignes du parti : « – Ma femme, dit-il, n'est pas au parti. Elle ne peut pas réagir tout à fait comme nous[3] », explique-t-il à son avocate, membre elle aussi du Parti Communiste.

Si l'organisation du parti était régie dans les faits par le gouvernement des meilleurs, Rodrigue aurait indubitablement raison de reprocher à sa femme d'avoir fait preuve d'initiative. Mais, cette perfection n'étant nullement établie par Vailland à l'intérieur de ses romans, s'il érigeait *ipso facto* en certitude absolue ce qui à l'évidence relève de la conjoncture, il écrirait des romans staliniens. Étant plus simplement romancier, il

1 Roger Vailland, *Beau Masque* [1954], Paris, Gallimard, « L'Imaginaire », 1991, p. 23.

2 *Ibid.*, p. 323-324.

3 Roger Vailland, *Bon pied bon œil* [1950], Paris, Le Livre de poche, 1965, p. 212.

reporte la notion d'excellence de l'ensemble, qu'il se garde de représenter dans ses textes, vers certains des individus qui le composent, qu'il institue alors en héros de ses fictions. *Beau masque* démontre que Pierrette possède toutes les qualités requises pour diriger la lutte au nom du parti dans sa région : « Les temps merveilleux et terribles approchaient. Elle sera d'une trempe sans égale[1]. » Rodrigue, lui aussi, remporte des victoires qui attestent de ses qualités de chef : « Notre Rodrigue, dit-il [Lamballe], a pris Toulon[2]. » Toutefois, au-delà de l'assertion factuelle, une ligne de fracture est perceptible entre les deux énoncés. Le premier, qui constitue l'*explicit* du roman, est prononcé par un narrateur qui n'a nul besoin de justifier la pertinence de ses dires, puisque l'ensemble de la matière romanesque atteste leur bien-fondé. Le second, en revanche, dernière référence faite à Rodrigue dans l'ouvrage, est exprimé par un Lamballe goguenard qui préfère quant à lui se rendre à la pêche en sachant pertinemment que cette activité ne se pratique pas en cette saison.

Sans condamner Rodrigue, ayant su en la circonstance se montrer efficace, le romancier exprime néanmoins sa préférence pour Pierrette joignant à sa compétence de militante des qualités humaines qui la distinguent comme un être d'exception. L'efficacité n'induit pas l'uniformité. Et, sur le plan de l'excellence, Vailland est convaincu que les hommes ne sont pas issus d'un moule unique, mais se caractérisent par leur diversité. Lorsqu'il évoque pour la première fois les bergères devenues reines qui lui apparaissent à Boroboudour, il se montre sensible à la mosaïque des perfections que déploient ces femmes :

> Quand je rêvais de bergères devenues reines, en train de jouer sur les terrasses de Boroboudour, c'étaient bien des reines que je voyais, chacune aussi *singulière* que seule la reine pouvait l'être, autant de *variétés*, d'*espèces*, de *familles*, de *genres* de reines qu'il y a de créatures humaines, des reines aussi différentes des reines du passé que la licorne de tous les animaux sauvages ou domestiques, connus ou inconnus, créés ou imaginés[3].

Ces bergères s'élèvent toutes naturellement au rang de reines, car chacune est différente, dotée de qualités propres qui la font briller au milieu de l'humanité commune. Le recours au merveilleux, exprimé par la licorne,

1 Vailland, *Beau Masque*, *op. cit.*, p. 331.
2 Vailland, *Bon pied bon œil*, *op. cit.*, p. 251.
3 Voir Vailland, *Boroboudour*, *op. cit.*, p. 76.

animal fabuleux emblématisé en symbole de la perfection, permet une fois encore de replacer *Boroboudour* en perspective par rapport à l'*Éloge du cardinal de Bernis*. Or, cette fois, Vailland ne traite plus d'êtres en symbiose avec la nature (les jeunes javanaises), mais de ces individus fortement marqués par la culture du monde occidental que sont par excellence les aristocrates de l'Ancien Régime :

> Retenons seulement qu'il y a des hommes de qualité. Qu'un homme de qualité est qualitativement différent de la grande masse des hommes. Qu'un homme de qualité est aussi différent du plus grand nombre des autres hommes qu'une licorne de tous les chevaux du monde[1].

L'invariant commun « licorne », employé dans les deux textes en qualité de comparant, permet de relier entre eux les deux comparés : comme les bergères devenues reines grâce à des propriétés intrinsèques qui les distinguent à l'évidence des autres femmes, les hommes de qualité se différencient des autres hommes par des mérites qu'ils sont seuls à détenir. Ces vertus, qui les placent au premier rang de l'humanité, ne sont ni la naissance, ni les privilèges, ni les postes qui leur ont conférés. Dans l'essai qu'il consacre au prélat qui fut ministre du roi Louis XV, Vailland ne retient que deux figures dignes de porter ce nom : Casanova et Bernis lui-même. L'un et l'autre furent chacun à leur manière des joueurs et des séducteurs qui, parce qu'ils surent toujours poser sur chaque événement ce regard froid que Sade considère comme l'apanage du vrai libertin, parvinrent à s'élever au-dessus de la commune humanité. Vailland identifie en Gobineau un analyste qui procède selon les mêmes méthodes que lui quand il définit ce qu'il dénomme « un fils de roi » :

> Mes goûts ne sont pas ceux de la mode ; je sens par moi-même, et n'aime ni ne hais d'après les indications du journal. L'indépendance de mon esprit, la liberté la plus absolue dans mes opinions sont des privilèges inébranlables de ma noble origine ; le Ciel me les a conférés dans mon berceau, à la façon dont les fils de France recevaient le cordon bleu du Saint-Esprit, et tant que je vivrai, je les garderai[2]...

Et Vailland de conclure logiquement :

1 Vailland, « Éloge du cardinal de Bernis », *op. cit.*, p. 193.
2 *Ibid.*, p. 191.

> Le fils de roi de Gobineau, c'est l'homme de qualité de l'abbé de Bernis. [...] Que Bernis et Gobineau attribuent – n'attribuent pas – la qualité des héros à leur sang, revient à dire qu'ils ne peuvent surgir que dans certaines conditions de milieu[1].

L'Histoire, tout particulièrement lorsque le déclin d'une période révolue annonce une ère nouvelle, témoigne du bien-fondé des convictions partagées par Bernis et Gobineau. Vailland situe l'avènement de cette nouvelle aristocratie au sein de la « société sans classes ». Lorsque sa qualité seule distinguera l'aristocrate des autres hommes, la société fondée sur cette aristocratie permettra à l'ensemble de l'humanité d'accéder au bonheur. Cet homme de qualité œuvrant de manière déterminée à la régénération du monde imparfait qui l'a vu naître, l'écrivain en décèle les propriétés chez le *bolchevik*, qu'il distingue soigneusement du communiste. Or, Stéphane Chaudier le note : « La lutte des classes implique [...] la mise en œuvre d'une éthique aristocratique, fondée sur le sang-froid, le mépris de l'adversaire, le consentement joyeux à la guerre[2]. » Cette lutte des classes place à son avant-garde ce féodal qui a conservé les traits principaux des *condottieri* d'antan, une énergie entièrement dévolue à la cause pour laquelle il combat et une volonté solidement bandée vers la réalisation des objectifs qu'il s'est fixés. De ce fait, il correspond à ces grands fauves qui toujours fascinèrent Roger Vailland car ils savaient allier le cynisme et la raillerie, l'insolence et le mépris. Ces êtres appartenant sans conteste à la race des seigneurs, mais qui se dépossèdent d'eux-mêmes pour se placer au service des plus humbles sans pour autant se départir d'eux-mêmes, sont les héros de la société future érigée par et pour l'homme nouveau. Pierrette et Rodrigue, nous l'avons vu, sont de cette race. Le second, tout particulièrement, parce qu'il porte un nom emprunté à un héros cornélien, répond à cette définition du *bolchevik* qui mène son combat sans états d'âme, le regard toujours rivé vers l'avenir.

Pourtant, s'il admire ces personnages, le romancier ne dissimule pas que sa préférence se porte sur d'autres, certes dotés de qualités indéniables, mais dont l'idéal est moins pur. En choisissant de donner pour

1 *Ibid.*, p. 191-192.

2 Stéphane Chaudier, « "L'amoralisme oblige" : Vailland entre Nietzsche et Marx », *Cahiers Roger Vailland*, n° 28 : *"Roger Vailland : une expérience du XXe siècle"*, 2008, p. 203-227 (p. 207).

titre à son roman le nom d'un personnage dont la mort, pour héroïque qu'elle soit, s'avère parfaitement inutile à l'avancée de la lutte que mène le parti, Vailland admet implicitement qu'il se sent plus proche du fantasque Beau Masque que de Pierrette, l'irréprochable secrétaire de section du syndicat qui applique à la lettre les consignes du parti. De même, l'ouverture et la fermeture de *Bon pied bon œil* sur le personnage de Lamballe trahissent insidieusement chez l'écrivain une adhésion plus grande aux idées et aux comportements du franc-tireur qu'à ceux du parfait militant que s'avère être en toutes circonstances Rodrigue. Donc, à l'évidence, le *bolchevik* pur et dur ne saurait représenter en lui-même et par lui-même l'homme de qualité susceptible d'éclairer par sa seule présence les fictions du romancier. Est-ce qu'à ce titre, les exigences romanesques de Roger Vailland ne peuvent se satisfaire d'un héros monolithique ou est-ce de manière plus retorse la preuve que l'homme de qualité se caractérise par son inextricable complexité voire par ses insolubles contradictions ?

LES FÊLURES DE L'ÉDIFICE

Roger Vailland prône l'absolue nécessité du détachement chez l'individu s'il désire demeurer maître de lui-même. Don Cesare parvient à faire coïncider en lui l'aristocratie du sang et l'aristocratie de fait lorsqu'il constate qu'il en est venu à *se désintéresser* de tout : la politique, son domaine, les femmes… Tout étant devenu sans intérêt pour lui, il peut alors, et alors seulement, regarder les choses sans s'investir dans ce regard et, de ce fait, les appréhender objectivement :

> […] don Cesare s'est tellement *désintéressé*, d'année en année, qu'il est devenu lui-même objet pour soi-même ; […] sans amour, sans haine, sans plus aucun désir d'aimer ou de haïr, aussi dépourvu de toute sorte de désir que la défunte cité d'Uria. C'est cela le désintérêt[1].

Ce regard vide, cette position en surplomb, cette indifférence à tout, à tous et à soi-même constitue l'apanage des êtres forts qui sont seuls

1 Roger Vailland, *La Loi* [1957], Paris, Gallimard, « Folio », 1977, p. 90-91.

aptes à triompher dans un monde où la plus infime faiblesse condamne celui qui l'a commise. Manacore demeure une cité primitive régie par la loi. Le jeu pratiqué dans les tavernes abîme métaphoriquement le fonctionnement des rapports interpersonnels entre les individus : le bourreau se doit de manifester une indifférence absolue envers sa victime, qui doit agir de même à l'encontre de son bourreau. L'habileté au jeu prévaut sur les données de la partie engagée. Venu pour violer Mariette, Matteo Brigante est empli d'admiration par la réaction de la jeune fille. Non seulement elle n'éprouve aucune crainte face à son agresseur, mais de surcroît elle parvient à le "marquer" sans manifester ni haine à son endroit, ni triomphe pour l'action accomplie. En effet, dans le domaine de l'amour, comme à l'intérieur de toutes les autres activités humaines, « ce qui donne du prix, c'est de faire la loi à l'autre, femme ou jeune fille[1]. »

Or, cette loi érigée en mode de vie et s'exprimant exclusivement dans le registre amoureux, Vailland en perçoit l'épure au sein du code occulte qui régissait le libertinage au XVIIIe siècle. Il rappelle quelles étaient les règles de ce jeu dangereux que devaient respecter ceux qui s'adonnaient à sa pratique : « Le libertinage est exactement à l'inverse de l'amour passion. [...] En toute occasion, au contraire, le libertin agit ; le passionné subit, pâtit[2]. » Ce jeu, éminemment aristocratique, ne peut être pratiqué que par des grands fauves. Ceux qui y excellent sont dotés d'une intelligence vive et de nerfs d'acier, qui ne font intervenir durant la partie ni leur cœur, ni leur âme : « Le libertinage, jeu de société, se jouait entre hommes et femmes d'une fortune et d'un rang social analogues ; c'étaient des fauves d'une force presque égale qui s'affrontaient[3]. » L'amateur, que Vailland se targuait d'être en ce domaine, décèle dans *Les Liaisons dangereuses* le modèle du genre. Il admire dans la composition du roman une organisation propre à la tragédie classique. Il lui semble, en effet, que Laclos en construisant son œuvre selon un schéma qui lui était *a priori* exogène exprime la quintessence de cet art difficile : « Avec ses rites, la mise en demeure et l'exécution finale vers quoi tendent rigoureusement toutes les figures, le libertinage apparaît

1 *Ibid.*, p. 194.
2 Roger Vailland, *Laclos par lui-même* [1953], Paris, Seuil, « Écrivains de toujours », 1965, p. 55 et 58.
3 *Ibid.*, p. 91.

comme l'une des versions les plus valables de la tragédie classique[1]. » La grande tragédie de la période classique, la tragédie cornélienne, la tragédie aristocratique par excellence qui représentait l'abnégation d'une classe déchue revendiquant le droit de mourir pour un honneur nobiliaire devenu obsolète. Et, selon Vailland, ce ne pouvait être l'amour passion dépeint par les tragédies de Racine qui représentaient les seigneurs d'antan sous la forme de pitoyables victimes d'un sentiment les rongeant corps et âme, mais bien l'amour de l'action qui leur restituait leur arrogance et leur cynisme et qui les instituait en prédateurs dans le domaine de la possession des corps et de la captation des âmes, considéré comme la perpétuation de l'idéal chevaleresque.

La reviviscence d'une éthique appartenant aux siècles passés dans le monde moderne, de surcroît d'un univers résolument orienté vers un futur censé le régénérer, peut apparaître comme un paradoxe. Toutefois, si les références notionnelles et idéologiques semblent détenir une coloration proprement réactionnaire, la teneur du discours contribue nettement à définir les caractéristiques qui devront être celles de l'homme nouveau dans la société future. Selon cette optique, *Drôle de jeu* peut être lu comme la mise à l'épreuve de cette conception aristocratique héritée des XVIIᵉ et XVIIIᵉ siècle dans un contexte où chaque mise en jeu engage la vie et la mort du joueur, voire du jeu lui-même. *A priori*, Frédéric, le parfait militant communiste, se présente comme le meilleur joueur ; à l'inverse, Marat, le dilettante, le libertin, comme le plus exécrable. Mais, dans les faits, le premier échoue quand le second triomphe. Et Marat de démontrer dès le début du roman qu'aussi pur, qu'aussi discipliné, qu'aussi dévoué au parti que soit Frédéric, son combat s'organisant en fonction d'abstractions idéologiques et son action ne s'exerçant pas au sein de la réalité concrète, il constitue une victime toute désignée pour la Gestapo :

> Un intellectuel, pense Marat. Les intellectuels qui entrent au parti ont tendance à être puritains ; ils font vœu de pauvreté quand ce n'est pas de chasteté. Ascèse personnelle. Je n'aime pas qu'on entre dans le communisme comme dans les ordres[2].

1 Vailland, *Le Regard froid*, *op. cit.*, p. 31-43 : « Esquisse pour un portrait du vrai libertin » (p. 40).

2 Roger Vailland, *Drôle de jeu* [1945], Paris, Le Livre de poche, 1990, p. 15.

Ce type de communistes, caractérisés par leur attachement, ne saurait représenter les véritables *bolcheviks*, que distingue au contraire leur détachement. À l'autre extrémité du combat, figurent les révoltés qui se singularisent par l'aspect radical que revêt leur colère. Eugène-Marie Favart, élève de seconde au lycée de Reims, convié au mariage de son oncle, est écœuré par la veulerie, la médiocrité, la vulgarité des adultes qui l'entourent, et il rêve d'une épuration sanglante qui ferait disparaître de la surface de la terre cette lie de l'humanité. Sa diatribe passionnée vibre des accents rimbaldiens dont sa fureur lui fait retrouver les vers :

> Marchand, tu es nègre, se récitait Eugène-Marie avec ferveur ; magistrat tu es nègre ; général tu es nègre, empereur, vieille démangeaison, tu es nègre : tu as bu d'une liqueur non taxée, de la fabrique de Satan. Ce peuple est inspiré par la fièvre et le cancer. Infirmes et vieillards sont tellement respectables qu'ils demandent à être bouillis[1].

Aussi est-il tenu en dehors de la lutte de ses proches contre l'occupant allemand, est-il renvoyé à sa solitude et ne possède-t-il pour seule ressource que la boisson. Lorsqu'il placera son insatiable désir de révolte au service de la Résistance, lorsqu'il opérera la conjonction entre son bonheur de combattre et l'efficacité de ce combat, il accédera à la plénitude qui mène à la victoire. Mais, auparavant, il lui faudra se détacher de lui-même afin de posséder la lucidité et la maîtrise dont la possession est impérieuse en de telles circonstances.

Toutefois, c'est un coup de dés, malheureux pour Frédéric, heureux pour Eugène-Marie, qui décide de leur destin. Le jeu auquel est conviée à participer l'humanité se présente le plus souvent comme un jeu de hasard. Il correspond *stricto sensu* à la loi qui se joue dans les tavernes de Manacore. Mais le joueur habile triomphe à tous coups car, se situant en surplomb relativement aux données du jeu, il possède en toutes circonstances la parade. Cependant, si les véritables héros de ces romans sont d'authentiques aristocrates qui s'adaptent aux lois du monde sans se plier à ses arrêts, ils n'en sont pas moins hommes et, comme les héros tragiques, susceptibles d'être confrontés à l'échec. Le cardinal de Bernis possédait toutes les qualités requises pour devenir un acteur majeur

1 Roger Vailland, *Un jeune homme seul* [1951], Paris, Le Livre de poche, 1967, p. 106-107. Le texte est celui d'Arthur Rimbaud, « Mauvais sang » (voir *Poésies, Une saison en enfer, Illuminations*, Louis Forestier [éd.], Paris, Gallimard, « Poésie », 1983, p. 128-129).

de la révolution française, mais il naquit trop tôt, et lorsque celle-ci éclata, il était trop vieux pour s'y associer et ne put qu'en condamner les excès : « Ce qui prouve que pendant trente ans, on peut se croire à la veille de 1789. Et, quand arrive 1789, on a tellement vieilli qu'on ne reconnaît pas le visage des "temps merveilleux et terribles" qu'on avait prophétisés[1]. » Marat et Antoinette possédaient toutes les qualités requises pour devenir des acteurs majeurs de l'après-guerre, mais les aléas de l'existence ont privé l'un de sa virilité, ont dépossédé l'autre de l'un de ses yeux. Retirés dans l'Aubrac, ils manifestent toujours un superbe mépris à l'encontre du monde, mais dans les faits ne possèdent plus de prise sur lui. Les derniers héros des ultimes romans ont eux aussi revu leurs ambitions à la baisse : Duc ne s'offre plus que de loin en loin quelques fêtes ; les prédateurs qui pensaient faire de Frédérique leur victime en sont devenus la proie.

L'échec de ses héros ne saurait néanmoins signer la faillite du système mis en place par le romancier. Cet échec est comparable à celui des héros tragiques du théâtre cornélien, à celui des parfaits libertins que furent le vicomte de Valmont et la marquise de Merteuil. Il traduit au contraire de manière exemplaire l'inadéquation qui prévaut entre un monde caractérisé par sa médiocrité et d'authentiques héros que ce monde condamne en raison précisément de leur héroïsme. Les fêlures de l'édifice révèlent l'urgence de la reconstruction de cet édifice. Et alors, l'aristocrate recouvrera la place qui lui est légitimement impartie. Cet être que Vailland dénomme génériquement "le souverain" constitue dans l'attente de cet avènement une valeur en soi.

UN ÉDIFICE ÉRIGÉ SUR DES FÊLURES

Christian Petr le note, l'être souverain se singularise par « la nécessaire distance de soi d'avec soi, qui fait l'action consciente du *libertin*, de l'*amateur* et du *révolutionnaire*[2]. » L'unité qu'un tel homme est parvenu à opérer en lui reflète l'unicité qui s'est instaurée au cours des âges entre

1 Vailland, « Éloge du cardinal de Bernis », *op. cit.*, p. 306.

2 Petr, *Roger Vailland : éloge de la singularité*, *op. cit.*, p. 66.

ces aristocrates de haut vol que Vailland désigne du terme générique de « souverain [...][1]. » Ainsi, l'hétérogénéité des espèces se résorbe-t-elle au sein d'un type unique, comme c'était le cas pour les bergères de Boroboudour qui appartenaient chacune à une variété différente, mais qui toutes étaient des reines. De même, le *bolchevik* représente la figure contemporaine du héros cornélien, du libertin, du révolutionnaire de 1789. Donc, le souverain est par excellence un aristocrate. Or, la société édifiée par l'aristocratie a durant toutes les périodes de l'histoire échoué à mettre en place une organisation politique pérenne. Et, chaque fois ce fut la bourgeoisie qui s'évertua à détruire la structure que la noblesse avait construite. Quand la société bourgeoise prône la fragmentation et l'abstraction, l'être souverain lui oppose la totalité et l'immersion au sein du concret. Aussi le citoyen de toute société régie par la bourgeoisie est-il *de facto* destitué de sa souveraineté. *Éloge de la politique*, que l'on considère comme le testament politique de l'écrivain parce qu'il fut publié peu de mois avant sa mort, met en relief le tour de passe-passe auquel s'adonne la bourgeoisie pour éloigner de la chose publique les membres du corps politique en les destituant de leur légitime souveraineté. L'essai démontre l'absolue nécessité pour les citoyens dépolitisés de se réinsérer à l'intérieur de la sphère politique : « Se conduire en politique, c'est agir au lieu d'être agi, c'est faire l'histoire, faire la politique au lieu d'être fait, d'être refait par elle[2]. »

L'émergence du souverain requiert la transformation révolutionnaire de la société bourgeoise en une société sans classes par l'action des bolcheviques et consolidée par la dictature du prolétariat. Si les communistes, militants du PCF, demeurent aliénés, c'est parce que l'édification du socialisme n'a été achevée ni en URSS, ni dans aucun de ses états satellites, et que le mode de vie propre à ces militants relève encore du « *style petit-bourgeois* ». En revanche, quand la structure étatique fondée sur le gouvernement des meilleurs se sera substituée au modèle prôné par les démocraties bourgeoises, l'individu vivant au sein d'une telle société pourra accéder pleinement à la souveraineté et libérer en lui des forces qui pour l'heure sont encore insoupçonnées. En

1 Roger Vailland propose dans *Marat-Marat* cette définition du « souverain » : « Il n'a pas de compte à rendre. C'est un souverain absolu de droit divin. Il exige. » (Roger Vailland, *Marat-Marat : discours sur la souveraineté* [1942], Paris, Le Temps des Cerises, 1995, p. 37).

2 Roger Vailland, *Éloge de la politique* [1964], Paris, Le Temps des Cerises, « Cahiers Roger Vaillant », 1999, p. 18.

tout état de cause, dès 1942, Vaillant est convaincu que, dans l'attente de cette ère nouvelle, l'ouvrier se doit néanmoins d'appartenir au parti : « Mais le travailleur aliéné n'a de choix que d'être communiste ou de renoncer à la souveraineté[1]. »

Lorsque les crimes de Staline furent révélés au grand jour, et que Vailland se dut de décrocher le portrait du dictateur qui se trouvait sur un mur de son bureau, l'écrivain prit conscience que les temps futurs étaient encore éloignés. Longtemps, en effet, il avait pensé que Staline était l'expression même de cet homme nouveau héroïque qui œuvrait à mettre en place une société où l'homme serait pleinement souverain. La désillusion le conduisit à se rapprocher du constat de Gobineau : « Dans le rêve de Gobineau, les fils de roi ne deviennent jamais rois. Ils ne bâtissent pas non plus de royaumes[2]. » Et il conclut, amer : « L'homme de qualité trouve poussée au plus haut degré, dans sa qualité même, la contradiction qui ne peut se résoudre qu'en le détruisant[3]. » Il abandonne sa panoplie de *bolchevik*, désormais démodée, se détourne de l'action politique et fait retraite. Comme don Cesare, comme Marat-Lamballe, comme Duc plus tard, il se désintéresse. Mais, se désintéresser n'implique pas abdiquer. Retiré du monde, livré à lui-même, il lui aurait été aisé de baisser la garde. Or, c'est dans la défaite plus que dans la victoire, que l'être souverain se doit de demeurer lui-même. L'éthique de vie qu'exige l'exercice de la souveraineté requiert le même détachement relativement à soi et au monde dans le silence de la solitude que dans le feu de l'action.

L'œuvre romanesque va s'attacher tout particulièrement à démontrer les difficultés auxquelles s'expose l'être qui exerce sa souveraineté hors du monde et de l'histoire. Certes, ce souverain solitaire aura licence de fixer les lois, ses lois. Et, ce sera l'occasion pour Vailland comme pour ses personnages de mesurer à quel point la notion de souveraineté se caractérise par sa complexité. Comment, par exemple, les êtres également souverains au sein d'un couple peuvent-ils mutuellement imposer leur loi à l'autre ? Loin d'esquiver la difficulté, une fois encore Vailland l'affronte. Dans un bref essai, *L'Œuvre de cruauté*, il définit les règles du jeu – « Il [le jeu de cruauté] implique des acteurs égaux en souveraineté,

1 Vailland, *Marat-Marat…*, *op. cit.*, p. 77.
2 Vailland, « Éloge du cardinal de Bernis », *op. cit.*, p. 195.
3 *Ibid.*, p. 196.

respectueux l'un de l'autre. » –, il en célèbre l'excellence – « L'œuvre de cruauté sera le jeu sain et triomphant d'une humanité heureuse et rajeunie. » –, mais il se doit d'admettre qu'une telle ascèse relève encore de l'utopie – « Mais le jeu de cruauté n'existe pas encore, pas davantage que les êtres réellement souverains[1]. »

Déjà, dans *Les Mauvais coups*, le couple formé par Milan et Roberte révélait des déchirures qui le condamnaient à terme à sa disparition. Or, selon le code mis en place par Vailland, leur amour était dès l'origine voué à l'échec, puisqu'il résultait d'une passion dévastatrice : « Roberte et Milan s'était épris l'un de l'autre dès l'instant qu'ils s'étaient vus. Mais leurs amours furent orageuses[2]... » Leur vie commune, instituée selon les préceptes du libertinage et de la souveraineté mutuelle, ne pouvait donc être qu'un simulacre des règles extrêmement strictes qui prévalent en ce domaine et, de ce fait, s'achever tragiquement : « Tous les deux vous n'avez jamais pensé qu'à prendre du plaisir. Vous n'étiez pas plus sérieux dans la vie qu'à la chasse. Ça ne pouvait que mal finir[3]. » Par contraste, le couple formé par Lamballe et Antoinette mène une vie commune en parfaite souveraineté. Toutefois, cet exemple trahit les limites du système, parce que l'absence de toute sexualité fausse *de facto* les relations des deux "souverains" : « [...] ils se couchèrent dans les bras l'un de l'autre, comme frère et sœur, et s'endormirent bientôt, parce qu'ils avaient beaucoup bu, l'un et l'autre[4]. » Si la plénitude que confère une souveraineté pleinement assumée par les deux membres du couple ne peut conduire qu'au mode de vie de ces deux protagonistes, son efficience apparaît limitée et ne saurait de ce fait avoir valeur d'exemplarité. Pourtant, ce modèle met l'accent sur une vertu requise chez les être souverains, l'austérité, qui en certains cas implique la chasteté. Après avoir établi que « [l]e libertinage procède à l'inverse du délire érotico-métaphysique d'un Henry Miller », Vailland conclut « que dans une société sans mœurs, seule l'austérité est aimable[5]. » C'est fort de cette conviction que Duc a organisé sa retraite en compagnie de Léone. Mais, comme le note Jacques-Francis Rolland, en décrivant le *modus vivendi*

---

1 Vailland, *Le Regard froid*, *op. cit.*, p. 89-108 : « L'Œuvre de cruauté », suivi de « La Distraction de soi d'avec soi comme source du sublime », (p. 92).

2 Roger Vailland, *Les Mauvais coups* [1948], Paris, Club de la femme, 1971, p. 132.

3 *Ibid.*, p. 244.

4 Vailland, *Bon pied bon œil*, *op. cit.*, p. 250.

5 Vailland, *Laclos par lui-même*, *op. cit.*, p. 61.

qui réglemente l'exercice de la souveraineté, Vailland exhibe les limites inhérentes au système :

> Un homme, à l'automne de sa vie, après les tempêtes, revoit son passé, les crises qui l'ont fait ce qu'il est. Il a atteint ou croit avoir atteint ce qu'il appelle « la souveraineté ». Mais les souverains sont souvent tristes. Aussi, parfois, s'accordent-t-ils des fêtes[1].

Dans les faits, ces fêtes constituent l'exception qui confirme la règle, la soupape qui confère au mécanisme sa cohérence, mais ces fêtes sont égoïstes, puisque Duc se les octroie souverainement sans égard pour la souveraineté de Léone. Frédérique, l'ultime héroïne souveraine des héros de Vailland, qui pour triompher ne répugne pas à recourir à l'escroquerie, à la malversation, et à toutes les formes de la malhonnêteté, justifie son attitude par le fait qu'elle refuse de se laisser avoir. « Mais pourquoi faire ? », tels sont les derniers mots du texte, telle est l'interrogation que la mort de Vailland a laissée pour toujours en suspens.

En conduisant jusqu'à ses dernières extrémités le concept qu'il avait forgé à partir de la notion d'aristocratie, Vailland en a établi l'inanité. Néanmoins, démontrer les limites du système n'invalide pas pour autant sa pertinence. Les fêlures révèlent que la solidité de l'édifice n'est assurée que s'il est bâti sur un terrain favorable. En l'occurrence, son retrait de l'histoire équivaut pour l'individu souverain à une dépossession de lui-même. Se moquant de l'aliénation dont elles sont victimes dans le cadre de leur activité professionnelle, les ouvrières de la fabrique de briques, convaincues d'être les reines de la société future, tiennent bruyamment le haut du pavé lorsqu'elles se répandent sur l'avenue de Laon. Eugène-Marie Favart, qui les observe de sa fenêtre, ne peut qu'admirer leur insolence aristocratique :

> Elles allaient bras dessus, bras dessous, par rangs de cinq ou six, et quelquefois de dix, douze ou quinze, qui tenaient alors toute la largeur de l'avenue ; les voitures se rangeaient pour leur faire place, et elles lançaient au passage des plaisanteries aux chauffeurs[2].

---

1 Jacques-Francis Rolland, « Roger Vailland donne une fête », *L'Observateur littéraire*, 12 mai 1960, repris *in* Jean Sénégas, *Critique des romans : Vailland et les lecteurs de son temps (1955-1965)*, Paris, Le Temps des Cerises, « Cahiers Roger Vailland », 2008, p. 102.

2 Vailland, *Un jeune homme seul*, *op. cit.*, p. 69.

En effet, si l'ouvrier est naturellement souverain, c'est parce qu'il appartient à la classe sociale qui détient naturellement la légitimité d'exercer cette souveraineté[1].

Si l'œuvre romanesque de Roger Vailland distingue nettement les héros de ceux qui à l'évidence ne possèdent pas l'étoffe pour le devenir, c'est afin de démontrer que la pureté constitue dans le domaine de la souveraineté un bien inaliénable. Les êtres hybrides, tels Busard, l'ouvrier embourgeoisé de *325.000 Francs*, ou Philippe Letourneau, le bourgeois ouvriérisé de *Beau Masque*, en subvertissant leur être véritable ne peuvent qu'échouer lamentablement. Même si le contexte historique leur est défavorable, même si le rapport de forces s'exerce à leur encontre, même si leur échec est inscrit par avance, le héros fait front, hautain, impénétrable, méprisant envers celui qui l'humilie. Telle est l'attitude de Mario, le maçon, qui, dans *La Loi*, est venu faire valoir son droit dans le bureau du commissaire. Il rejette avec dédain le marché que lui propose Attilio, car si cet arrangement lui procurait ce qu'il demande, il attenterait à son honneur. Ce personnage, qui ne fait qu'une apparition fugace au sein du récit, s'avère être néanmoins son véritable héros, car il est le seul au sein du roman à refuser farouchement qu'on substitue à son droit légitime la loi du plus fort. Sa position marginale dans l'économie du livre est révélatrice du désenchantement qui, devant le spectacle d'une histoire ne ménageant plus aucune place aux aristocrates, s'est progressivement emparé de Vailland. Toutefois, par sa simple présence dans une société où il n'a pourtant pas sa place, à une période de l'histoire où il n'a plus sa place, au sein d'un roman où il ne saurait trouver de place, le véritable aristocrate démontre qu'il demeure plus fort que l'adversité qui l'écrase[2]. Se contentant de rétorquer aux démonstrations du

---

1 Comme le souligne Claude Roy, Vailland était convaincu de la supériorité que détenaient dans les faits les prolétaires sur les autres membres du corps social : « La condition des travailleurs est redoutable, elle est injuste. Mais l'aisance, la désinvolture, l'accord de soi avec soi-même apparaissent à Vailland l'apanage, précisément, des ouvriers. » (Claude Roy, « Esquisse d'une description critique de Roger Vailland », *Les Temps modernes*, n° 142, décembre 1957, repris *in* Sénégas, *Critique des romans…*, *op. cit.*, p. 225).

2 Et, de manière à ce qu'il n'y ait aucune ambiguïté sur ce point, Vailland démontre que le sort ne saurait lui être favorable, après avoir fait mine de démontrer que sa pugnacité avait porté ses fruits : « À force d'entêtement, le juge avait obtenu que Mario le maçon reçût un passeport. En France, Mario ne trouva de travail que dans une mine, où il fut tué, l'année suivante, au cours d'une explosion. » (Vailland, *La Loi*, *op. cit.*, p. 304).

commissaire de police, « J'exige mon droit[1] », cet aristocrate imbu de sa légitimité, de sa souveraineté inaliénable transcende les aléas de l'histoire et affirme l'éternelle supériorité de celui qui sait toujours se situer en surplomb.

Cette souveraineté, qu'il avait pour sa part érigée en éthique, à laquelle il s'est efforcé son existence durant de se conformer en dépit des difficultés voire des contradictions qu'il avait identifiées au sein de cette philosophie aristocratique de la vie, Roger Vailland l'a scrupuleusement mise en application dans l'exercice de l'activité qui pour lui revêtait la plus grande importance, son œuvre, au point de le faire considérer comme un aristocrate de la plume par ses pairs ainsi que par les critiques, qui de ce fait ne parvenaient ni à le positionner sur l'échiquier politique, ni à le ranger au sein des catégories esthétiques établies. Ce fut Dominique Fernandez qui, célébrant son indéniable singularité, en offrit la définition la plus convaincante : « Telle est une des nombreuses contradictions de Vailland, communiste de cœur et aristocrate de tête[2]. » Se considérant comme un amateur devenu un professionnel de son art, Vailland démontre que l'écrivain soucieux d'excellence possède l'impérieux devoir d'être en forme pour conférer à ses textes la forme la plus parfaite possible. Opérant un parallèle entre le sportif et l'écrivain, il établit qu'afin d'être en forme l'un et l'autre se doivent d'être pleinement souverains, et à ce titre se soumettre à un mode de vie austère, seule manière pour eux de posséder la maîtrise nécessaire pour leur permettre de dominer leur sujet : « [...] ainsi tend-il [l'écrivain] à retrouver l'innocence du sportif qui ne pense qu'à sa forme, qui ne parle que d'elle et qui, à l'approche des grandes épreuves s'impose pour l'amour d'elle, sobriété et chasteté[3]. »

Comme le constate Francis Combes, c'est précisément dans ce désir de perfectionner sans cesse la forme que réside le point de jonction qui, selon Vailland, relie la politique et la littérature :

> Et il conçoit la politique, l'action bolchevique, le marxisme, comme une technique de perfectionnement, au service du combat de la classe ouvrière.

1 *Ibid.*, p. 41.

2 Dominique Fernandez, « Écrivains d'aujourd'hui 1940-1960 », repris *in* Sénégas, *Critique des romans...*, *op. cit.*, p. 238.

3 Roger Vailland, *325.000 Francs*, Paris, Buchet-Chastel/Corréa, 1955, p. 37.

> Et il conçoit de la même façon le travail de l'écrivain comme une technique de perfectionnement, une ascèse de perfectionnement[1].

Lorsqu'il prit conscience que le *bolchevik* appartenait à une période révolue de l'histoire, lorsqu'il fit sécession dans sa retraite pour ne se consacrer qu'à l'écriture, il se replia sur une forme de souveraineté, certes aristocratique en son essence, mais stérile dans les faits car ne faisant plus référence aux autres hommes. Cette souveraineté se condamnait à se prendre elle-même pour objet et ne pouvait plus de ce fait être perfectible. Seul subsistait alors en l'écrivain exilé ce « côté vieille France, aristocrate de droite[2] » qu'évoque Jacques-Francis Rolland. Peu avant sa mort, Vailland se ressaisit et, sans illusion sur l'émergence prochaine d'une société sans classes, il proposa de recourir à l'utopie pour régénérer une société tombée en obsolescence :

> En attendant que revienne le temps de l'action, des actions politiques, une bonne, belle, grande utopie (comme nous pensions en 1945 que « l'homme nouveau » serait créé dans les dix années qui allaient suivre) ce ne serait peut-être déjà pas si mal[3].

Et, la virilité n'ayant pas porté les fruits que l'on pouvait en attendre sur les plans social et politique, c'est à la femme qu'il reviendrait d'instaurer le règne de la souveraineté dans le monde futur. Le narrateur de *325.000 Francs* fixait même une date pour l'événement : « Le cœur pur que tu crois avoir découvert n'existera qu'en l'an 2050[4]. » Mais déjà, les héroïnes de ses derniers romans incarnent la véritable aristocratie annonciatrice des temps nouveaux. Don Cesare au moment de mourir remet les clés de son royaume à Mariette, car elle lui apparaît comme la seule susceptible de perpétuer, elle, la fille du peuple dure et madrée, la fibre aristocratique d'une lignée qui s'éteint avec lui. Roger Vailland, quant à lui, remet à Frédérique les clés de son univers romanesque dominé par des aristocrates de haut vol, car cette femme froide, libre, indépendante et qui ne se donne à personne, est, comme l'a noté Pierre Berger, son propre reflet féminin : « Flaubert déclarait : "Madame Bovary, c'est

1 Francis Combes, « Table ronde 3 », *Cahiers Roger Vailland*, n° 15 : *"À chacun son Vailland : paroles d'écrivains"*, 2001, p. 51-87 (p. 66).
2 Rolland, « Drôle de jeu », *op. cit.*, p. 109.
3 Vailland, *Éloge de la politique*, *op. cit.*, p. 28.
4 Vailland, *325.000 Francs*, *op. cit.*, p. 139.

moi", Roger Vailland peut bien dire : "La Truite, c'est moi[1]." » Donc, dès avant 2050 l'homme de qualité d'antan était, selon le romancier, devenu une aristocrate qui avait accédé à une souveraineté pleine et entière. Roger Vailland affirmant que ses écrits étaient destinés aux lecteurs de cette période lointaine, nul doute qu'alors toutes les bergères seront devenues des reines. L'utopie transcendant l'analyse politique lui permet donc *in fine* d'affirmer l'excellence des valeurs aristocratiques au long des siècles à venir.

Michel BERTRAND
Université de Provence

1 Pierre Berger, « Les Femmes selon Roger Vailland », *Démocratie*, 23 avril 1964, repris *in* Sénégas, *Critique des romans…*, *op. cit.*, p. 156.

« L'ARISTO » OU L'ÉTRANGE NOBLESSE DU ROMANCIER ROBERT REUS ET DE SES AVATARS

Voltaire Deronne (1909-1988), alias Robert Reus, a été, à son époque, une exception. Fils d'ouvriers (son père était peintre en bâtiments) et non bachelier, il a suivi à l'Université de Lille jusqu'en 1939 des études en langue et littérature françaises, en langues anciennes et en espagnol. Après quelques essais de jeunesse (notamment quelques poèmes publiés dès 1927, car il a eu très tôt la vocation d'écrivain), il a trouvé un éditeur très rapidement pour ses deux premiers romans : *La Foire* (1946 ; KDP[1] 2012) et *L'Épidème* (1947 ; KDP 2013) qui ont été publiés par Pierre Clairac, d'Aurillac. Mon père a alors été propulsé hors de son milieu : c'est ce qu'il appelait sa période « gendelettre[2] ». Il a d'ailleurs appartenu à la Société des Gens de Lettres, grâce au parrainage d'Étienne Gril et de Maxence Van der Meersch.

Succès d'estime. Nombreux articles et entrefilets dans la presse, interview à la radio en mai 1952, projet de fondation d'une revue littéraire régionale au printemps 52[3]... La carrière du « jeune romancier roubaisien[4] » était lancée. Un début de réussite littéraire et sociale, donc, qui sera interrompu brutalement peu après.

Or, dès l'écriture de *La Foire* (commencée en 1943), roman assez fortement autobiographique, on a la surprise de constater que si l'avatar

1 Kindle Direct Publishing, entreprise d'édition qui existe depuis trois ans, appartient à Amazon. Les livres sont diffusés en format numérique uniquement et accessibles sur le site d'Amazon.

2 Exergue du *Printemps des éclopés*, version tapuscrite de 1980, reproduit dans l'édition KDP.

3 L'appel aux intellectuels du Nord a été reproduit sous une forme légèrement modifiée dans l'adaptation que j'ai réalisée du roman inachevé de Robert Reus de 1952, *L'Étouffement* ou *La Toussaint de Jean Espar* (Emmanuel Deronne, *La Toussaint de Jean Espar, KDP* [2013] Deuxième partie, Document M).

4 Titre d'un article de Raoul Dubois dans l'hebdomadaire *Le Barbelé*, n° 447 (deuxième quinzaine de juillet 1947).

de l'auteur est bien fils d'ouvriers, il est affublé d'un nom à consonance nobiliaire. Même constatation dans *Le Printemps des éclopés*, achevé en 1980 (KDP 2013). C'est cette contradiction qu'il s'agira d'essayer d'élucider, en associant à ces deux romans des données biographiques recueillies directement, des documents originaux et des indications présentes dans d'autres œuvres[1].

UNE FORTE CONTRADICTION APPARENTE

Mon grand-père Gustave Deronne (1885-1945) a été « garde du corps » de Louise Michel dans le Nord quand celle-ci, revenue d'exil, a pu parcourir la France pour diffuser ses idées (elle est décédée en 1905). Et il aurait été arrêté à titre préventif (en 1901 ou en 1909 ?) lors de la venue du tsar en France. C'est à ce contexte politique familial que mon père devait son prénom de Voltaire. Lui-même disait avoir fait le coup de poing dans les années Trente contre royalistes (ce qui n'est pas indifférent pour notre propos) et Croix de feu (les Croix de feu du colonel de La Rocque ont été dissoutes en 1936). Fin juin 1946, il a assisté à Paris au congrès « La pensée française au service de la paix », organisé par l'Union nationale des intellectuels.

Le héros de *La Foire* (1946) ne manifeste pas d'opinion politique. En revanche, le protagoniste du *Printemps des éclopés* (1980) mentionne des relations personnelles avec des anarchistes connus tels que Louis Lecoin (que mon père évoquait à l'occasion) et Hoche Meurant (figure du mouvement dans le Nord, qui résidait à Croix, près de Roubaix, comme l'auteur). Le personnage est même censé être porteur du tract pacifiste de Lecoin, « Paix immédiate », que sa mère aurait distribué à Roubaix. D'autre part, Robert Reus a fait de ce milieu le sujet de son roman inédit *Joseph Sègre*, rédigé vers 1947 (en préparation pour KDP)

1 Le Fonds Robert Reus, détenu par l'auteur de cet article à Nancy (contact : <http://www.robert-reus.fr>), est à la disposition des chercheurs. Il comporte photographies, documents personnels, documents de recherche, notes, manuscrits et tapuscrits (théâtre, poésie, nouvelles et romans), dossiers de presse et correspondance de l'auteur (notamment avec son éditeur Pierre Clairac). L'édition de la correspondance avec Paul Diel est en préparation.

et qui devait constituer le premier élément de la trilogie *Les Anars*, qui aborde notamment le problème des avortements clandestins.

Pourtant, cet auteur qui luttait contre les royalistes et l'extrême-droite et ne détestait rien tant que l'autoritarisme a adopté ponctuellement des pseudonymes à particule et a attribué à ses avatars dans les deux romans autofictionnels évoquées précédemment (*La Foire* de 1946 et *Le Printemps des éclopés* de 1980) des noms nobles.

Les pseudonymes à consonance nobiliaire ne constituent pas l'élément le plus saillant de cette étude, mais l'adoption d'un pseudonyme de ce genre est un acte symboliquement fort. Deux œuvres des années Quatre-vingt sont signées d'un nom à particule : *Pour l'amour de Bilouette* et *Le Printemps des éclopés*.

Pour l'amour de Bilouette, écrit vers 1985 (KDP 2013), est signé « Roberte de Volder », pseudonyme transparent qui n'est rien d'autre que « Robert de VOLtaire-DERonne ». Robert, féminisé en Roberte pour ce roman "sentimental", était le prénom usuel de mon père, qui s'était fait ainsi baptiser à vingt ans. Somme toute, un premier pseudonyme assez rudimentaire, proche du nom réel, mais avec féminisation et particule nobiliaire. Le roman raconte l'histoire d'une jeune fille victime de harcèlement à cause de sa beauté et qui réagit avec courage et intelligence à une série d'épreuves personnelles et professionnelles. Le roman comporte un personnage de noble, un jeune prétendant vicieux et sournois qui trahit son ami (le fiancé de Bilouette) et provoque la mort de la meilleure amie de l'héroïne. Finalement, Bilouette préfèrera à son fiancé, fils de chef d'entreprise très faible, un jeune étudiant pauvre promu à l'Agrégation de Lettres.

Le second cas est plus intéressant. La seconde des trois versions du *Printemps des éclopés* (la principale[1], de 1980, que j'ai choisi de publier en 2012 et qui, en outre, s'intitulait alors *L'Aristo* !) est signée « Édouard Fleury de Wasquehal ». Cependant, ce pseudonyme noble n'est pas autonome : il s'agit du nom du protagoniste et narrateur de ce roman, lequel est un avatar de l'auteur. Ce pseudonyme, qui possède une fonction

1 La critique génétique pourrait s'intéresser à ce roman, dont une première version (de 1980, en langue classique, mais avec les dialogues en français non conventionnel) a été interrompue ; la seconde version est homogène, en français non conventionnel ; la troisième version, de 1985, n'est qu'une adaptation édulcorée (d'un point de vue linguistique et politique) de la précédente, à la demande des éditeurs potentiels. La seconde version est donc la seule qui réponde aux intentions de l'auteur.

réaliste (faire passer le roman pour des « mémoires de guerre »), doit donc surtout être étudié en tant que nom de personnage. Il sera associé au nom à consonance nobiliaire du protagoniste (mais pas narrateur) de *La Foire*, autre avatar de l'auteur, « Cyriaque D'Halluin ».

Halluin est une ville proche de Tourcoing et frontalière de la Belgique, qui, comme Wasquehal (lieu de naissance de mon père et de mon grand-père), sert à rappeler l'ancrage géographique du personnage (et de l'auteur), la métropole de Lille. Les deux prénoms, Édouard (prénom royal au Royaume-Uni au moins) et Cyriaque (prénom rare), renforcent le caractère hors du commun de ces deux personnages, qui sont déclarés de famille ouvrière, ce qui rend ces dénominations assez choquantes.

Ce romancier de tendance anarchiste a donc adopté par deux fois un pseudonyme nobiliaire et s'est par deux fois représenté dans des autofictions sous les traits d'un jeune homme au nom noble, en 1946 et en 1980.

UN STATUT PROTECTEUR
L'aura intacte de la noblesse

Le premier de ces romans, *La Foire*, présente l'arrivée du soldat Cyriaque d'Halluin à Gramat dans le Lot, en compagnie du service de Contrôle postal auquel, comme l'auteur, il appartenait en tant que traducteur d'espagnol. Le groupe, composé principalement d'un commandant, d'un baron, d'un avocat, d'un abbé, d'un caporal et d'un cinéaste, a fui l'arrivée des Allemands à Bourges en mai 1940. Il s'installe dans une auberge. Le héros, étudiant un peu attardé d'une trentaine d'années, hypocondriaque, tombe amoureux de la fille de l'aubergiste… Histoire d'amour compliquée et contrariée par la révélation tardive de son origine populaire (sa mère est ouvrière). Roman de la jalousie[1].

Le second, *Le Printemps des éclopés*, écrit 35 ans plus tard, joue sur cette trame avec de grandes variations. Le trajet du héros, Édouard Fleury de Wasquehal, commence à Roubaix et les premiers chapitres présentent sa formation militaire au camp d'Avord, puis son service de

1 En réalité, la jeune fille est devenue la première épouse de mon père en 1943.

traducteur au Contrôle postal à Bourges avant la fuite vers Gramat, où il n'arrive que dans le courant du chapitre VIII (empl. 3791)[1]. Le groupe présente une composition assez stable. Le héros s'amourache de la fille de l'aubergiste, qu'il quitte après sa démobilisation (chapitre XIII) pour retourner dans le Nord.

Dans ces deux romans, le statut de noble octroyé au personnage principal fonctionne de façon classique comme une protection contre le mépris des autres membres de la société. Son nom lui donne *a priori* une aura et un prestige indiscutables. Quoique républicains, les personnages font preuve envers les deux protagonistes d'une bienveillance explicitement liée à leur origine, qui leur vaut une grande « considération[2] ».

Les hommes de troupe se moquent un peu de ce noble à l'esprit peu guerrier et aux capacités physiques limitées[3], reconnaissant ainsi implicitement un lien entre noblesse, force physique et courage. L'endurance physique est évidemment mentionnée parmi les qualités attendues chez les nobles[4]. Par ailleurs, quand le caporal s'exprime assez grossièrement devant Édouard Fleury, il s'en excuse : les nobles, même simples soldats, ont droit au respect[5].

Cette noblesse est associée à la richesse. Madame Bédaille, l'aubergiste, suppose à Cyriaque D'Halluin une grande fortune malgré l'évidence de sa pauvreté : il doit être « pourvu d'une famille riche (on ne s'appelle pas comme ça Cyriaque D'Halluin)[6]. » Et elle n'est pas la seule de ce sentiment :

> Malgré cet équipage, on s'accordait à lui trouver, sans ironie, un air « fils-à-papa ». Sa spécialité de traducteur de dialectes ibériques, ses études de philologie poussées jusqu'à cet âge, la prestance de son nom, Cyriaque D'Halluin, supposaient de la fortune et de la famille. Supposition confirmée par un certain atticisme, le mépris de la foule et une fière gaucherie dans la pratique de la vie[7].

---

1 En l'absence de numéros de page dans les éditions numériques Kindle Direct Publishing, les références visent des endroits fixes, à savoir des « emplacements » numérotés. J'indique pour chaque citation l'emplacement de son début.

2 *Le Printemps*, ch. III, empl. 1880.

3 Finalement, le héros du *Printemps*, trop faible, est déclaré « exempt d'exercice » (ch. II, empl. 1147), ce qui le réjouit.

4 Elle est recensée par exemple par Éric Mension-Rigau, *Aristocrates et grands bourgeois : éducation, traditions, valeurs* [1994], Paris, Plon, 2007, p. 480.

5 Voir *Le Printemps*, fin du ch. VII.

6 Deronne, *La Foire* [1946], *op. cit.*, vol. 1, p. 129 ; 2012, empl. 2148.

7 *Ibid.*, vol. 1, p. 23 ; 2012, empl. 858.

Inversement, quand on apprend dans l'auberge que la mère de Cyriaque est ouvrière, c'est la consternation, suivie d'un rejet définitif. Cette nouvelle suffit à expliquer tous les revirements, toutes les malveillances, toutes les vexations, la familiarité d'un facteur intéressé, le dédain d'une servante à pourboire, le mépris d'un Jean de Bédaille[1], la tiédeur d'une fiancée et la haine d'une future belle-mère[2].

Naturellement, l'armée tient compte également de ce nom noble. L'officier supérieur soupe au lait qu'Édouard n'a pas salué s'adoucit dès que ce dernier décline son identité. Le sergent-chef sadique qui fait souffrir les bleus garde avec lui une attitude réservée, allant jusqu'à louer, à défaut de ses exploits à l'entraînement, son habileté à faire son lit au carré (et à éplucher les pommes de terre !). Le commandant du Contrôle postal lui-même est aveuglé par ce nom à particule qui l'empêche, malgré son langage populaire très suspect, de voir en Édouard un anarchiste anti-militariste. Ce respect issu du préjugé persistant qui renvoie de la noblesse une image d'excellence n'est pas anodin en cette période de guerre. Alors que les anarchistes et tous les soldats peu motivés sont envoyés au front ou en prison[3], les héros (celui du *Printemps* plus encore que celui de *La Foire*) bénéficient d'une certaine solidarité des autorités.

C'est cette même protection que recherchent les usurpateurs, les faux nobles, auxquels les personnages de Cyriaque et d'Édouard ne sont pas assimilables dans la mesure où leur nom n'est pas un nom d'emprunt.

UNE NOBLESSE TRÈS AMBIGUË OU L'IMPOSSIBLE « ARISTO »

Ce statut de noble, d'ailleurs assumé très discrètement (ces personnages ne cherchent pas à le mettre en avant), ne s'accompagne jamais d'une assimilation aux modes de pensée traditionnels des nobles, qu'il s'agisse d'opinions politiques ou même de comportement. Le statut du

1 La particule de ce personnage sera commentée plus loin.

2 *Ibid.*, vol. 2, p. 28 ; 2012, empl. 3540.

3 Le sort de Louis Lecoin et d'autres pacifistes maltraités est rappelé et son tract « Paix immédiate » reproduit *in extenso* (Deronne, *Le Printemps*, ch. IV, empl. 2162). L'arrestation de Giono, un des signataires, est mentionnée (voir *ibid.*, ch. II, empl. 1418).

protagoniste de ces deux romans est en fait hybride, composé d'une jonction assez artificielle des extrêmes.

La discrétion du protagoniste sur son appartenance à la noblesse sera illustrée par deux faits. Dans *La Foire*, Cyriaque d'Halluin se contente de ne pas rectifier l'erreur d'interprétation de sa future belle-mère le concernant. Une espèce de mensonge par omission, donc. Et dans *Le Printemps*, si une revendication généalogique abusive est suggérée, c'est seulement en réponse à une question directe du baron :

> Parmi tout ça, moi qui n'avais aucun parchemin, aucune peau d'âne, même pas un vrai métier, après avoir pataugé dans les situations les plus variées et les plus minables, je me sentais bas... tout en bas. Et ça me la foutait mal (Fallait être con ! Mais enfin j'y pouvais rien, c'était comme ça)... Aussi, quand le baron m'a demandé si j'avais des ancêtres, j'ai répondu :
>
> – Non, sans doute... Pourtant on dit dans ma famille que lorsque le seigneur de Croix (une ville à côté de Wasquehal) a été choisi comme vice-roi du Mexique, il aurait fait venir près de lui son voisin de Wasquehal... lequel aurait été son bras droit...

Et il poursuit :

> Mais ce n'est peut-être qu'une légende... Personnellement, je n'y crois pas... Je ne possède aucun document qui m'autoriserait... Il aurait fallu faire des recherches généalogiques...
>
> Ça m'était venu comme ça... [...] [J]e suis assez bluffeur de nature. Je pense d'ailleurs que c'est pas facile de porter un blase pareil quand on est dans la mouise et d'une origine plus que modeste sans avoir comme un besoin de péter plus haut... De toute façon je n'ai pas eu tort de baratiner de la sorte... Après ça j'ai bien senti qu'on me traitait avec encore un peu plus de considération... Ça m'a soutenu[1]...

Le héros n'était pas censé vouloir entrer dans ce jeu malsain (« sans avoir comme un besoin de péter plus haut... ») et qualifie sa réponse de réaction spontanée (« Ça m'était venu comme ça... »), non préméditée. Par ailleurs, la noblesse du personnage a un statut assez ambigu : « c'est pas facile de porter un blase pareil quand on est dans la mouise et d'une origine plus que modeste ». Il en est de même dans cet autre passage, dans lequel le personnage impressionné par le nom noble est un commerçant qui trafique au marché noir :

1 *Ibid.*, ch. III, empl. 1877.

> – Il s'appelle Édouard Fleury de Wasquehal !
>
> Il m'a regardé fixement… Mon nom, ça n'a pas fait un petit effet… Tout juste s'il s'est pas excusé de m'avoir traité comme un guss… Pas croyable ce que les Français peuvent faire gaffe avec les mecs qui ont des blases à rallonge !
>
> À partir de là […], il s'est mis à me vouvoyer… […] et moi-même, à la retourne, j'm'surprenais à me surveiller un peu plus quand je dégoisais… Pour un peu j'aurais parlé comme je faisais au Contrôle, avec le baron, les curés, l'avocat… Noblesse oblige, même quand le blason est en fer-blanc[1].

Un « blason en fer-blanc »… L'usurpation étant exclue, cette expression semble désigner une origine noble très ancienne, à laquelle le statut social ne correspondrait plus en rien, mais qui continuerait à obliger le porteur d'un tel nom. Mais elle peut aussi vouloir dire que le personnage, quoique pas "vraiment" noble, n'en a pas moins le souci de se comporter dignement. L'idée d'un nom noble porté "par hasard" ne serait cependant pas vraisemblable.

Se comporter noblement, dans ce passage et ailleurs, c'est maîtriser et pratiquer spontanément une langue châtiée. Or, au contraire, le héros du *Printemps* recourt à l'argot, théorisé comme langue naturelle supérieure à la langue de bois de la haute société. Nouvel indice de la nature hybride du héros, qui, de fait, entre en connivence avec le plus grossier de ses compagnons, le caporal. Ce dernier, surpris d'entendre Édouard lui répondre dans le registre populaire qu'il vient d'adopter, l'en remercie vivement : « T'as beau être un Monsieur de…, t'es un pote[2] ! » On notera que le caporal croit à un geste de sympathie et de bienveillance de la part d'un vrai noble. De même, les membres du Contrôle postal excusent ses expressions populaires en y voyant un jeu : il s'agirait du style des nobles qui jouent à s'encanailler, selon la logique des « écarts volontaires » de langage identifiée par Éric Mension-Rigau[3]. Telle est, ainsi, l'explication du lieutenant : « Dans certains milieux, c'est du snobisme de parler un peu comme la canaille, sinon comme des malfrats[4]. » Le caractère incongru de sa pratique d'une langue très peu soutenue ne met donc curieusement jamais vraiment en doute la croyance dans la noblesse du protagoniste.

---

1 *Ibid.*, ch. XV, empl. 6482.
2 *Ibid.*, fin du ch. VII, empl. 3722.
3 Mension-Rigau, *Aristocrates et grands bourgeois*, *op. cit.*, p. 259 et p. 344.
4 Deronne, *Le Printemps*, empl. 1909.

La dénomination *l'aristo* (second titre prévu par l'auteur pour *Le Printemps des éclopés*) synthétisait et valorisait fortement cette identité hybride, association du noble et du peuple. L'« aristo », ce n'est pas seulement le noble vu par les soldats issus du peuple[1], c'est aussi le personnage tel qu'il se définit lui-même, dans ce passage plus politique :

> Dans la cour, je flânais un bout de temps, mais quand j'aperçus un officier qui venait de mon côté, je me rendis compte que si je ne m'esbignais pas en vitesse, j'étais coincé : il faudrait que je le salue… C'est peut-être bien une façon de voir d'aristo, mais j'aime pas saluer quelqu'un que je connais pas[2]…

Cet « aristo » n'apprécie pas l'autorité. Tout en rappelant une règle de savoir-vivre (ne pas saluer une personne qui ne nous a pas été présentée), l'auteur attribue à son avatar le comportement antimilitariste de l'anarchiste désobéissant consciemment au règlement militaire. Le même passage mentionne d'ailleurs des anarchistes qui ont été sanctionnés dans la même caserne pour le même refus d'obéissance. Reprenons l'extrait :

> C'est peut-être bien une façon de voir d'aristo, mais j'aime pas saluer quelqu'un que je connais pas… et qui mériterait peut-être que je le mollarde… et ça, quand il s'agit d'un galonnard, c'est déjà plus probable… Je me souvenais aussi : c'était dans cette même caserne, sinon dans cette même cour, que Lecoin avait écopé de huit jours de taule… Il avait seulement dit comme ça qu'obéir à des gradés alcooliques, c'était pas dans ses principes, ça le débectait…

Le "noble" du roman, avatar de l'auteur, exprime ici des opinions anarchistes et, de même, les anarchistes sont présentés comme les seuls à avoir un comportement digne (« *il avait* seulement *dit* »).

La contradiction est donc affichée : le héros dispose d'un statut mixte et paradoxal de noble dans le peuple ou de membre du peuple à essence noble. La synthèse impossible, c'est bien un aristocrate anarchiste. L'auteur, loin de lisser le personnage, préfère en rester à une double appartenance non subsumée. C'est elle qui fait sens.

---

1 « Ces mectons devaient me prendre pour un aristo et ils me suivaient du coin de l'œil pour voir comment ça fonctionne, un aristo. » (*ibid.*, ch. II, empl. 1103).

2 *Ibid.*, ch. II, empl. 1288.

UN RECLASSEMENT TOUTEFOIS PARTIELLEMENT COMPRÉHENSIBLE

La société présentée par l'auteur dans ces deux romans (je solliciterai également un autre roman, où je peux identifier des propos reflétant l'opinion de mon père) repose sur une équation simple à trois termes qu'il est indispensable de rappeler pour mieux situer l'adoption du statut noble.

La population est subdivisée en deux catégories, les exploiteurs et les exploités. Mais il ne s'agit pas ici de la conception communiste, ni même à vrai dire anarchiste. Certes, les romans mettent en scène une bourgeoisie corrompue et avide, sans scrupules. Le percepteur de Gramat apprend ainsi à Cyriaque d'Halluin le moyen d'obtenir indûment des indemnités de l'État. L'aubergiste compte sa recette chaque semaine comme une avare et cache l'état de santé de son père, tuberculeux. Sa fille abandonne le héros pour épouser un riche cousin. Les riches bourgeois refusent de donner à ce professeur un salaire décent et l'humilient. De même, dans *Le Printemps*, les officiers sont les premiers à s'enfuir avec leur famille lors de l'arrivée des Allemands à Bourges. Mais les communistes à l'intérieur des camps de réfugiés espagnols en France ne font pas mieux : ils exploitent leurs compatriotes (telle est la situation que décrivent les lettres passées au crible par le Contrôle postal).

En face de ces dirigeants profiteurs, une masse informe, facile à tromper, qui adhère bêtement aux valeurs bourgeoises. Servantes, gens du peuple, hommes de troupe, tous sont prompts à la révolte et à la violence, mais se laissent finalement manipuler très facilement.

Reste un petit groupe marginal et hétérogène, celui des professeurs, étudiants, élèves pauvres, auxquels il faut adjoindre certains membres du clergé, ceux que leurs privilèges n'empêchent pas d'être cultivés et généreux (les deux protagonistes sont soutenus par un abbé). Il existe donc dans cette société un troisième terme, très minoritaire, des hors-castes intelligents et désintéressés. Ils constituent seulement un groupe intermédiaire, en partie en attente de la reconnaissance sociale de leurs mérites matérialisés par des diplômes.

Ce positionnement de l'intellectuel en marge de la société est assez proche de la conception de l'artiste… au XIXe siècle, ce que Pierre

Rosanvallon[1] décrit sous le nom d'« individualisme de distinction », posture élitiste des artistes après la chute de l'Ancien Régime. « Cet individualisme de distinction a mêlé au XIXe siècle l'esprit de la bohème romantique avec des relents de sentiments aristocratiques. Cette dernière dimension pouvait mener à une attitude ambiguë vis-à-vis de la démocratie. La haine du bourgeois conduisait à un rejet sans appel des régimes censitaires, mais la stigmatisation de la foule pouvait entraîner un scepticisme face au suffrage universel ou une attention de dandy à ne pas se mêler au vulgaire[2]. »

Le personnage du *Printemps des éclopés* est censé détester la bourgeoisie, dont il ne partage aucune valeur (son homologue dans *La Foire* ne supporte pas non plus le pouvoir de l'argent et refuse plus rigoureusement encore les compromissions). Mais il est également éloigné de la masse inculte, presque bestiale, ce qui peut sembler contradictoire avec son ancrage idéologique anarchiste (et avec celui de l'auteur). Il faut toutefois nuancer cette analyse.

Certes, ni l'auteur ni ses avatars n'adoptent une posture révolutionnaire. Cyriaque D'Halluin, qui n'est pas engagé, se crée une tour d'ivoire, les études de philologie romane. Quant à Édouard Fleury dans *Le Printemps*, il est clairement "désengagé". Alors que sa mère est censée avoir distribué des tracts pacifistes de l'anarchiste Lecoin à Roubaix, Édouard, loin d'adopter la position héroïque de ce Lecoin[3], condamné à la prison, se débarrasse du dernier tract qu'il a retrouvé dans ses affaires. Cohérent avec la situation du protagoniste au Contrôle postal, ce geste constitue en outre une rupture symbolique très nette très nette avec ce type d'engagement politique et avec la marginalité. Il va dans le sens d'un essai (d'un espoir) d'intégration sociale valorisante.

Mais il faut aussi tenir compte du fait que la position politique de Voltaire Deronne est plus complexe, dans la mesure où il a procédé à une révision personnelle de l'objectif anarchiste. L'auteur considérait en effet (je l'ai entendu énoncer cette affirmation) que pour être anarchiste il faudrait être parfait, ce qui, de fait, reportait *sine die* les chances d'établir ce système politique. Il a d'ailleurs attribué ces idées (sans

---

1 Pierre Rosanvallon, *La Société des égaux*, Paris, Seuil, « Les livres du nouveau monde », 2011, p. 306-308.

2 *Ibid.*, p. 307.

3 « Et ce Lecoin, j'avais pas du tout envie de l'imiter. » (Deronne, *Le Printemps*, ch. II empl. 1297).

doute influencées par la psychologie de Paul Diel, dont il était un fervent partisan) à un autre de ses avatars, nommé Georges Hyaut, dans le roman *Le squelette a été respecté*, de 1958 :

> [...] tant que l'âme humaine demeurerait soumise au dérèglement affectif, le monde devrait subir le joug des tyrans, quelque nom qu'on leur prêtât ; [...] un régime pouvait fonder les meilleurs institutions politiques et sociales, organiser au mieux la vie extérieure, si les hommes qui le dirigeaient n'accordaient pas la plus grande part à leur individualité spirituelle, le régime tomberait dans l'aveuglement et retournerait à la pourriture ; [...] il fallait donc éviter de se laisser entraîner dans des combats extérieurs qui ne pouvaient que détourner l'homme du seul vrai combat : celui de sa propre amélioration[1].

Souhaiter une reconnaissance sociale sans pouvoir trouver de classe à laquelle s'intégrer, tel est donc le problème. La noblesse constitue un solution par défaut, imparfaite et politiquement paradoxale à ce problème.

Pourquoi la noblesse a-t-elle semblé disponible pour ce "reclassement" ? Parce que c'est une classe fantôme issue de la société d'Ancien Régime, et sans statut officiel en république : la noblesse n'existe plus.

De façon générale, il y a en effet collusion entre noblesse et bourgeoisie aisée, conformément aux études (telle celle de Monique de Saint Martin[2]) qui montrent leur fusion accélérée au XXe siècle. Ainsi, avocat et industriel du textile sont clairement sur un pied d'égalité par rapport au baron Le Garulec[3] :

> Bernard ajouta avec une profonde révérence :
>
> – Enfin, je rends grâces à la noblesse de sang, notre cher baron Le Garulec, à la noblesse de robe, notre cher maître Crujet du barreau de Paris, et au bon bourgeois Matton, fin connaisseur en kapok, cardé, bourre, et autres crins. Les trois éminences de notre corps d'élite ont eu la délicate attention de réserver leur pécule à nous permettre d'apprécier la valeur énergétique des bons vins de Mme Bédaille[4].

---

1 Ce passage figure dans le chapitre VII de ce roman inédit dont la publication est prévue en 2015.

2 Monique de Saint Martin, « L'espace de l'aristocratie en France : désagrégation et recomposition(s) », p. 65-80 *in* Didier Lancien et Monique de Saint Martin (dir.), *Anciennes et nouvelles aristocraties de 1880 à nos jours*, Paris, Éditions de la Maison des Sciences de l'Homme, 2007, p. 77.

3 Il est utile de préciser que les traits du « modèle » réel du baron (M. Ledivelec, dont j'ai pu contacter le fils) ont été fortement modifiés afin de donner de la noblesse une image très dégradée. L'auteur ne lui attribue plus de nom de famille dans *Le Printemps*.

4 Deronne, *La Foire*, ch. I [1946] vol. 1, p. 27 ; [2012] empl. 506.

Ce « baron », représentant de la noblesse dans ces deux romans, n'a pas une posture politique originale. Il est conservateur et admire le maréchal, mais n'adhère pas à son coup d'État, ce qui ne l'empêche pas d'apprécier le succès de Franco contre le communisme et l'anarchisme.

Les nobles ne tiennent d'ailleurs plus leur rang : la description de la noblesse se révèle conforme aux opinions politiques de l'auteur, soit à une position républicaine radicale.

Les nobles sont présentés comme "dégénérés". Les descendants ne sont plus à la hauteur, n'ont plus la valeur de leurs illustres ancêtres. Leur courage a disparu, leur foi est devenue simple superstition, leur respect du mariage est très relatif (le baron a pour « quartier général » le bar le « Quatre-fesses » dans *La Foire*) et leur culture n'est plus que superficielle.

Ainsi, le baron du *Printemps* est le plus craintif de tous les passagers lors du trajet en camion de Bourges à Gramat et ne prononce des prières que dans de telles occasions : « à chaque crissement des ripants et des roues dans les virages, le baron avait des poussées de religion tellement qu'il avait peur de se viander. Ses murmures d'imploration, on les entendait malgré le boucan du gros cul[1]... »

Il contrevient ainsi aux principes bien connus de l'éducation noble, tels que les décrit Éric Mension-Rigau[2], à savoir la recherche de la « distinction », l'importance de la « tenue et du maintien », de la « réserve » et de la « maîtrise de soi ».

Il ne leur reste plus que l'apparence et la morgue. La femme et les enfants du baron sont, de ce point de vue, décrits avec une grande férocité :

> Cette punaise-là faisait plutôt penser à un tas de ferraille travaillée en sculpture moderne et, en la voyant, la première impression de tout le monde, ce fut que, pour le baron, s'enfoncer une gonzesse pareille, c'était pas de la tarte. Et avec ça une dégueulasse de première par sa prétention... Fallait la voir faire sa merde avec ses grands airs !
>
> Elle s'était pointée avec ses deux mignards merdeux qui n'avaient pas plus de six ou sept ans et qui, alors qu'ils vouvoyaient leurs dabs, comme on fait dans la haute[3], s'étaient mis illico [...] à tutoyer tous les trouffions, les jeunes

1 Deronne, *Le Printemps des éclopés*, *op. cit.*, ch. VIII, empl. 3730.

2 Mension-Rigau, *Aristocrates et grands bourgeois*, *op. cit.*, respectivement p. 219, 273, 274 et 276.

3 Pour l'importance du vouvoiement (ou voussoiement), voir de nouveau Mension-Rigau, *Aristocrates et grands bourgeois*, *op. cit.*, p. 298 *et sq.*. Je me dois de signaler à ce propos, à

> et les vieux, pareil que les femmes de service à l'auberge et jusqu'à la mère de Mariannou... Ça mettait tout le monde en pétard[1].

Il ne reste du statut de noble qu'une éducation formelle, une politesse devenue pédantisme et un mépris certain (non partagé par le baron lui-même) pour tous les sans-grades.

L'ancienne noblesse sert stratégiquement de repoussoir pour rabaisser les nobles du XXe siècle, qui ont perdu les qualités de leurs ancêtres :

> Comme de juste, le baron, c'était de ses ancêtres qu'il nous en mettait plein les écoutilles... Fameux, le corsaire breton qui avait enrichi le raisiné de sa famille... À la redresse comme pas un dans sa guerre contre les Angliches... Vrai, un mec qui en avait ! Et le baron insistait là-dessus comme si son propre culbutant avait bénéficié d'un surplus qu'il lui aurait laissé[2]...

La noblesse ne se voit reconnaître que la possession d'ancêtres de valeur (dans ce cas, le baron Surcouf), sans autre héritage réel que le nom. Si Cyriaque d'Halluin, dans *La Foire*, n'évoque jamais ses origines, on a vu, en revanche, qu'Édouard Fleury de Wasquehal entrait dans le jeu en ajoutant à son nom une « geste familiale[3] », revendiquant à demi-mot une origine très ancienne et des liens, excusez du peu, avec un vice-roi d'Amérique[4]. Façon, sans aucun doute, de se situer symboliquement loin au-dessus du « baron ».

Enfin, personne n'a repris le flambeau de la noblesse. Leurs imitateurs sont pitoyables. Par une nouvelle pirouette, l'usurpation de la noblesse est en effet dénoncée, dénonciation qui est cohérente avec le dégoût de l'auteur et de ses avatars pour les parvenus, sentiment qu'il partage d'ailleurs avec les nobles, comme le souligne encore Éric Mension-Rigau[5].

---

toutes fins utiles, que mon père, qui tutoyait son épouse, a toujours vouvoyé ses trois enfants, pour des raisons assez opaques.

1 Deronne, *Le Printemps des éclopés*, *op. cit.*, ch. XI, empl. 4861.

2 *Ibid.*, ch. IV, empl. 1920.

3 Éric Mension-Rigau et Bruno Dumons, « Conserver l'identité nobiliaire dans la France contemporaine », p. 221-243 *in* Lancien et Saint Martin (dir.), *Anciennes et nouvelles aristocraties de 1880 à nos jours*, *op. cit.* (p. 225).

4 Cette revendication imaginaire est fondée partiellement sur des données historiques réelles, deux seigneurs de Croix au service des Espagnols ayant effectivement été vice-rois (l'un du Mexique, l'autre du Pérou) au XVIIIe siècle. L'auteur a habité à Croix de 1946 à sa mort.

5 Mension-Rigau, *Aristocrates et grands bourgeois*, *op. cit.*, p. 440-444.

Dans *La Foire*, ce thème donne naissance, entre autres, à ce passage burlesque concernant Jean, le fils de l'aubergiste :

> C'était le bristol de Jean qui, depuis son anoblissement par Roumégouze[1], répandait partout, entre deux permissions, des échantillons d'un style Grand Siècle. On y lisait, en lettres gothiques : « Jean de BEDAILLE » et dessous, manuscrit : « prie sa mère de bien vouloir joindre de la saucisse sèche à son prochain colis[2]. »

Mais la dénonciation (dans le Portrait morpho-psychologique de Maxence Van der Meersch) de la particule que s'est octroyée l'écrivain en scindant son nom réel, « Vandermeersch », est plus choquante. Pourquoi la pratique de l'auteur (surtout à travers ses avatars) serait-elle condamnable chez le grand romancier du Nord, prix Goncourt en 1936 ?

Aristocrate né, Maxence Van der Meersch aurait voulu l'être dans les deux sens du mot. Le choix de son pseudonyme en est une preuve. Obsédé par le besoin d'être une exception en toutes choses, ou tout au moins une exception relative, au lieu de se choisir un nom quelconque dans un atlas géographique, il a préféré donner à son propre nom l'apparence de la noblesse qui lui manquait[3].

L'auteur qualifie ensuite Van der Meersch de « véritable hobereau jaloux de ses privilèges de caste ». Le reproche vise de nouveau le bourgeois aux prétentions nobles qui ne sait pas se montrer digne de son titre usurpé, se montrer "grand seigneur", en quelque sorte.

Robert Reus prend donc soin de distinguer "sa" noblesse (et celle de ses avatars) d'autres postures moins légitimes à ses yeux. Ne peut emprunter un nom noble que celui dont les qualités sont indéniables.

---

1 La noblesse ancienne des Bédaille est présentée comme réelle : « Roumegouze [un voisin] lui avait révélé sa descendance des seigneurs de Bédaille, sur la foi des archives de Périgueux » (ch. IV [1946] vol. 1, p. 146; [2012] empl. 2413), mais elle est aussi mise en doute (« Jean, entiché de ses ancêtres supposés », ch. VII [1946] vol. 2, p. 55 ; [2012] empl. 4010), c'est-à-dire symboliquement refusée par l'auteur à ce fils d'aubergiste prétentieux et stupide.

2 Deronne, *La Foire*, *op. cit.*, ch. VI [1946] vol. 2, p. 26-27 ; [2012] empl. 3523.

3 Robert Reus, *Portrait morpho-psychologique de Maxence Van der Meersch*, Aurillac, Pierre Clairac, 1952, p. 309-310.

LA NOBLESSE COMME QUALITÉ

Cet ancrage social un peu problématique et contradictoire dans la noblesse est associé à certaines valeurs.

La noblesse du cœur, la générosité, un aspect chevaleresque, si l'on veut, qui inclut la courtoisie, le respect de la dignité d'autrui, voilà un premier élément de cette noblesse morale. La défense de la veuve et de l'orphelin. Cyriaque est le seul à soutenir Jacqueline, enceinte de Jean, fils de l'aubergiste, puis mère célibataire d'une petite fille, que l'aubergiste rejette, la croyant pauvre et intéressée. Il a également de la compassion pour Mme Duboquet, veuve spoliée par Mme Bédaille. Même si son appui n'est pas très efficace, il est du côté des faibles. Plus qu'à Zorro, qu'Édouard Fleury (d'une moralité moins nette) avoue admirer depuis toujours au début du *Printemps*, il ressemble en cela au hobereau Don Quichotte, que l'auteur associe à l'image de son père et à la sienne propre dans *Le Portrait* :

> C'est le héros de roman qui m'est le plus cher, non seulement parce qu'il fut à la base de mes études hispaniques, mais parce qu'il répond à mon tempérament et que mon père en était un autre dont je vénère la mémoire et jusqu'aux excès. Nous, les idéalistes et les intellectualistes, ne sommes-nous pas tous un peu des Don Quichotte[1] ?

Deux modèles nobles très particuliers, en tout cas, issus de (ou ayant rejoint) la culture populaire.

À cette dimension morale s'ajoute une dimension essentielle, la dimension intellectuelle et culturelle. Vraisemblablement présente dans les appellations des avatars de l'auteur, elle est plus prégnante encore que l'ancrage dans la noblesse dans *La Foire*. Dans *Le Printemps*, elle se réduit à deux éléments intéressants. Le premier, c'est que la maîtrise de la langue espagnole n'est plus clairement attribuée à des études universitaires : la passion pour une Espagnole mène Édouard à approfondir en autodidacte cette langue devenue chère. Le second, c'est que l'abbé Guillommet lit à Édouard, à tout moment, pour lui faire plaisir, des lettres de Madame de Sévigné, qui, de ce fait, est fréquemment citée dans

1 *Ibid.*, p. 201.

le roman. L'auteur manifeste ses affinités avec la langue classique (qu'il s'était par ailleurs amusé à pasticher dans *L'Épidème*) en se choisissant un nouveau modèle noble, une marquise devenue écrivain célèbre. Rêve d'une société où les écrivains auraient les moyens de s'adonner à leur art ?

Faut-il donc voir dans Robert Reus simplement un écrivain issu d'un milieu anarchiste attiré par des privilèges comparables à ceux de l'ancienne noblesse ? Un égalitariste revendiquant un élitisme intellectuel ? Un essai d'analyse psychologique peut, il me semble, apporter un éclairage complémentaire sur ces contradictions apparentes.

CONCLUSION
Essai d'interprétation psychologique

L'écrivain pauvre issu du milieu ouvrier a de l'ambition sociale, c'est naturel. Mais dans les années Quarante, encore plus qu'aujourd'hui, il a des raisons de se sentir marginal ou "décalé". Comme les marginaux en phase de réinsertion sociale, et selon une pente inverse à celle des nobles ruinés et déclassés, il vit une « crise d'identité[1] ». Le romancier âgé qui n'a pas percé et qui continue à empiler des manuscrits n'est pas plus à l'aise quant à sa condition sociale. Ce sujet, au croisement de la sociologie et de la psychanalyse, a été abordé, notamment dans *La Névrose de classe* (1987), par Vincent de Gaulejac. Cet auteur inspirera cette dernière analyse, qui distinguera le roman de "jeunesse" (1946) de sa réécriture tardive (1980-1985). Quoique dans un cadre narratif voisin, il y a bien deux revendications symboliques de "noblesse", nécessairement très différentes sur le plan psychologique car espacées de trente-cinq ans.

La Foire peut être analysée comme l'expression de la crise d'identité d'un homme jeune sans réelle position sociale visant à travers un premier roman l'accession à une carrière littéraire (transposée pour Cyriaque D'Halluin en espoir d'une carrière universitaire). Tout homme essayant de se promouvoir socialement est un « homme divisé entre un monde auquel il n'appartient plus et un monde auquel il aspire tout en le

1 Serge Paugam, *La Disqualification sociale* [1991], Paris, Presses universitaires de France, « Quadrige », 2013, p. 130-133.

rejetant », situation instable et périlleuse qui peut même parfois, selon Gaulejac, mener à une névrose. « Les personnes qui changent de classe sociale ou de culture et dont l'une est dominante par rapport à l'autre » sont « divisés de l'intérieur par des référents contradictoires[1] », « traversés par des appartenances multiples[2] ».

D'Halluin, ne voulant plus assumer son statut d'ouvrier et ne pouvant pas encore accéder à un statut plus élevé, se réfugie dans une profession "intermédiaire", intellectuelle mais sans statut social important, le professorat privé. Mais cette situation n'est pas satisfaisante en elle-même : il ressent physiquement et psychologiquement un mal-être qui s'exprime par son extrême fatigue en hiver (quand il se rend à pied chez ses élèves dans une course sans fin), par des problèmes constants de digestion (mal résorbés par une « ignoble ceinture[3] » hypogastrique : *ignoble* est étymologiquement le contraire de *noble*) et finalement, quand on le rejette, par une jalousie qui le rendra fou et le tuera. Cette faiblesse du protagoniste peut être liée, selon Gaulejac[4], au sentiment d'avoir trahi sa classe d'origine, ici représentée par une mère courageuse et méritante. L'auteur va jusqu'au déni de son mode de vie antérieur : les compétences professionnelles qu'il devait avoir (il a pratiqué, on l'a dit, divers métiers manuels) sont déniées à D'Halluin, qui se montre totalement incapable de supporter quelques heures de travail de terrassement[5] et qui, significativement, « refusait la pioche[6]. »

Dans sa situation, il devrait, par un double mouvement d'« identification » à sa nouvelle classe et de « désidentification » à son milieu d'origine[7], s'associer aux autres membres du groupe d'élite du Contrôle postal et se désolidariser de ses origines et de la classe populaire. Si l'auteur lui attribue effectivement un nom à consonance nobiliaire et si finalement le personnage laisse les autres prendre ce nom au sérieux, en revanche, D'Halluin ne fait aucun effort pour s'intégrer parmi les personnalités

1 Vincent de Gaujelac, *L'Histoire en héritage : roman familial et trajectoire sociale* [1999], Paris, Payot et Rivages, « Petite Bibliothèque Payot », 2012, p. 15.

2 Vincent de Gaujelac, *La Névrose de classe : trajectoire sociale et conflits d'identité*, Paris, Hommes et groupes, 1987, p. 17.

3 Deronne, *La Foire*, *op. cit.*, ch. I [1946] vol. 1, p. 22 ; [2012] empl. 427. Cet élément est autobiographique. Mon père a porté cette ceinture jusqu'à un âge avancé.

4 Gaujelac, *La Névrose de classe…*, *op. cit.*, p. 113.

5 Deronne, *La Foire*, *op. cit.*, ch. III [1946] vol. 1, p. 82-88 ; [2012] empl. 418.

6 *Ibid.*, ch. III [1946] vol. 1, p. 80 ; [2012] empl. 1343.

7 Gaujelac, *La Névrose de classe…*, *op. cit.*, p. 79.

éminentes du Contrôle postal : il se marginalise en se réfugiant dans des études linguistiques. Moyen de revendiquer l'appartenance à une élite (intellectuelle), mais sans se compromettre avec les nantis. Une « identification » pour le moins hésitante, donc. De même, sa « désidentification » n'est que partielle. D'Halluin continue en effet à s'identifier aux déshérités : une veuve maltraitée et spoliée, une jeune élève pauvre qui veut passer son brevet supérieur, un jeune étudiant (son concurrent pourtant). Réciproquement, un « vieil ouvrier[1] » lui montre sa solidarité. Symbole très fort, la jeune mère célibataire Jacqueline sera la seule à assister à l'enterrement de D'Halluin.

Mais il est vrai qu'il se désidentifie par ailleurs de son milieu d'origine en n'envisageant jamais d'abandonner le professorat pour des activités plus rémunératrices en tant qu'ouvrier ou artisan. Il ne révèle d'ailleurs pas cette origine ouvrière. Et surtout, il renie sa famille, au prix d'une forte culpabilité envers « son ignorante de mère[2] », seule dans le Nord, dont les allocations se trouvent supprimées de sa faute à lui, alors qu'elle l'avait toujours soutenu (notamment pour régler ses inscriptions à l'Université). Ce sacrifice est symbolisé par la perte d'un doigt en travaillant sur une machine (amputation qui devrait intéresser les psychanalystes). Quant au père, dont l'image est si forte (on le voit dans le *Portrait*), il a tout bonnement disparu : il n'est pas évoqué du tout par l'auteur. Négation du modèle principal, doublée symboliquement par la mention d'une « lourde hérédité[3] » familiale (de déséquilibre mental, pour expliquer la jalousie morbide). « Rupture d'identification[4] » totale, donc, de ce côté.

Le "conflit intérieur" de D'Halluin se résout négativement par la découverte de son "secret" (son origine). On lui fait perdre tous ses élèves, il retourne dans le Nord et dans son milieu. Il en meurt.

La noblesse (de fait ici le nom à particule et le prénom choisi) joue, ici, classiquement, le rôle d'une origine fantasmatique, qui justifie son rejet de la foule (en fait un symptôme du rejet de son milieu, selon Gaulejac[5]) et signale sa noblesse de cœur (qui se confond en fait, on l'a vu, avec la solidarité envers d'autres déshérités) et son intelligence. Une

1 Deronne, *La Foire*, *op. cit.*, ch. III [1946] vol. 1, p. 85 ; [2012] empl. 1413.

2 *Ibid.*, ch. I [1946] vol. 1, p. 22 ; [2012] empl. 418.

3 *Ibid.*, ch. X [1946] vol. 2, p. 148 ; [2012] empl. 5497. Cette information est attribuée au médecin qui soigne Cyriaque dans ce dernier chapitre.

4 Gaujelac, *La Névrose de classe...*, *op. cit.*, p. 87.

5 *Ibid.*, p. 113.

façon de "naturaliser" les qualités du protagoniste pour éviter qu'on se penche sur son origine réelle. Mais il faut avouer que le thème n'est pas encore prégnant. Ce sont les qualités intellectuelles qui priment (ses recherches philologiques) et les "titres" qu'on lui reconnaît sont ses diplômes universitaires. D'ailleurs, la protection apportée par ce statut imaginaire s'effondre, et le roman se termine par un échec total, social, amoureux et même intellectuel, puisque le résultat de ses recherches est "accidentellement" brûlé par Mme Bédaille. Comment ne pas y lire, après l'affirmation hésitante de ses ambitions, la crainte de l'absence de promotion sociale ?

Trente-cinq ans plus tard, l'auteur remet l'ouvrage sur le métier. La brève carrière de l'écrivain (1946-1952 pour les publications) est bien loin, l'auteur a 71 ans et n'a pas réussi à faire publier d'autre œuvre. Une quinzaine de romans sont en souffrance. On pourrait donc s'attendre, avec le *Printemps des éclopés*, à la vision pessimiste rétrospective d'un écrivain qui ne croit plus à son destin (même si, de fait, il écrira jusqu'au bout, jusqu'à sa mort à 79 ans[1]). Il n'en est rien parce qu'un autre mécanisme psychologique se déclenche. L'auteur écrit une nouvelle version de sa vie, réécrit son "roman familial".

L'auteur vieilli assume désormais son statut hybride d'écrivain d'origine populaire et ouvrière, que l'emploi d'un français non conventionnel met en lumière. Le protagoniste avoue avoir pratiqué de nombreux métiers pour subsister et est fier de son origine illustrée par la personnalité cette fois très forte et protectrice de sa mère, laquelle semble concentrer les caractéristiques à la fois de la mère et du père[2] de l'auteur : militante anarchiste, elle est très engagée (distribue des tracts, organise des réunions…). Le héros, qui est cette fois narrateur, se situe *explicitement* dans le même positionnement politique, contrairement à D'Halluin. Bref, la désidentification n'est plus jugée utile.

Quant à la peur (dont on a évoqué la fonction dramatique), quoique sentiment sans doute authentique dans la situation exceptionnelle de la France en 1940, il faut la réinterpréter dans ce roman de 1980. Cette peur n'est plus la crainte d'être rejeté, du fait de ses origines, du milieu

1 En 1985, l'auteur a fait une nouvelle tentative pour sauver *Le Printemps des éclopés*, en acceptant de le réécrire pour en atténuer la violence, ce qui prouve son attachement à ce roman qui prend du coup un peu une dimension testamentaire.

2 Le père lui-même est toujours absent : l'auteur l'a éliminé en le faisant mourir à Verdun.

privilégié du Contrôle postal. Cette peur située dans le passé est une traduction de la déception du présent. Non plus « crainte de retomber[1] », mais aveu de défaite, indice d'une chute annoncée.

D'un autre côté, cependant, *Le Printemps* est moins "négatif" que *La Foire*. La fin du roman n'est plus dramatique : le protagoniste se retrouve dans sa situation initiale. Le héros n'a pas pu progresser socialement, mais au moins il a échappé à tous les dangers et a rejoint son milieu d'origine, dans le Nord. Une survie, presque un succès, qui pourrait en laisser présager d'autres... Une fin ouverte, donc, comme si l'auteur gardait l'espoir de voir un jour son talent à nouveau reconnu malgré son âge avancé et ses problèmes de santé, comme si il disposait encore de la jeunesse et de l'avenir.

C'est dans ce cadre qu'intervient la revendication de la noblesse, bien plus présente, plus explicite et plus poussée (avec la mention on l'a vu, de la fréquentation d'un vice-roi du Mexique par les ancêtres du héros) : une façon de revendiquer, de réaffirmer des qualités, une confiance dans son talent, *malgré tout*. Si Édouard Fleury de Wasquehal n'a pas de noblesse d'esprit (tout au plus un goût sans concessions pour la vérité, conforme à la réalité), s'il n'est même pas un intellectuel (ni étudiant, ni enseignant), cet avatar jeune de l'auteur possède une énergie et un dynamisme importants. À vrai dire, c'est par une sexualité assez débridée que se manifestent cette liberté et ce goût de la vie. Le contraire de l'ascétisme de l'hypocondriaque Cyriaque, en somme.

À l'approche de la fin de sa vie, l'auteur, sans évoquer précisément des qualités ni des activités intellectuelles en raison de son échec, essaie de ressouder les éléments de son histoire personnelle. Écartelé entre deux mondes, il avait publié trois livres, s'était présenté à plusieurs prix littéraires (Goncourt, Renaudot, Femina ; *La Foire* avait été sélectionnée pour le prix Cazes) et avait espéré la gloire. L'échec financier du *Portrait* (1952) et les graves inimitiés qu'il lui a valu l'ont au contraire contraint à rester employé à la Sécurité Sociale et à se livrer à des travaux de traduction pour compléter ses revenus, au détriment total de l'écriture pendant plus de dix ans. Il essaie *a posteriori* de réenvisager son statut hybride, de le repenser. Une version fantasmatique en est donnée : malgré ses qualités (sa "noblesse"), la synthèse entre son positionnement idéologique et social et la carrière de privilégié qu'il visait était impossible. Comment

1 Gaujelac, *L'Histoire en héritage*, *op. cit.*, p. 109.

être anarchiste et vouloir la reconnaissance sociale de ses mérites sans pouvoir changer la société ?

Dans cette réécriture, le personnage est sur le fil du rasoir : il possède des qualités qui auraient dû, auraient pu (et pourraient encore ?) assurer son succès. Malgré tout, pas d'aveu d'échec définitif. Les conditions défavorables de ses débuts sont, dans ce roman, assumées, réappropriées explicitement, revendiquées par l'auteur et *en même temps* compensées, équilibrées, symboliquement remplacées par une noblesse imaginaire signifiant les qualités du personnage et de l'auteur. Comme si cette origine imaginaire, remplaçant ses parents, avait pu changer la donne en lui accordant un rang qu'il aurait "suffi" de conserver, d'illustrer.

La noblesse n'est pas ici refusée au nom d'opinions politiques opposées, comme dans « Le petit joueur de flûtiau » (1964) de Brassens : l'auteur se l'attribue symboliquement pour réaffirmer ses qualités et son espoir initial. C'est un plaidoyer *pro domo*. J'avais tout en mains, j'aurais dû être reconnu, j'aurais dû être vice-roi (le roi des écrivains du Nord étant Van der Meersch), j'ai failli réussir. Cela a grippé, mais je n'étais pas loin. Façon pour l'auteur de conjurer le destin et peut-être de reprendre courage pour les dix années qui lui restaient à vivre ? Manière d'exorcisme, en tout cas, et « libération[1] » apportée par l'écriture.

Emmanuel DERONNE
Université de Lorraine

1 Exergue du *Printemps des éclopés*, version tapuscrite de 1980, reproduit dans l'édition KDP.

« TOUT CELA EST SI NOBLE QUE J'EN CRÈVE », ALBERT COHEN

> La noblesse est prestigieuse. Le plus égalitariste des hommes, s'il n'en veut convenir, subit ce prestige et s'y soumet. Deux attitudes en face d'elle sont possibles : l'humilité ou l'arrogance, qui, l'une et l'autre, sont la reconnaissance explicite de son pouvoir[1].

« Les prises de la Bastille y étant toujours sans lendemain, le domaine littéraire français, le plus poussiéreux du monde, en dépit de sa réputation, est resté monarchique[2]. » Cette affirmation provient de l'une des biographies consacrées à Albert Cohen. Très justement intitulée *Albert Cohen, le seigneur*, elle a pour auteur Gérard Valbert, qui fut l'ami et le confident de l'écrivain. Comment comprendre cependant l'attraction envers l'imaginaire aristocratique de la part d'un auteur qui s'affirme juif et qui est unanimement reconnu comme le plus grand représentant d'une littérature juive en langue française ?

Robe de chambre rouge et élégante du grand personnage qui reçoit à domicile, détail subtil de la pochette blanche qui tranche sur le rouge, chapelet de santal à la main parfois délaissé au profit d'une cigarette, monocle intermittent pour lire quelques vers de Pagnol ou quelques pages personnelles. À la fin de l'année 1977, l'*Apostrophes* de Bernard

1 Conventions : Les références aux ouvrages de Cohen seront données entre parenthèses, selon le système de conventions suivant : *BS*, *Belle du Seigneur* (Paris, Gallimard, 1968) ; *C*, *Carnets 1978* (Paris, Gallimard, 1979) ; *Ch*, *Churchill d'Angleterre*, in *Écrits d'Angleterre* (Paris, Belles Lettres, 2002) ; *FH*, *Ô vous, frères humains* (Paris, Gallimard, 1972) ; *MC*, *Mort de Charlot* (Paris, Belles Lettres, 2003). – Jean Genet, *Notre-Dame-des-Fleurs* [1948], Paris, Gallimard, « Folio », 1976, p. 214.

2 Gérard Valbert, *Albert Cohen, le seigneur*, Paris, Grasset, 1990, p. 84.

Pivot montre l'écrivain en majesté que fut Albert Cohen[1]. La posture d'écrivain est sans conteste celle d'un aristocrate ; et ses textes littéraires de confirmer l'attrait pour la noblesse. Depuis les premières œuvres parues en revue jusqu'aux grands romans, en passant par les écrits autobiographiques, outre les nombreux personnages d'aristocrates, l'adjectif *noble* est l'un des plus fréquents sous la plume de l'écrivain et se décline selon la gamme du champ lexical de l'aristocratie.

Pan de l'imaginaire cohénien d'une grande complexité, la noblesse forme une constellation dont il est difficile de lire les formes, entre le désir insatiable, le regret douloureux et le triomphe modeste. La force de tension qui anime ce pan de l'imaginaire est maximale, parce que la noblesse s'infiltre à tous les niveaux de la fiction comme de la réalité. Le poids de cette noblesse qui contamine toutes les actions humaines fait conclure à l'auteur, au début de son dernier livre : « Tout cela est si noble que j'en crève. » (*C*, 13-14) ; formule pour le moins ambiguë, qu'il convient de déplier dans toutes ses virtualités.

L'ÉCRIVAIN EN MAJESTÉ : DE LA POSTURE ARISTOCRATIQUE

« Les noblesses sont *essentialistes*. » C'est ce que rappelle Pierre Bourdieu dans *La Distinction*[2]. Albert Cohen est-il né noble ? Cette question pourrait paraître absurde si les informations biographiques n'étaient relativement ambiguës à cet égard. Certes, il n'y a pas de noblesse juive, sinon celle du peuple tout entier, distingué par Dieu lui-même, ou celle de quelques grands personnages ayant de leur empreinte marqué l'Histoire. L'on sait que les juifs ont parfois été anoblis, du fait des fonctions qu'ils occupaient auprès d'aristocrates européens et de leurs responsabilités et habiletés financières ou juridiques.

---

1 À propos de la robe de chambre, sur laquelle je reviendrai ultérieurement, Pivot et Cohen évoquent ensemble l'illustre précédent que constitue Balzac, ce qui ne manque pas d'être significatif (voir *Apostrophes*, « Albert Cohen », entretien du 23 décembre 1977, Paris, Gallimard-INA, 1 DVD, « Les grands entretiens de Bernard Pivot », 2004).

2 Pierre Bourdieu, *La Distinction : critique sociale du jugement*, Paris, Minuit, « Le sens commun », 1979, p. 23. Bourdieu souligne.

Si le nom même d'Albert Cohen ne recèle aucune particule nobiliaire (au contraire de son homonyme, Albert Cohen de Vinkenhoef, auteur de *La Noblesse de France. Histoire, mœurs, institutions* (1855), dont il n'est pas possible de savoir si le Cohen du XXe siècle avait eu vent et/ou lu le texte), plusieurs légendes planent sur ses origines familiales. D'une part, le nom même de Cohen possède une aura toute particulière au sein de la religion juive : les Cohen sont prêtres et ont le don de bénédiction ; l'écrivain ne s'est pas privé d'apprendre à qui voulait l'entendre qu'il a plusieurs fois béni Marcel Pagnol au temps de leur enfance. D'autre part, outre la condition de notables de Corfou, la famille Cohen peut s'enorgueillir d'avoir eu des ancêtres assimilés à la noblesse, fût-ce seulement par association malicieuse. « On sait que l'arrière-grand-père d'Albert Cohen n'était autre que le très renommé Jacob Israël, "il conte Della Placa", l'homme qui, au début du XIXe siècle, amena la prospérité dans l'île[1]. » Valbert poursuit quelques pages plus loin : « Albert Cohen [...] est encore un "conte Della Placa". En vérité, ce titre de noblesse, qui désignait la famille aux habitants de Corfou, n'est qu'un surnom. "La Placa", c'est le savon, la savonnette. On aurait tort de sourire, l'hygiène est une vertu[2]. »

Plus qu'une histoire de famille, l'anecdote est élevée au rang de légende, par Cohen lui-même pour commencer. De la même façon, il valorisera, à plusieurs reprises, l'expérience de l'unique retour dans l'île grecque, à l'occasion de sa bar-mitsva. S'y est déroulée une véritable rencontre, entre l'enfant et son grand-père, qui fécondera une bonne part de l'imaginaire littéraire du futur écrivain. Outre les épisodes qui seront semble-t-il intégrés aux pérégrinations des Valeureux, que Cohen pêche au fil des récits de son aïeul, celui-ci lui apprend que son ascendance le distingue du commun des mortels. « À son retour de Corfou, le garçon sait qu'il est né prince. Cette noble ascendance [...] fortifie l'âme et ses mystères, ne tolère pas le doute. Ce qu'Alberto va tenir de son grand-père c'est cette suprême aristocratie du juge qui rappelle aux humains leur égalité devant la mort[3]. » Est-il question de la position sociale particulièrement favorable de la famille au sein de la communauté insulaire ? Ou bien y

1 Valbert, *Albert Cohen, le seigneur*, *op. cit.*, p. 25.

2 *Ibid.*, p. 29. Valbert fait allusion à l'entreprise qui fabriquait du savon, à l'origine de la fortune familiale qui périclite au moment de la naissance du futur écrivain.

3 *Ibid.*, p. 63.

a-t-il là une référence à la lignée Cohen ? Ou bien encore doit-on croire à un ancrage nobiliaire de la famille dans l'Histoire européenne ? Nul besoin de retracer avec certitude la généalogie de la famille Cohen pour s'assurer du poids qu'auront pesé, dans l'imaginaire de l'enfant, de telles révélations. Albert Cohen, dès la fin de l'enfance, se sent noble. Il se verra d'ailleurs encouragé dans cette voie par l'une des ses premières maîtresses, elle-même comtesse hongroise[1]. L'exercice de la littérature, activité noble s'il en est[2], lui conférera une aura qui lui apporte plus de succès féminins encore que son héros, Solal.

Dans un premier temps, Cohen a très peu joué le jeu des médias. Par contraste, à la fin de sa vie, il s'est plu à pérenniser une image de lui qui avait été oubliée dans les longs intervalles entre ses différentes publications. L'ordre de détruire les manuscrits et les inédits après sa mort confortera la posture aristocratique cohénienne, en ceci qu'il fait par avance fuir les vautours qui rendraient commun ce qui doit être la marque du génie propre. L'écrivain joue sur tous les tableaux du prestige des codes de la noblesse. Albert Cohen recompose sa propre aristocratie tout comme il composait dans sa chambre d'enfant son propre autel à la France, en réponse à l'antisémitisme dont il avait été victime : Solal des Solal le « *Seigneur* », Mangeclous le « *Bey des Menteurs* » et le « *Prince des Vents* », Adrienne de Valdonne, Aude de Maussane, Agrippa, Valérie et Ariane d'Auble, Isolde, comtesse Kanyo, Jacques de Nons, Lady Cheyne, Lord Robert Cecil, les Rampal de « vieille noblesse française » (*BS*, 228), ou encore le passeport au nom de Gaston de Montmorency présenté comme « traduction de Jérémie Israël[3] » dans *Ézéchiel*, etc. Ainsi sa posture se voit-elle renforcée lorsque, dans des ouvrages de nature plus autobiographique comme *Le Livre de ma mère*, *Ô vous, frères humains*

1 C'est du moins ce dont Gérard Valbert témoigne, ayant récolté l'information de la bouche même de l'écrivain (*ibid.*, p. 117).

2 De la même façon, Cohen se montre parfois extrêmement dur envers des écrivains que, par ailleurs et par contraste, il admire. Proust est ainsi raillé vertement parce qu'il minaude du côté de la comtesse de Noailles (opinion que l'écrivain prête également à Ariane : « Proust c'est vraiment bien mais quel affreux snobinet ses flatteries hystériques à la Noailles et puis ravi charmé par des prénoms aristos genre Oriane Basin Palamède respectueux de ces prénoms il les suce il les lèche. » – *BS*, 679), attitude que Cohen juge indigne d'un écrivain de génie. La critique est la même pour les poètes de cour comme Racine ou Corneille, au même titre que Flaubert est déclassé de par son empêtrement dans les affaires de la bourgeoisie (la sienne propre ou celle de ses personnages).

3 Albert Cohen, *Ézéchiel*, Paris, Gallimard, « Le Manteau d'Arlequin », 1956, p. 28.

ou les *Carnets 1978*, il présente deux versants de la noblesse à travers les figures de son père et de sa mère : le premier, qui réduit son entourage à des vassaux, et la seconde, qui rayonne par ses qualités morales. Dans les deux cas, les titres de la plus haute aristocratie les désignent : reine, monarque, etc. L'on ne peut cependant s'en tenir à un usage manichéen du concept de noblesse chez Cohen.

LA COMÉDIE DE LA NOBLESSE : LES ARISTOCRATES SANS FOI NI LOI

Si l'on se penche sur *Belle du Seigneur*, roman phare de l'écrivain, l'architecture de l'aristocratie cohénienne se dévoile sous toutes ses facettes. Ariane Cassandre Corisande d'Auble, nièce du vénérable Agrippa d'Auble, issue de la vieille noblesse genevoise, s'est en quelque sorte mésalliée en épousant Adrien Deume, fils de riches bourgeois et fonctionnaire à la Société des Nations.

> Les Auble c'est ce qui se fait de mieux à Genève. [...] L'aristocratie genevoise, c'est mieux que tout, sauf la noblesse anglaise. [...] Dommage, notre nom va bientôt s'éteindre. Tous les Auble ont claqué, sauf oncle Agrippa qui est célibataire et donc sans descendants. Et moi, si j'ai un jour des enfants, ce ne sera jamais que des Deume. (*BS*, 17)

Toutefois, Ariane se caractérise – dans l'écriture de son journal autant que dans son monologue intérieur – par une certaine vulgarité. Elle rêve certes de la grande noblesse de ses parents – sa « Tantlérie » et son « oncle Grigri » –, des « règles de vie nobles » du *Jean-Christophe* de Romain Rolland ou de fouler au pied les petits bourgeois (*BS*, 210-217, *passim*), mais en même temps elle songe à se prosterner devant son amant et à lui essuyer les pieds de ses cheveux, telle la pécheresse Marie-Madeleine. Si la noblesse protestante de Genève semble maintenir une pureté dans les mœurs et la moralité, les expressions de l'intériorité font craqueler le vernis de l'apparence aristocratique. Ariane, en dépit de sa naissance, n'est donc qu'illusoirement plus noble que son époux légitime. « La noblesse est affaire de vocabulaire », nous dit Solal (*BS*, 395).

« On naît noble ; mais on le devient. Il faut être noble pour se comporter en noble ; mais on cesserait d'être noble si l'on ne se comportait pas noblement. Autrement dit, la magie sociale a des effets bien réels[1]. » Si l'on devient noble, à l'époque où la monarchie n'impose plus ses nominations (du moins dans un pays comme la France), c'est avant tout que l'on se donne des allures de noblesse, même lorsque l'on est né aristocrate, comme Ariane : « On appelle cela du halva, je crois. (Elle prononça ralva pour faire couleur locale, ce qui agaça Solal tout autant que le cela, jugé plus noble qu'un simple ça.) » (*BS*, 862). La plupart des personnages de Cohen aspirent à atteindre une certaine noblesse mais, même sous couvert de réussites apparentes, la narration les renvoie implacablement à leur ridicule. Jusqu'à l'aristocratie, au sein de la Société des Nations comme ailleurs, qui n'est plus que snob ; autrement dit, *sine nobilitate*, dépourvue de la moindre noblesse.

> Bien sûr, elle est trop noble pour être snob, et elle croit n'attacher aucune importance à ma sous-bouffonnerie générale. Mais son inconscient est follement snob, comme tous les inconscients, tous les adorateurs de la force. [...] Elle est tellement persuadée que ce qui compte pour elle c'est la culture, la distinction, la délicatesse des sentiments, l'honnêteté, la loyauté, la générosité, l'amour de la nature, et caetera. Mais, idiote, ne vois-tu pas que toutes ces noblesses sont signes de l'appartenance à la classe des puissants, et que c'est la raison profonde, secrète, inconnue de toi, pour quoi tu y attaches un tel prix. (*BS*, 398-399)

Les personnages se donnent beaucoup de mal pour afficher un vernis de noblesse : « la règle suprême étant de ne jamais perdre la face » (*BS*, 328). Depuis la fin de la monarchie, tout un chacun peut devenir le thuriféraire des valeurs nobiliaires, mais cette vulgarisation des droits de l'élite conduit aussi bien à violer le principe même sur lequel la noblesse se fonde[2]. La mère Deume elle-même ne cesse de parler de princes et de princesses ou de s'indigner lorsque des roturiers épousent des aristocrates ou parce que les pauvres ne savent pas recevoir avec humilité

1 Pierre Bourdieu, *La Noblesse d'État : grandes écoles et esprit de corps*, Paris, Minuit, « Le sens commun », 1989, p. 157.

2 Il faut penser à cette scène hilarante où Mangeclous, ayant lu dans le journal que le comte de Paris était à Genève en même temps que lui, craint de et aspire à le rencontrer à la SDN, qui devient dans sa bouche « le château des nations » : « je désire faire sa connaissance et m'acquérir sa sympathie par quelques propos royalistes, soucieux que je suis de prendre mes précautions au cas où la monarchie serait rétablie en France ! » (*BS*, 274).

(*BS*, 357 ou 360). L'humilité est bien entendu absente des actions de la famille Deume (à l'exception peut-être d'Hippolyte, le père) qui en définitive, selon les termes d'Hubert Nyssen, se trouve « humiliée par l'aristocratie dont elle a fait un modèle[1] ». Même les nobles de sang (Lady Cheyne, Lord Cecil, le Marquis de Chester, etc.) ne sont mus que par des « ambitions enrobées de noblesse » (*BS*, 134).

Les valeurs aristocratiques sont littéralement renversées dans un but comique : « Être désintéressé, c'est dans mon intérêt. » (*BS*, 337). Cohen précède ainsi les analyses de Pierre Bourdieu lorsque ce dernier insiste sur le fait que la « parade continue » (*C*, 58) aristocratique a laissé la place, dans le monde dominé par la bourgeoisie, à ces systèmes binaires d'opposition que sont le payant et le gratuit, l'intéressé et le désintéressé, l'intérieur et l'extérieur, etc. « À l'âge de trois ans déjà, comparant les Rampal à Adèle, la bonne de ce temps-là, le petit Adrien criait avec une gravité convaincue : "Dèle, caca ! Ampal, yentil, pas caca, oh non !" Comme on voit, il promettait. » (*BS*, 229).

Car si « les hommes naissent libres et égaux en droit, [...] ça ne dure pas longtemps ! » (*BS*, 560). En effet, la course à la noblesse commence si vite que même les enfants singent les manières aristocratiques ; ce faisant, la noblesse devient non seulement source de comédie, mais comédie pure, parce que fiction absolue. « Chacun de nous a ainsi sa petite monture sociale qu'il chevauche dès qu'il peut, sa petite couronne rédemptrice qu'il sort le plus vite possible. » (*BS*, 310). Toutes les relations sociales sont travesties dans cette tension vers la pureté morale et la grandeur d'âme, qui ne sert en définitive que de bas intérêts. Copie de la copie de la copie, la noblesse de la Société des Nations que fréquentent les personnages de *Belle du Seigneur* n'est plus qu'un jeu pervers auquel s'adonnent les hommes et les femmes en manque d'attention ou avides de pouvoir.

Parmi les passe-temps d'Adrien figurent les projections anoblies de lui-même : « Il bâilla, murmura des grandeurs. Baron Adrien Deume, comte de Deume, général marquis de Deume. » (*BS*, 665). Son statut de fonctionnaire de rang B le pousse à assimiler les fonctionnaires de rang supérieur à une forme de noblesse : « Noblesse A oblige ! » (*BS*, 122). Par conséquent, toutes ses attitudes sont dictées par ce principe.

---

1 Hubert Nyssen, *Lecture d'Albert Cohen*, Avignon-Le Paradou, Alain Barthélémy – Actes Sud, « Hommes et récits du Sud », 1981, p. 48.

« C'est exactement ce que signifie l'expression "Noblesse oblige" : ma noblesse m'oblige à croire dans ma noblesse et à agir en conséquence ; j'ai un habitus de noble, je ne peux pas ne pas agir noblement. [...] Je dois y croire, mais avec mon corps, pour faire croire. [...] Si je n'y crois pas avec mon corps le corps de celui à qui je m'adresse n'y croit pas[1]. » Tout est affaire de croyance ; la noblesse n'est (rien de) plus qu'une fiction. Adrien Deume singe la noblesse de sang en s'inventant une noblesse de rang. Les atours dont il se pare sont d'ailleurs les mêmes que cultive Cohen dans ses apparitions publiques : la robe de chambre de soie, le monocle (voir *BS*, 67-68, par exemple), tout comme ils sont les attributs de Solal (dans ce dernier cas, y compris le chapelet de santal).

Contrairement à d'autres écrivains français, pour lesquels le terme de noblesse est associé à une valeur morale incontestable, Cohen use de la noblesse comme de l'illustration exemplaire de la contre-valeur de l'hypocrisie. Le milieu (le "*miyeu*" d'Antoinette Deume) est le lieu de la production d'une noblesse selon le double mode de la séparation du reste du commun et de la sacralisation par le biais d'une justification rationnelle ; c'est ce que Bourdieu repère comme « fonction sociale d'exclusion rituelle[2] ». Cette fonction est une forme d'exercice de ce que le sociologue appelle la « violence symbolique ». Cette violence fait rage sous la plume de Cohen autant qu'elle est âprement dénoncée par le biais de l'ironie. « La violence symbolique est cette forme particulière de contrainte qui ne peut s'exercer qu'avec la complicité active – ce qui ne veut pas dire consciente et volontaire – de ceux qui la subissent et qui ne sont déterminés que dans la mesure où ils se privent de la possibilité d'une liberté fondée sur la prise de conscience[3]. » Chez Cohen, la noblesse est la fiction ultime, celle à laquelle chaque personnage s'adonne pour se donner une contenance autant que pour faire progresser l'intrigue et pour truffer le texte de son humour et de sa tendresse.

> Acteur, lui, l'autre soir en son agenouillement devant elle. Actrice, elle, avec ses mains tendues de suzeraine pour le relever, avec son vous êtes mon seigneur, je le proclame, fière sans doute d'être une héroïne shakespearienne.

---

1 Pierre Bourdieu, « La noblesse : capital social, capital symbolique », p. 385-397 *in* Didier Lancien et Monique de Saint-Martin (dir.), *Anciennes et nouvelles aristocraties de 1880 à nos jours*, Paris, Maison des sciences de l'homme, 2007, p. 391.

2 Bourdieu, *La Noblesse d'État...*, *op. cit.*, p. 102.

3 *Ibid.*, p. 12.

> Pauvres amants condamnés aux comédies de noblesse, leur pitoyable besoin d'être distingués. (*BS*, 478)

La « fonction sociale d'exclusion rituelle » dont parle Bourdieu, Cohen la déboute en associant comique et tragique. Ariane redouble la comédie de la noblesse par son adultère, tout en invitant le tragique et l'idéal de sa passion pour Solal (qui se clôt sur un suicide). Sous l'hypocrisie de la noblesse sans pouvoir (qui cultive l'adultère pour associer à la position sociale et financière du mari les qualités morales de l'amant) se déniche la tension entre tragique et comique.

La noblesse des sentiments amoureux, fixée au Moyen-Âge tout comme la hiérarchie aristocratique, se soumet également au registre du comique qui renverse tous les attendus classiques. « Les jours d'amour nobles se suivaient et se ressemblaient. » (*BS*, 910). L'immense majorité des exemples désignent les rapports amoureux ou leurs artifices. Les incursions sont pour le moins bigarrées et souvent cocasses : on parle de « noble robe du soir » (*BS*, 43), de « minutes [...] nobles » (*BS*, 234), de « noble coupable » qui fait de « nobles commentaires » après l'amour (*BS*, 257), de « noble coliqueur clandestin » (*BS*, 407), de « nobles tendresses » (*BS*, 799), de « paroles si nobles quand elles étaient habillées » (*BS*, 872), de « noble secret partagé » (*BS*, 259) ou de « noble marais » (*BS*, 930) à propos de l'acte sexuel ; Ariane peut être « [n]oblement indignée » (*BS*, 253) ou « noble victime » sacrifiée sur l'autel sexuel[1] de son seigneur (*BS*, 690), elle se mouche « avec trop de noblesse » au point d'agacer Solal (*BS*, 937) ; les excès sont tels que, finalement, la « noblesse l'enrag[e] » (*BS*, 1023).

La subversion des codes aristocratiques culmine ainsi dans l'architecture des passions qui animent le roman. Au contraire de Pierre Varrod, il me semble que l'on ne peut considérer que les amants de *Belle du seigneur* se soient « affranchis des pesanteurs sociales[2] ». Si ce désir motive leurs actions, l'affranchissement ne peut venir. Solal en avait averti Ariane d'emblée, lorsqu'il l'a séduite en lui exposant les recettes de séduction des hommes. Si la parodie de « l'ancien régime conjugal », selon

---

1 Ainsi que le précise Michaël, le charmeur des cinq Valeureux : « les Européennes [...] aiment dire des paroles de grande noblesse et vertu pour recouvrir les envies et démangeaisons de la chair. » (*BS*, 732).

2 Pierre Varrod, « *Belle du seigneur* et la mutation du couple », p. 237-264 *in* Alain Schaffner et Philippe Zard (dir.), *Albert Cohen dans son siècle*, Paris, Manuscrit, 2005 (p. 237).

l'expression du même Varrod[1], est tout à fait évidente, elle reconnaît tout de même implicitement la pérennité du modèle. Le modèle symbolique de la noblesse est un modèle implicite qui, comme on le sait, s'ancre mieux dans la norme qu'une règle explicite. Or, Cohen veut mettre en pleine lumière la fausseté des qualités associées à la noblesse : « Tout cela, honnêteté, loyauté, générosité, amour de la nature, distinction, toutes ces joliesses sont preuves d'appartenance à la classe dirigeante, et c'est pourquoi vous y attachez une telle importance, prétendument morale. » (*BS*, 400). Seul Solal dénonce cette noblesse qu'il appelle la « babouinerie », parce que « les babouins mâles mais adolescents et de petite taille se mettent à quatre pattes, en féminine posture [...], en amoureuse posture de vassalité ».

L'ancrage de la noblesse dans les fondements médiévaux de l'histoire de l'Occident est clairement marqué dans l'œuvre. Cohen en interroge d'ailleurs les termes – par le truchement de son héros – explicitement.

> Et pourquoi « noble » ou « chevaleresque » sont-ils des termes de louange ? Respect hérité du Moyen Âge. Seuls à détenir la puissance réelle, celle des armes, les nobles et les chevaliers étaient les nuisibles et les tueurs, donc les respectables et les admirables. Pris en flagrant délit, les humains ! Pour exprimer leur admiration, ils n'ont rien trouvé de mieux que ces deux qualificatifs, évocateurs de cette société féodale où la guerre [...] était le but et l'honneur suprême de la vie d'un homme ! [...] Noble ! Chevaleresque ! Oui, pris en flagrant délit de babouinerie ! À la force physique et au pouvoir de tuer ils ont associé l'idée de beauté morale ! (*BS*, 403)

Le passage appartient au long monologue de Solal destiné à séduire Ariane, alors que la lettre de ce discours devrait plutôt provoquer l'effet inverse : le S.S.G. de la S.D.N. expose en effet les manèges du séducteur, qui tous se fondent sur les mêmes principes que les qualités de noblesse. Autrement dit, Solal déchire le voile de pudeur qui recouvre les véritables desseins des attitudes nobles et chevaleresques pour mettre au jour l'animalité (le culte de la force) qui rampe sous les espèces de la plus haute moralité. « Le plus ignoble ici n'est pas celui qu'on pense ! » (*BS*, 394) : c'est en effet dans l'antithèse entre noble et ignoble que se révèle, pour Cohen, la distinction entre la vraie et la fausse noblesse.

---

1 *Ibid.*, p. 239-241.

Une forme de noblesse semble dans un premier temps trouver grâce aux yeux de Cohen ; et là fait également retour une noblesse de naissance, à savoir la beauté. Ainsi, Ariane se distingue des autres nobles (de naissance ou d'occasion) parce qu'elle est « noble parmi les ignobles apparue, redoutable de beauté [...] en la cohue des réussisseurs et des avides d'importances » (*BS*, 48). Pourtant, Cohen s'en moque abondamment dans ses romans aussi bien que dans ses entretiens, la beauté n'est qu'affaire de hasard ; elle est une marque de noblesse, ce qui lui permet d'exercer un pouvoir d'attraction certain, mais elle est susceptible de disparaître, et le charme qu'elle induit tout uniment. La monstration des fonctions corporelles les plus basses – Cohen en était très fier – livre un paradoxe intéressant : à l'instar des rois, les personnages de Cohen sont montrés dans les positions les moins distinguées, alors qu'ils s'efforcent de gagner des galons en dissimulant les nez encombrés ou les vessies trop pleines. Le comique de situation se double de l'ombre tragique de la faiblesse humaine.

La noblesse physique n'est qu'un piège de plus qui recèle la nature profondément animale de l'humain ; les femmes dissimulent ainsi leurs instincts reproducteurs sous un monceau de fariboles : « Elles recouvrent avec des mots nobles, et au lieu de ventre plat et bon engendreur elles disent que tu as du charme. » (*BS*, 395). La noblesse se fonde sur un triple capital, si l'on en croit Bourdieu : économique (d'un genre particulier, patrimonial), social et symbolique[1]. « Le capital symbolique, c'est le charme, *le charisme*[2]. » En ceci, il repose sur une forme de connaissance et surtout de reconnaissance (c'est-à-dire aussi sur une croyance de l'autre). Il faut croire à la noblesse pour la faire exister et pour faire exister le noble ; dans cette mesure, la noblesse représente la fiction ultime... Car il s'agit bien d'une affaire de représentation, aussi bien symbolique que théâtrale (Cohen aimait passionnément le théâtre, mais s'en méfiait). Dans le mariage d'Ariane avec Adrien Deume, la grandeur tragique de l'aristocratie a en quelque sorte épousé la comédie bourgeoise. Ariane rêve d'une pureté morale et affective qui n'est pas de ce monde – délit d'*hybris* exemplaire –, tandis que son Adrien endosse le rôle ingrat du mari trompé dont le public se gausse sans modération. Mais l'amant, de quel côté se situe-t-il ?

1 Bourdieu, *La Noblesse d'État...*, *op. cit.*, p. 386.
2 *Ibid.*, p. 388.

Solal a beau se nommer Solal des Solal, par tradition, il a beau descendre d'une vieille lignée de juifs de France ou être fils de rabbin, il n'en demeure par moins un roturier que beaucoup jalousent d'être parvenu à se hisser jusqu'au sous-secrétariat général de la S.D.N., alors que lui-même ironise sur le ridicule de sa fonction. Tout comme ses oncles, les Valeureux, il est un Don Quichotte pourfendant les moulins de l'imagination nobiliaire.

Or, dès l'incipit de *Belle du seigneur*, Solal est présenté comme « non moins noble que son ancêtre Aaron, frère de Moïse » (*BS*, 13) parce qu'il renonce à ses appas pour séduire Ariane : il se grime en vieillard édenté et pouilleux[1]. Il lui faut confondre les apparences de fausse noblesse, telle est la mission qu'il s'assigne. À la noblesse de corps, native mais éphémère, se superpose la noblesse de cœur. Solal, dans son refus de la noblesse, se révélerait donc véritablement noble.

« Devenir aristocrate, c'est s'éloigner de la bête, refuser l'animalité », commente son biographe[2]. Si l'antinature a déjà fait couler beaucoup d'encre chez les critiques cohéniens[3], notamment pour son intrication à la conception cohénienne de la judaïté, elle peut en effet être associée à l'imaginaire nobiliaire. *A priori*, l'équation semble donc se résoudre dans la position de lutte contre les origines animales de la noblesse.

ENTRE LE TRAGIQUE ET L'IDÉAL : LES CHOUANS PROPHÉTIQUES

Entre en jeu la question de l'élection qui, pour Cohen, pour Solal ou pour les Valeureux, n'a pas le même sens que pour les Européens de souche : la noblesse élective provient d'une élection divine, élection du peuple d'Israël, alors que les Occidentaux qui gravitent autour de

1 Noblesse qui sera reconnue par Ariane, bien plus tard : « oh si beau si noble d'avoir voulu être aimé en vieil affreux » (*BS*, 679).

2 Valbert, *Albert Cohen, le seigneur*, *op. cit.*, p. 63.

3 Pensons au bel article d'Anne Simon, « Antinature et animalité dans l'œuvre d'Albert Cohen », p. 265-284 *in* Schaffner et Zard (dir.), *Albert Cohen dans son siècle…*, *op. cit.* Ce trait de l'imaginaire cohénien est l'un des plus anciens, puisqu'on le trouve déjà dans « Le Juif et les romanciers français » (*La Revue de Genève*, n° 33, mars 1923, p. 340-351).

la Société des Nations sont tenus d'afficher des signes extérieurs de noblesse. Les enfants d'Israël, qu'ils soient riches ou pauvres, habillés à la dernière mode ou mal fagotés, qu'ils occupent une position sociale élevée ou basse, partagent tous en commun cette vraie noblesse, aux yeux de Cohen, qui est celle de l'élection. Tout juif est un « Juif de millénaire noblesse » (*BS*, 405).

Les deux communautés que tout oppose, juive et européenne[1], communiquent par le biais de cet adjectif, noble. La portée de ce dernier n'est évidemment pas la même *a priori*, puisque l'élection ne se joue pas au même niveau. L'élection européenne est soit de naissance, soit d'ascension sociale. L'élection juive est totale : tout le peuple, y compris les membres de la diaspora, en bénéficie, même dans le malheur : « [...] humbles de contenance, orgueilleux en notre âme, faméliques princes en esclavage, nous sommes allés au long des siècles, [...] et les chapeaux pointus ou cornus du concile chrétien étaient nos couronnes d'élection [...]. » (*FH*, 143). Quoique pendant des siècles, le juif n'accédât à un statut nobiliaire que sur la base du mérite, il ne s'est pas pour autant fondé une méritocratie qui eût pu le porter jusqu'aux plus hautes sphères de l'État au sein duquel il demeurait inévitablement un étranger. La noble humilité des juifs ne les dispense pas de tomber dans le piège de l'autre noblesse, comme c'est souvent le cas de Mangeclous[2], par exemple. L'objectif est en effet similaire dans les deux cas : celui de forcer la reconnaissance de l'autre, parce que l'on désire la bienveillance de son regard. « Plein d'appartenances » (*BS*, 391), Adrien Deume ne peut rivaliser avec le détachement natif de Solal, qui ne peut se prémunir d'aucune appartenance individuelle, « car le sort [l]'a fait naître Solal XIV des Solal, un homme sans prénom », « seul toujours, un étranger, et sur une corde raide » (*BS*, 391).

---

1 Bien évidemment, opposer la « noblesse » millénaire juive et la noblesse européenne issue du Moyen-Âge n'implique pas qu'il y ait une opposition entre les religions chrétienne et juive. Au contraire, chez Cohen, il y a une parenté qui les unit indéfectiblement dans la même noblesse : « Ces deux filles de Jérusalem, la juive et la chrétienne, en son mont d'où il aimait à contempler sa chère nature, Hitler les haïssait également, car toutes deux sont reines d'humanité, ennemies des lois de nature. Qu'elles le sachent ou non, qu'elles le veuillent ou non, les plus nobles portions de l'humanité sont d'âme juive et se tiennent sur leur roc qui est le Livre de mon peuple. » (*C*, 140).

2 « Sir Pinhas [...], gentleman d'honneur et roseau pensant, noble homme en Israël et frac mondain en général, mais seulement redingote ce soir vu le séjour dans la froide nature », se présente Mangeclous, avant de pratiquer une noble révérence (*BS*, 754).

Voilà qui explique la parenté descriptive qui unit des personnages fictionnels comme Salomon ou Saltiel avec des personnages historiques comme Charlie Chaplin ou Winston Churchill. Dans *Mort de Charlot*, un des premiers textes de l'écrivain (1923), celui-ci est dépeint sous les traits d'un indigent aux allures nobles, un « roi nerveux que la société condamne aux godillots » (*MC*, 15) et qu'un bourgeois (prénommé Jéroboam) ne cesse d'avilir davantage, jusqu'à le présenter comme « l'Inutile » par excellence devant un « Comité de Salut Bourgois », qui décide ultimement de le guillotiner (*MC*, 21-22). Dans le texte intitulé *Churchill d'Angleterre*, signé du pseudonyme de Jean Mahan dans la revue belge *Message* en 1943, le Premier Ministre anglais en exercice est d'emblée présenté « comme un prophète » et un « gentilhomme » (*Ch*, 21) qui méprise les flatteries et ne vise que le bien public. En quelque sorte, Cohen l'anoblit en le désignant, telle une scansion du texte, du nom de "Churchill d'Angleterre". Il rejoint les personnages que sont Solal et les Valeureux par l'association de qualificatifs prétendument incompossibles : « aristo, familier, méprisant, tout vital, quasiment furieux puis affable et nonchalant. » (*Ch*, 22). Le terme de prophète est l'un des qualificatifs les plus récurrents du texte. Churchill se découvre, sous la plume de l'écrivain, les attributs sacerdotaux et prophétiques d'un juif, et plus encore, d'un Cohen qui a le don de bénédiction.

> Après les avoir ceints de nationale ténacité, le prophète oint les Anglais de sacerdotale mission. Quand il leur parle de leur pays, c'est aussi comme d'une sainte forteresse où sont enchâssés les titres de noblesse de l'homme. L'homme, ancien être de nature, est devenu humain et il veut, malgré Hitler et sa croisade de la nature, poursuivre sa royale marche. (*Ch*, 38)

Le prophète révèle donc la vraie noblesse, une noblesse du cœur, une noblesse d'humanité qui s'écarte de la loi de la nature. La noblesse qui célèbre l'individu n'est jamais que fausse noblesse, même si elle en porte le nom et peut faire valoir sa naissance.

Une règle ne peut jamais être suivie de façon uniquement privée, mais elle implique forcément la présence d'une communauté. Ceci est valable autant pour la comédie de la noblesse que pour la communauté d'élection prophétique. Mais non une communauté constituée géographiquement ou linguistiquement : une communauté en diaspora, telle la communauté juive d'avant 1948 (c'est-à-dire d'avant la date où la plus grande majorité des textes de Cohen sont écrits, même s'ils sont publiés parfois plus de vingt ans après), dont la soudure ne s'opère que par la référence à des règles de vie implicites. L'on comprend dès lors l'attachement de l'écrivain aux Commandements, qu'il juge beaucoup plus importants que la religion elle-même, que ses manifestations liturgiques tout comme de son Dieu.

À l'évidence, les personnages qui visent la noblesse par des coups d'éclat sociaux, par des attributs d'objets ou de fonctions, par des relations socialement élevées (aristocrates et dignitaires), cherchent également à se constituer une communauté, mais celle-ci ne peut en aucun cas fonctionner, parce qu'elle ne repose que sur une animalité sans foi ni loi, qui l'éloigne de l'élection. Cette élection, l'on ne saurait la nommer divine, sinon à trahir l'idéal cohénien : la foi ne tend pas vers un Dieu en particulier (Cohen, quand bien même, met toujours la majuscule), la loi ne se détermine pas selon la puissance. C'est ainsi que peuvent participer à la communauté des juifs de Céphalonie aussi bien que de nobles chrétiens, comme Agrippa d'Auble, ou les personnages les plus faibles et les plus pauvres qui jalonnent les récits. Manières de contrepoints, les focalisations fugitives sur des personnages éphémères et insignifiants déroutent d'ailleurs le bon sens des personnages principaux de *Belle du Seigneur*, tout occupés à leurs fantaisies aristocratiques. Adrien, par exemple, trouve le garçon du wagon-restaurant drôle parce que celui-ci ne répond pas de manière distinguée à son propre manège distingué. Or, l'on apprend que le serveur pense à sa fille leucémique au même instant. Le vaincu est plus noble que le vainqueur. C'est le renversement propre à la chouannerie, à laquelle peuvent prendre part des personnages qui ne se réclament pas du judaïsme. La vraie noblesse, c'est la noblesse de la cause.

Tous les indigents cohéniens possèdent donc cette « démarche royale et faible des parias persécutés que couronne un consolateur délire. » (*FH*, 187). La démarche royale, un peu plus tôt dans *Ô vous, frères humains*, est associée à celle des prophètes. Ceux-ci, comme des chouans, sont les voix de la dissidence que l'on refuse d'écouter. La prophétie prédit la mort prochaine commune à tous les êtres, sans distinction de race ou de rang, soulignant la futilité de toutes les ambitions aristocratiques, les rendant inéluctablement comiques et tragiques à la fois. La persécution qui les frappe vient de la vérité que nul ne veut entendre ; ainsi, dans les scolies de l'épisode du camelot, Cohen se proclame « le roi, le roi des juifs, le prince de l'exil, le seigneur humilié qui, plus tard, qui libérerait plus tard les hommes de leur méchanceté » (*FH*, 182). Cette noblesse des prophètes, chouans dans leur essence, plus ancienne que celle née dans l'Europe médiévale, se soumet à toutes les souffrances, à toutes les humiliations. Les indigents s'inclinent toujours devant plus indigent qu'eux. L'exclu peut être l'élu.

Posture et fiction se rejoignent. Ainsi que Cohen s'en confiait, à l'aube de sa carrière littéraire, à son ami André Spire : « Je veux maintenant l'œuvre large et, comme la mer, accueillante à tous. Je m'efforcerai de rejeter tout aristocratisme littéraire[1]. » *Dont acte*. Et pourtant… La noblesse peut paraître décriée mais chez Cohen, la fascination le dispute à la répulsion. Elle est ce qu'il faut préserver du point de vue moral et ce qu'il faut violemment rejeter de ruse animale. La guerre et la violence sont vulgaires, parce qu'elles sont bestialité ; la noblesse témoigne en ce sens des ruses qu'adopte la nature pour dissimuler les instincts les plus primaires. En cela, elle est à la fois la fiction ultime de l'engrenage tragique de l'existence et son ressort le plus comique.

Dans la fameuse scène du camelot qui rejette et insulte l'enfant juif qu'il est, Cohen aspire à « en être » (*FH*, 35). Cette expression, pour courante qu'elle soit, n'en demeure pas moins obscure si l'on ne précise pas l'appartenance vers laquelle l'aspiration tend. La noblesse, c'est l'autre nom du sentiment d'« en être ». Par le biais de la noblesse comme objectif à atteindre et à repousser, le sujet cohénien se rend sans cesse étranger à lui-même, suivant une ligne qui le distingue toujours du reste de l'humanité par un déplacement discontinu. Il n'est dès lors jamais bien à sa place et souffre d'un défaut d'appartenance.

Chez Cohen, l'imprégnation par l'imaginaire nobiliaire est telle qu'il n'est pas possible de trancher dans le sens de la faveur ou de la défaveur, jusqu'à en crever… « Tout cela est si noble que j'en crève » : y a-t-il plus tangible dénonciation du caractère aporétique de la noblesse au sein de l'imaginaire ? Peut-être, ces quelques phrases de Solal à

1 Lettre du 14 janvier 1922 à André Spire, citée par Valbert (*op. cit.*, p. 179). Dans les entretiens du *Roi mystère*, Cohen confesse avoir connu les « noblesses » et y avoir cru dans sa jeunesse (Albert Cohen, *Le Roi mystère : entretiens avec François Estèbe et Jean Couturier*, Paris, Préau des Collines-INA, 2009, p. 87).

Ariane : « Noble, ce sale mot double, révélateur de l'abjecte adoration de la force, sale mot qui signifie à la fois oppresseur des humbles et homme digne d'admiration ! Je l'ai déjà dit ? Les prophètes aussi rabâchaient. » (*BS*, 866).

Christophe MEURÉE
Fonds de la recherche scientifique (F.N.R.S.)
Université catholique de Louvain (Louvain-la-Neuve)

LA MORGUE DU CRÉPUSCULE

Cioran et Guy Debord

Si l'on en croit Jean-Paul Sartre, c'est au XIXe siècle que l'écrivain français développe une fixation pour l'*ethos* de l'aristocratie. Lui qui, à l'époque des Lumières, jouissait du double privilège de dénoncer la sclérose de la noblesse dominante (qui pourtant le protégeait) tout en cristallisant les aspirations de la classe bourgeoise (dont il est généralement issu), se retrouve, à la suite de la Révolution de 1789 et l'abolition de l'Ancien Régime, dans la fâcheuse position de n'être plus qu'un citoyen parmi tant d'autres et de voir ses velléités subversives boudées par une caste marchande désormais soucieuse d'asseoir – et légitimer – son pouvoir. En résulte une progressive autonomisation d'une partie du champ littéraire fondée, d'une part, sur un principe de distinction élitiste (reconnaissance par les pairs) et, d'autre part, sur une fondamentale revendication de gratuité (à l'opposé des visées utilitaristes de la bourgeoisie) : « [L'écrivain] n'a rien négligé pour s'arracher symboliquement à sa classe. Il est en l'air, étranger à son siècle, dépaysé, maudit. Toutes ces comédies n'ont qu'un but : l'intégrer à une société symbolique qui soit comme une image de l'aristocratie d'ancien régime[1]. » Une telle attitude, aisément observable dans la démarche d'un Baudelaire, d'un Flaubert ou d'un Mallarmé culminerait, selon le philosophe, dans le nihilisme des avant-gardes du XXe siècle – dont le Surréalisme demeure l'exemple emblématique –, lointaine survivance du gaspillage éhonté des ressources de la collectivité par une classe parasitaire : car « il ne [...] suffit pas [à l'écrivain] d'être inutile, comme les courtisans de l'Ancien Régime, il veut pouvoir fouler aux pieds le travail utilitaire, casser, brûler, détériorer, imiter la désinvolture des seigneurs qui faisaient passer leurs chasses à travers les blés mûrs[2]. »

---

1 Jean-Paul Sartre, *Qu'est-ce que la littérature ?*, Paris, Gallimard, « Folio Essais », 1993, p. 133.
2 *Ibid.*, p. 134.

Une telle attitude est-elle encore tenable – voire significative – aujourd'hui, en une époque où tant la logique de la *tabula rasa* propre aux avant-gardes (« littérature brillante et mortelle » dont « l'extrême pointe » est le « néant[1] ») que la croyance en une émancipation du peuple par les lettres (prônée par Sartre en réaction à ce nihilisme formel) semblent désormais chose du passé ? Les œuvres tardives de Cioran et de Guy Debord s'avèrent, à cet égard, extrêmement significatives. Le premier, après avoir proclamé qu'« il n'est de noblesse que dans la négation[2] » et marqué ainsi une distance avec la « fange unanime[3] », se consacre désormais, dans sa production tardive (*De l'inconvénient d'être né*, *Écartèlement*, *Aveux et anathèmes*), à se représenter dans son orgueilleuse solitude : « De toute manière, la seule vraie dignité est celle d'exclu[4]. » Le second, à l'issue d'un parcours l'ayant mené de l'avant-garde esthétique (L'Internationale Lettriste) à une « poétique de la révolution[5] » (L'Internationale Situationniste) – mais aussi, et surtout, à formuler une « pensée de l'effondrement d'un monde[6] » – aspire dorénavant, dans ses ultimes livres (*Commentaires sur la société du spectacle*, *Panégyrique*, *In girum imus nocte et consumimur igni*[7]), à se rendre « encore plus inaccessibl[e][8] », histoire de là encore creuser l'écart avec une réalité honnie. Chez l'un comme chez l'autre, cette attitude de retrait hautain s'inscrit à la suite d'une aporie de l'œuvre – ou, plus généralement, de la démarche – antérieure : un scepticisme (si ce n'est un nihilisme) exacerbé chez Cioran, qui en vient, en un ultime sursaut de négativité, à se retourner contre lui-même ; l'échec de Mai 68 et la dissolution de l'IS, pour Debord, et la désillusion subséquente quant à la possibilité même de la Révolution. Dans les deux cas, dès lors, il s'agit d'écrire – avec une certaine morgue – après que non seulement les anathèmes lancés à répétition contre la

1 *Ibid.*, p. 136.

2 Cioran, *Œuvres*, Yves Peyré (éd.), Paris, Gallimard, « Quarto », 1995, p. 579-737 : *Précis de décomposition* [1949] (p. 585).

3 *Ibid.*, p. 594.

4 Cioran, *Œuvres*, *op. cit.*, p. 1269-1400 : *De l'inconvénient d'être né* [1969] (p. 1499).

5 Vincent Kaufman, *Guy Debord : la révolution au service de la poésie*, Paris, Fayard, 2001, p. 220.

6 Guy Debord et Gianfranco Sanguinetti, *La Véritable scission dans l'Internationale* [1972], p. 1088-1186 *in* Guy Debord, *Œuvres*, Vincent Kauffmann, Jean-Louis Rançon et Alice Debord (éd.), Paris, Gallimard, « Quarto », 2006 (p. 1088).

7 On se référera ici non au film du même nom, mais à l'« édition critique » tirée du scénario de celui-ci en 1990.

8 Debord et Sanguinetti, *La Véritable scission dans l'Internationale*, *op. cit.*, p. 1133.

société moderne se soient révélés impuissants (si ce n'est vides de sens), mais encore, que cette même société, à la suite d'une évolution vers le pire (*dixit* Cioran et Debord), ne soit désormais plus qu'une cible creuse, un simulacre d'autorité.

UNE FORME CLASSIQUE

Si les œuvres tardives de Cioran ou de Guy Debord semblent ainsi se parer d'une aura de noblesse, c'est moins pour cause d'une identification explicite de leurs auteurs à un *ethos* de caractère aristocratique – bien qu'une telle dimension informe leur démarche : on y reviendra – que par la distinction évidente que confère le réinvestissement de formes d'écriture traditionnellement associées à l'Ancien Régime. Cioran actualise en effet la prédilection des moralistes classiques pour l'aphorisme et la maxime, tout en tentant de réhabiliter l'"art du portrait", alors que Debord « se [fait] le mémorialiste de son temps à la manière du Grand Siècle[1] », se réappropriant au passage le genre désuet du panégyrique. Les références littéraires évoquées pour soutenir une telle démarche esthétique creusent d'ailleurs encore davantage l'écart avec le monde contemporain : l'auteur d'*Aveux et anathèmes* affiche une prédilection manifeste pour l'empereur blasé Marc Aurèle ou le cynique appliqué Talleyrand, alors que celui d'*In girum imus nocte et consumimur igni* – palindrome latin, dont la forme fermée sur elle-même et l'hermétisme langagier sont en soi significatifs – penche plutôt du côté des « théoriciens de la stratégie[2] » comme Clausewitz, Machiavel ou Sun-Tzé. Les deux se rejoignent en outre dans une commune admiration de Pascal, sollicité ici tant pour sa perception de l'"abîme" (Cioran) que sa dénonciation du "divertissement" (Debord). Un tel décalage de fond et de forme est-il simplement dû à un souci de se distinguer – ou de s'élever au-dessus – de la mêlée, ou doit-on y voir un reflux d'ordre esthétique et intellectuel, symptôme d'une nécessité de se situer dorénavant en deçà de ce "néant" dénoncé par Sartre ?

1 Jean-Marie Apostolidès, *Les Tombeaux de Guy Debord*, précédé de *Portrait de Guy-Ernest en jeune libertin*, Paris, Exils, 1999, p. 109.

2 Debord, *Œuvres*, *op. cit.*, p. 1656-1685 : *Panégyrique*, t. I [1989] (p. 1679).

On pourrait, bien que le terme soit chargé, qualifier l'écriture de Cioran et Debord de classicisme *postmoderne*, dans la mesure où la démarche de ces deux auteurs ne suppose pas le moindre "retour à", mais développe au contraire toute une poétique de l'*après*. En effet, par-delà certaines analogies formelles avec la tradition moraliste et mémorialiste, force est de constater que les projets cioranien et debordien se distinguent nettement de l'univers classique en ce qu'ils ne postulent pas la moindre stabilité du sens et/ou des valeurs du monde. Ainsi, Cioran va souvent lier sa pratique – généralement canonique – du genre aphoristique à des considérations très modernes sur l'écriture du fragment et l'éclatement de la signification : « en perpétuelle bagarre avec elles-mêmes, prêtes à s'abolir les unes les autres, à voler en éclats, nos idées s'émiettent, comme notre temps[1]. » Dans un même ordre d'idées, Debord va constamment ruser avec son lecteur, en prétendant notamment qu'il existe une part de vérité à son propos mais que celle-ci – réservée à un *happy few* – demeure cachée en amont ou en aval du texte : « Certains éléments seront volontairement omis ; et le plan devra rester assez peu clair. On pourra y rencontrer, comme la signature même de l'époque, quelques leurres[2]. » De ce fait, le classicisme paradoxal de Cioran et Debord paraît répondre à un constat selon lequel « l'art est mort[3] », suite à quoi, en un ultime sursaut de la logique des avant-gardes, les ouvertures propres à la modernité intellectuelle et esthétique ont été intégrées, mais ensuite – et surtout – dépassées.

Or, si Cioran et Debord remettent en question tant la foi dans les représentations esthétiques que celle dans les apparences du monde, ils n'en conservent pas moins un commun souci du bien-dire et de la pureté de la langue. Ce fondamental élément de classicisme au sein d'une poétique d'auteur qui relève par ailleurs beaucoup plus du relativisme postmoderne que de la rigueur de la tradition revêt une double fonction. D'une part, le recours à une telle forme d'expression, dans sa perfection figée, a pour corollaire une mise en évidence de l'appauvrissement du français courant et signifie dès lors comme marqueur implicite du passage – et de l'usure – du temps : « Point de doute : nous assistons à la splendide désagrégation d'une langue[4]. » D'autre part, un tel choix linguistique

1 Cioran, *Œuvres*, *op. cit.*, p. 819-970 : *La Tentation d'exister* [1956] (p. 900).
2 Debord, *Œuvres*, *op. cit.*, p. 1593-1646 : *Commentaires sur la société du spectacle* [1988] (p. 1594).
3 *Ibid.*, p. 1639.
4 Cioran, *La Tentation d'exister*, *op. cit.*, p. 898.

– contraire à tout ce que la littérature moderne a pu prôner comme détournement de la forme – témoigne d'une volonté d'émancipation de l'époque et de ses contraintes intellectuelles et esthétiques : « À qui se fâche de ne pas comprendre toutes les allusions, ou qui même s'avoue incapable de distinguer nettement mes intentions, je répondrai seulement qu'il doit se désoler de son inculture et de sa stérilité, et non de mes façons [...][1]. » En résulte une ambiguë perspective "intemporelle", où une critique du monde contemporain se voit soutenue par des références à des textes classiques et où les doléances personnelles des auteurs quant à leur époque sont exprimées dans une langue qui vaut avant tout pour sa beauté anachronique.

UNE PERSISTANTE MÉLANCOLIE

Le fond de la production tardive de Cioran et de Guy Debord s'avère fidèle à sa forme dans la mesure où il y est – désabusement oblige – souvent question de mondes et d'époques désormais disparus. Un tel sujet – qui relève d'une nostalgie individuelle, symptôme d'un reflux vers l'intime – est par ailleurs caractéristique du genre moraliste ("l'art du portrait") ou mémorialiste actualisé pour l'exercice. Un recueil comme *De l'inconvénient d'être né* offre ainsi des aperçus inédits – par rapport aux textes antérieurs de l'auteur – sur la jeunesse de Cioran « dans les Carpates[2] », et, surtout, sur la persistante mélancolie que la perte d'un tel bonheur a pu engendrer chez lui : « [Mon enfance] fut bien plus qu'heureuse. Elle fut couronnée. Je ne trouve pas de meilleur qualificatif pour désigner ce qu'elle eut de triomphal jusque dans ses affres. Cela devait se payer, cela ne pouvait rester impuni[3]. » *Panégyrique* témoigne d'un état d'esprit similaire en évoquant le passé de Guy Debord – tout particulièrement sa fréquentation assidue de la bohême parisienne des années Cinquante – en regard de ses accomplissements ultérieurs : « Dans

1 Debord, *Œuvres*, *op. cit.*, p. 1761-1789 : *In girum imus nocte et consumimur igni*, édition critique [1990] (p. 1769).

2 Cioran, *De l'inconvénient d'être né*, *op. cit.*, p. 1311.

3 *Ibid.*, p. 1392.

le quartier de perdition où vint ma jeunesse, comme pour achever de s'instruire, on eût dit que s'étaient donné rendez-vous les signes précurseurs d'un proche effondrement de tout l'édifice de la civilisation[1]. » Pareille recherche du temps perdu marque une sensibilité renouvelée au sein des deux œuvres, mais peut sembler guère cohérente – si l'on tient compte de la fragilité ainsi manifestée – avec l'aura de distinction par ailleurs perceptible dans de tels textes. Cette apparente contradiction s'estompe toutefois, si l'on tient compte du récit de vie ainsi produit et de l'idée de prédestination – à l'égard des thèses à venir – qui s'en dégage implicitement : « Ce que je sais à soixante, je le savais aussi bien à vingt. Quarante ans d'un long, d'un superflu travail de vérification[2]... » À la remémoration d'un paradis perdu s'ajoute ainsi la (re)contruction d'un *ethos* d'écrivain, lequel se manifeste notamment par une valorisation de la permanence en dépit de la durée, valeur éminemment nobiliaire.

La nostalgie qui imprègne des recueils comme *Aveux et anathèmes* ou *Panégyrique* relève d'autant plus d'un détour significatif par l'intime qu'elle a pour effet de constamment rappeler que le temps présent s'avère indigne du passé évoqué. Un thème récurrent des deux œuvres demeure ainsi l'horreur – exprimée en un lexique "seigneurial" – de leurs auteurs face à la destruction, dans la foulée des travaux d'aménagement urbain des "Trente glorieuses", du Paris de leurs souvenirs : « Qui voit les rives de la Seine voit nos peines : on n'y trouve plus que les colonnes précipitées d'une fourmilière d'esclaves motorisés[3]. » En d'autres mots, « la ville a été saccagée, et détruit intégralement le genre de vie qu'on y avait mené. » Un tel constat en actes du passage (et des ravages) du temps peut certes être attribué – en un prolongement du Baudelaire des « Tableaux Parisiens » : « la forme d'une ville / Change plus vite, hélas ! que le cœur d'un mortel[4] » – à la fonction de mémorialiste que semblent revendiquer les deux auteurs, mais il convient surtout d'y lire une vaste charge contre la modernité et ses conséquences : « Serf ce peuple bâtissait des cathédrales ; émancipé, il ne construit plus que des horreurs[5]. » Si – comme les deux écrivains le suggèrent – les avant-

1 Debord, *Panégyrique*, I, *op. cit.*, p. 1665.

2 Cioran, *De l'inconvénient d'être né*, *op. cit.*, p. 1274.

3 Debord, *Panégyrique*, I, *op. cit.*, p. 1672.

4 Charles Baudelaire, *Œuvres complètes*, t. I, Claude Pichois (éd.), Paris, Gallimard, « Bibliothèque de la Pléiade », 1975, p. 3-134 : *Les Fleurs du Mal* (p. 85).

5 Cioran, *Œuvres*, *op. cit.*, p. 1407-1504 : *Écartèlement* [1979] (p. 1503).

gardes esthétiques ont eu pour effet pervers d'exténuer l'art, les efforts contemporains de gestion du territoire ont, selon une même logique du pire, débouché sur une extinction du vivant.

Vus de cette perspective, les ultimes textes de Cioran et Debord, en dépit de leur évolution en ce qui a trait au ton et à la figure d'auteur qui s'en dégage, demeurent dans la continuation de l'œuvre antérieure, à ceci près – et c'est peut-être ce qui contribue à l'*ethos* singulier qui en émane – que la réflexion sur l'Histoire et la décadence de la civilisation occidentale qui en était le thème privilégié se voit évaluée (ou mise en forme) à l'aune d'une histoire individuelle. De prime abord, nonobstant leur communauté de ton, les deux œuvres semblent pourtant à l'opposé l'une de l'autre : à la suite de Nietzsche, Cioran dénonce la propension de l'individu moderne à saper ses propres croyances et prône un nécessaire retour à une certaine « illusion vitale » (« on donnerait sa vie en échange d'un préjugé[1] ») ; alors que Debord, actualisant les thèses de Marx et de Lukács, postule que la société moderne n'est plus qu'une vaste illusion – le "spectacle" – dont il importe au contraire de s'affranchir : « S'émanciper des bases matérielles de la vérité inversée, voilà en quoi consiste l'auto-émancipation de notre époque[2]. » Les deux auteurs se rejoignent toutefois, par-delà cette opposition de surface, dans un commun constat de perte d'authenticité et de substance de l'existence contemporaine : « Ayant quitté la réalité pour l'idée, et l'idée pour l'idéologie, l'homme a glissé vers un univers dérivé, vers un monde de sous-produits, où la fiction acquiert les vertus d'une donnée primordiale[3]. » On demeure ainsi dans une forme de réalité dégradée, conséquence de la "décomposition" – terme fort, privilégié tant par Cioran que par Debord – moderne.

1 Cioran, *Œuvres*, *op. cit.*, p. 743-813 : *Syllogismes de l'amertume* [1952] (p. 811).
2 Debord, *Œuvres*, *op. cit.*, p. 765-859 : *La Société du spectacle* [1967] (p. 859).
3 Cioran, *Œuvres*, *op. cit.*, p. 977-1061 : *Histoire et utopie* [1960] (p. 988).

UNE PERSPECTIVE ARISTOCRATIQUE

Pareille dénonciation de la modernité – à laquelle s'ajoute un réinvestissement de formes esthétiques classiques – laisse se profiler une tangente réactionnaire dans l'évolution des deux œuvres. Dans cette perspective, il n'est pas étonnant de retrouver sous la plume de Cioran comme sous celle de Debord des références constantes à la société de l'Ancien Régime. Déjà, des textes comme *La Tentation d'exister* ou *Histoire et utopie* développent une géopolitique de la décadence – directement inspirée du *Déclin de l'Occident* d'Oswald Spengler – où il est postulé que les sociétés sont fortes lorsqu'elles subsument les identités individuelles à un projet d'ordre collectif, lequel sera idéalement dirigé par une forme de « despotisme éclairé[1] » : « Quand une nation commence à décatir, elle s'oriente vers la condition de masse[2]. » En une approche nettement moins belliciste, un texte théorique de l'Internationale lettriste rappelle que le “loisir” – concept clé de la qualité de vie prônée par la France de l'après-guerre – était à l'origine un privilège réservé à la noblesse : « Le divertissement est bien l'attribut de la royauté qu'il s'agit de donner à tous[3]. » Comme de tels exemples se rapportent directement à la pensée générale des deux auteurs, il parait dès lors possible de postuler une identification de ceux-ci à une forme de grandeur désormais absente du monde contemporain : « On peut se demander comment un ordinateur saura traduire le mot “noblesse”, dans quelque temps[4] ? »

Il ne faut cependant pas perdre de vue le sens aigu de l'Histoire possédé tant par Cioran que par Debord : si l'on creuse un peu les références aristocratiques citées par l'un comme par l'autre, force est de constater que leur intérêt porte avant tout sur les échecs symboliques et les fins de règne. Ainsi, Cioran va, tout au long de son œuvre française, rappeler sa prédilection pour les salons du XVIIIe siècle où se distillent un ennui et un style – pour combler le vide ainsi perçu – depuis inégalé :

---

1 Cioran, *De l'inconvénient d'être né*, *op. cit.*, p. 1357.

2 Cioran, *La Tentation d'exister*, *op. cit.*, p. 833.

3 Guy Debord *et alii.*, « Réponse de l'IL à deux enquêtes du groupe surréaliste belge » [1954], p. 119-212 *in* Debord, *Œuvres*, *op. cit.* (p. 121).

4 Debord, *Œuvres*, *op. cit.*, p. 1539-1576 : *Considérations sur l'assassinat de Gérard Lebovici* [1985] (p. 1576).

« Est-il symbole meilleur que celui de madame du Deffand, vieille, aveugle et clairvoyante, qui, tout en exécrant la vie, y goûte néanmoins les agréments de l'amertume[1] ? » Or, un tel univers – dans sa fatigue essentielle – est condamné à être balayé par la Révolution. De même, Guy Debord va lui aussi constamment rattacher ses dires et ses faits à la figure du Cardinal de Retz (« qui demeure pour lui une référence[2] ») et à la Fronde, digne prédécesseurs – si ce n'est inspiration – de sa propre agitation politique dans les rues de Paris. Or, là encore, une telle action demeure historiquement vouée à l'échec : « La Fronde est une fête funèbre dans la mesure où les révoltés y jouent leur vie et leur liberté, et qu'ils seront ultimement vaincus[3]. » La révolte individuelle des anciens maîtres féodaux va devoir s'incliner face au pouvoir centralisateur de Louis XIV, lequel repose sur la splendeur et le faste, soit une forme de "spectacle". Bref, s'il y a chez Cioran comme chez Debord la nostalgie d'une certaine hauteur aristocratique, celle-ci ne renvoie pas à la grandeur de qui est au pouvoir, mais plutôt à une sorte d'honneur de l'adversité, à la dignité de qui voit son monde s'écrouler.

Or, de même que la nostalgie personnelle des deux auteurs demeure indissociable d'une charge contre le monde contemporain, l'aristocratie (en déclin) fantasmée à laquelle ils se réfèrent sert de contre-exemple symbolique à une analyse de la situation actuelle. Ainsi, l'évocation constante d'une noblesse disparue sert fréquemment à mettre en relief la médiocrité et l'asservissement de la bourgeoisie actuelle, laquelle croit pourtant faire état de supériorité de par les apparences de privilèges dont elle bénéficie : « Pour la première fois dans l'histoire, voilà des agents économiques hautement spécialisés qui, en dehors de leur travail, doivent faire tout eux-mêmes : ils conduisent leurs voitures [...], ils font eux-mêmes ce qu'ils appellent de la cuisine [...], ils se servent eux-mêmes dans les supermarchés [...][4]. » Une telle comparaison n'est cependant – là encore – pas aussi réactionnaire qu'on pourrait le croire dans la mesure où tant Cioran que Debord demeurent pleinement conscients que c'est justement une telle friabilité de l'ordre existant qui leur confère la liberté de (tenter de) subvertir celui-ci à leur guise : « ce sont les défaillances de l'aristocratie

1 Cioran, *Précis de décomposition*, *op. cit.*, p. 586.

2 Apostolidès, *Les Tombeaux de Guy Debord...*, *op. cit.*, p. 112.

3 *Ibid.*, p. 139.

4 Debord, *In girum imus nocte et consumimur igni*, *op. cit.*, p. 1764-1765.

qui permirent au XVIIIe siècle de divaguer magnifiquement ; ce sont celles de la bourgeoisie qui nous permettent de nous livrer aujourd'hui à nos lubies[1]. » Les deux auteurs témoignent ainsi d'un rapport ambigu aux références aristocratiques qu'ils convoquent : s'ils semblent manifester le regret d'une attitude – voire d'une insolence – perdue, celle-ci ne vaut, à leurs yeux, qu'au moment même où elle semble vouée à disparaître. De ce fait : « Le moment de la décadence de n'importe quelle forme de supériorité sociale a sûrement quelque chose de plus aimable que ses vulgaires débuts[2]. » D'où une paradoxale vision de la noblesse, définie tant par sa grandeur que par l'irrévocabilité de son déclin.

UN RAPPORT AMBIGU AU COMMUN

Le métissage de l'expression d'une nostalgie intime avec l'élaboration d'une réflexion sur la décomposition des sociétés actuelles – elle-même soutenue par de fréquentes références à une noblesse déchue – débouche sur la manifestation (implicite) d'une double logique aristocratique, à la fois traditionnelle (Ancien Régime) et moderne (distinction intellectuelle et esthétique). En effet, la perspective et le ton adoptés tant par Cioran que par Debord supposent un détachement de la masse, une hauteur de point de vue conforme à une conception classique de la noblesse : « il est assez notoire que je n'ai nulle part fait de concessions aux idées dominantes de mon époque, ni à aucun des pouvoirs existants[3]. » Mais, de manière apparemment contradictoire, la profondeur de la vision du monde ainsi revendiquée est redevable à l'expérience singulière des deux auteurs, au fait que – cette fois selon la logique de la distinction propre aux avant-gardes – ils ont su plonger dans la mêlée, payer de leur personne la substance de leur œuvre : « Toute ma vie, je n'ai vu que des temps troublés, d'extrêmes déchirements dans la société, et d'immenses destructions ; j'ai pris part à ces troubles[4]. » De cette double

1 Cioran, *Histoire et utopie*, *op. cit.*, p. 987.
2 Debord, *Panégyrique*, I, *op. cit.*, p. 1662.
3 Debord, *In girum imus nocte et consumimur igni*, *op. cit.*, p. 1761.
4 Debord, *Panégyrique*, I, *op. cit.*, p. 1656.

dynamique – elle-même soutenue par une propension au récit de vie et par l'énonciation personnelle propre au genre essayistique – émerge un "je" à valeur d'exemplarité, lequel transcende la simple fonction d'*ethos* rhétorique pour se faire personnage à part entière : « Les autres tombent dans le temps ; je suis, moi, tombé du temps[1]. » Or, quel est le rapport entre une telle figure – au caractère aristocratique – et lesdits autres, soit, vu la perspective adoptée, le commun ?

Une telle question est loin d'être anodine dans la mesure où le fond de la pensée tant cioranienne que debordienne suppose un rapport significatif avec autrui, bien que, sur ce point, les deux auteurs demeurent – malgré leur commune attitude de retrait – à l'opposé l'un de l'autre. Ainsi, l'entièreté de l'œuvre française de Cioran, à caractère avant tout métaphysique, repose sur une conception "anthropologique" du péché originel. Selon une telle perspective – assimilable à la droite traditionnelle –, l'être humain serait une quasi bête animée de pulsions néfastes et autodestructrices qu'il conviendrait, pour son propre bien, de protéger de lui-même : « Inutile de s'apitoyer sur lui : sa cause est sans ressource[2]. » À l'inverse, la démarche de Guy Debord au complet part d'un regard sociologique porté sur le monde, et a dès lors pour prémisse implicite une croyance aux possibilités du progrès social. Dans cette optique – qui relaie les idées de la gauche traditionnelle – l'être humain vaut en tant qu'individu et peut dès lors espérer – par le biais de l'éducation et de l'action collective – s'émanciper de l'aliénation dans laquelle tente de le maintenir le pouvoir : « Nous devons mettre au point une intervention ordonnée sur les facteurs complexes de deux grandes composantes en perpétuelle interaction : le décor matériel de la vie ; les comportements qu'il entraîne et qui le bouleversent[3]. » On pourrait croire, à la lumière de cette présentation schématique de leurs réflexions respectives, que Cioran ferait preuve de davantage de morgue que Debord. Or, c'est en fait tout le contraire qui est observable.

Se profile ainsi un étonnant – et amusant – paradoxe quant à la hauteur aristocratique dont font preuve Cioran et Debord dans leurs écrits. D'une part, l'auteur de *L'Inconvénient* ne peut, en dépit de la singularité qu'il revendique, se dissocier entièrement de la condition humaine à

1 Cioran, *Œuvres*, *op. cit.*, p. 1071-1158 : *La Chute dans le temps* [1964] (p. 1152).

2 Cioran, *Histoire et utopie*, *op. cit.*, p. 1010.

3 Debord, *Œuvres*, *op. cit.*, p. 309-328 : *Rapport sur la construction de situations* [1957] (p. 322).

laquelle il demeure lié ontologiquement par sa conception – fût-elle laïque – du péché originel. En dépit de ses déclarations fracassantes au sujet de son admiration pour les « tyrans », il conserve un sens fondamental de la communauté : « On doit se ranger du côté des opprimés en toute circonstance, même quand ils ont tort, sans pourtant perdre de vue qu'ils sont pétris de la même boue que leurs oppresseurs[1]. » S'il a su aller plus loin que les autres, c'est dans l'horreur même – selon lui – d'être humain. D'autre part, l'auteur de *In girum* a pu, par le biais de son savoir et de son esprit critique, se dissocier par le haut de la masse, qu'il a par la suite tenté d'émanciper par le biais de ses thèses – elles-mêmes le fruit de sa démarche – sur la nécessaire démythification du social. Or, le soulèvement populaire espéré ne s'étant pas produit, il ne peut que rester amer face à ce peuple qu'auparavant il défendait : « Ce sont des salariés pauvres qui se croient des propriétaires, des ignorants mystifiés qui se croient instruits, et des morts qui croient voter[2]. » En un ironique renversement, donc, l'auteur généralement associé à la droite en vient à tolérer l'Homme malgré tout, alors que celui perçu comme étant de gauche finit par mépriser son ignorance. C'est là toute la différence entre le semblable (qui vaut comme miroir de soi) et le prochain (duquel au contraire on se distingue).

UN FONDAMENTAL DÉSINTÉRESSEMENT

Un tel rapport – au mieux d'ambivalence (Cioran), au pire de mépris (Debord) – avec le commun des citoyens d'une époque que les deux auteurs répudient explique peut-être la morgue aristocratique – et crépusculaire – qui se dégage de leurs écrits tardifs. Par-delà les idées – ou visions du monde – évoquées, la mise de l'avant de figures emblématiques d'écrivain (autoreprésentation) correspondant à celles-ci, le détournement de genres classiques et la cooptation de références historiques, c'est dans la beauté – ou l'élégance – revendiquée de l'écriture, fondée sur une pureté recherchée (voire anachronique) de l'expression, que repose pareille

1 Cioran, *De l'inconvénient d'être né*, *op. cit.*, p. 1340.

2 Debord, *In girum imus nocte et consumimur igni*, *op. cit.*, p. 1762.

hauteur de ton. Cioran associe, à l'occasion d'une réflexion sur l'œuvre de Joseph de Maistre, une telle recherche de perfection formelle à la compensation d'une désillusion vécue dans le monde réel : « Pourquoi les conservateurs [...] écrivent-ils en général plus soigneusement que les fervents de l'avenir ? C'est que, furieux d'être contredits par les événements, ils se précipitent, dans leur désarroi, sur le verbe dont, à défaut d'une plus substantielle ressource, ils tirent vengeance et consolation[1]. » Dès lors, « le style est la prérogative et comme le luxe de l'échec. » Cette théorie de la distinction consolatrice pourrait aisément s'appliquer à Guy Debord, lui-même échaudé par les apparents revers de Mai 68. Or, ce dernier prétend – non sans humour, imagine-t-on – que le simple fait de recourir à une langue et à une culture classiques suffira à le rendre illisible pour une ère qui ne le mérite pas : « je vais [...] écrire [...] la langue que j'ai apprise et, dans la plupart des circonstances, parlée. Ce n'est pas à moi d'en changer. Les Gitans jugent avec raison que l'on n'a jamais à dire la vérité ailleurs que dans sa langue ; dans celle de l'ennemi, le mensonge doit régner[2]. » Dans un cas comme dans l'autre, l'élégance se justifie par une attitude d'opposition et de retrait.

Pareil aperçu des deux auteurs, s'il n'est pas faux, appelle toutefois à être nuancé dans la mesure où la morgue du crépuscule qui émane de leurs œuvres se double souvent d'un propos plus léger, voire carrément anecdotique. Cioran se vante ainsi constamment – « avec une sorte de détachement élégant face au monde, presque d'insolence "aristocratique" envers son prétendu sérieux[3] » – de n'avoir jamais travaillé, d'avoir détourné des bourses d'étude pour financer un tour de France à bicyclette, de jouer les pique-assiettes dans des cocktails et des dîners, etc. Debord se targue d'une similaire inactivité, en insistant toutefois davantage sur son hédonisme gastronomique et érotique, ainsi que – de manière plus grinçante – sur son alcoolisme : « Quoique ayant beaucoup lu, j'ai bu davantage. J'ai écrit beaucoup moins que la plupart des gens qui écrivent ; mais j'ai bu beaucoup plus que la plupart des gens qui boivent[4]. » De tels sursauts de vitalité, au sein de textes dont le sujet principal demeure la déliquescence moderne, peuvent surprendre, mais ils

1 Cioran, *Œuvres*, *op. cit.*, p. 1517-1630 : *Exercices d'admiration* [1986] (p. 1557).
2 Debord, *Panégyrique*, I, *op. cit.*, p. 1660.
3 Patrice Bollon, *Cioran l'hérétique*, Paris, Gallimard, 1997, p. 18.
4 Debord, *Panégyrique*, I, *op. cit.*, p. 1668.

mettent en évidence ce qui demeure probablement l'élément essentiel de la noblesse d'esprit (et de cœur ?) observable chez l'un comme l'autre : la nécessité d'une pratique constante de l'ironie, ici conçue comme morale de l'entre-deux permettant de faire le pont entre un idéal déchu et une réalité invivable : « Après tout, je n'ai pas perdu mon temps, je me suis trémoussé, comme tout un chacun, dans cet univers aberrant[1]. » D'où un accommodement pragmatique, "par défaut" pourrait-on dire, avec l'existence :

> La sensation de l'écoulement du temps a toujours été pour moi très vive, et j'ai été attiré par elle, comme d'autres sont attirés par le vide ou par l'eau. En ce sens, j'ai aimé mon époque, qui aura vu se perdre toute sécurité existante et s'écrouler toutes choses de ce qui était socialement ordonné. Voilà des plaisirs que la pratique du plus grand art ne m'aurait pas donnés[2].

De ce fait, la véritable hauteur – pour ne pas dire grandeur – de Cioran comme Debord réside dans le regard *amusé* que ces deux auteurs réussissent, en dépit de leur désabusement, à poser sur un monde dont ils semblent par ailleurs avoir fait le deuil.

Sylvain DAVID
Université Concordia

1 Cioran, *Œuvres*, *op. cit.*, p. 1641-1724 : *Aveux et anathèmes* [1987] (p. 1724).

2 Debord, *In girum imus nocte et consumimur igni*, *op. cit.*, p. 1787.

LA NOBLESSE DE L'ÉCRIVAIN, UNE LIGNE DE RISQUE

Qui dit « je » dans l'œuvre de Yannick Haenel ?

En France, les représentations de la noblesse marquent l'histoire culturelle d'une cassure dont la littérature s'avère, directement et indirectement, le témoin et l'acteur. La Révolution de 1789 fait basculer le terme *aristocratie* dans la catégorie lexicale péjorative, et « noblesse » dans celle de l'intériorité. L'imaginaire contemporain de la noblesse s'inscrit toujours sur cet horizon, et s'il ne se détache pas nécessairement du référent aristocratique, la réalité historique de la caste dépossédée a fait migrer la représentation vers de nouveaux topiques, qui se construisent par « reprise » au sens kierkegaardien[1], c'est-à-dire par réajustement à soi de cadres référentiels antérieurs réinvestis dans ce qu'ils recèlent de potentialité à exprimer les situations nouvelles. À cet égard, un bel exemple est fourni par le roman *Jan Karski*[2] de l'écrivain Yannick Haenel, objet d'une intéressante controverse. Ce récit, qui touche à une question-clé de l'histoire du XXe siècle, interroge l'imaginaire de la noblesse en lien avec la figuration de l'écrivain contemporain. Nous observerons comment l'imaginaire nobiliaire se déploie dans cet univers littéraire et le hante, de livre en livre, pour mettre en œuvre une « posture d'auteur[3] » particulière qui implique une prise de risque.

---

1 Søren Kierkegaard, *La Reprise*, trad. Nelly Viallaneix, Paris, Flammarion, 1990.

2 Yannick Haenel, *Jan Karski*, Paris, Gallimard, 2009. Pour citer les ouvrages, nous mentionnons ici les initiales du titre suivies du numéro de la page citée.

3 Jérôme Meizoz, *Postures littéraires : mises en scène modernes de l'auteur*, Genève, Slatkine, « Érudition », 2007. Il s'agit de penser relationnellement un agir linguistique (l'*ethos* discursif) et les conduites sociales par lesquelles un écrivain se positionne dans l'institution littéraire, sans nécessaire conscientisation de ces éléments. Voir également, du même auteur *La Fabrique des singularités. Postures II*, Genève, Slatkine, « Érudition », 2011, ainsi que « La fabrique d'une notion. Entretien avec Jérôme Meizoz au sujet du concept de "posture" », propos recueillis par David Martens, *Interférences littéraires / Literaires interferenties*, n° 6, mai 2011, p. 199-212 <http://www.interferenceslitteraires.be/node/19> (page consultée le 20 décembre 2014).

À la sortie du roman *Jan Karski*, en 2009, une polémique est lancée par Claude Lanzmann, qui fait ensuite tache d'huile en termes de publications et de blogs. Tant les critiques professionnels que les simples lecteurs se situent sur le plan de l'idéologie au départ de la question de la fidélité à la vérité historique, sans s'interroger en profondeur sur les modalités narratives qui configurent les contenus sémantiques. Posons ici la question autrement : par l'analyse narratologique, il est possible de mettre au jour les soubassements imaginaires de l'œuvre littéraire en observant le mouvement de son élaboration interne. À cet égard, Jan Karski constitue un personnage de Yannick Haenel parmi d'autres, à comprendre en regard de ce qu'il signifie à l'intérieur d'une construction esthétique particulière (un récit) et globale (une œuvre qui se déploie sur quinze années d'écriture). Dans cette perspective, la question est moins de comprendre si l'écrivain est fidèle à la figure historique qu'à lui-même. Et il s'agit moins de s'interroger sur la manière dont le discours d'un romancier affecte l'Histoire (soit une question de réception) que sur la façon dont des documents à valeur de témoignage historique (ici : l'ouvrage *The Story of a Secret State*[1] de Jan Karski et le film *Shoah*[2] de Claude Lanzmann) affectent le travail d'un romancier (soit une question de poétique).

Cette position épistémologique, adoptée ici pour analyser la représentation de la noblesse, ne se détourne aucunement des questions idéologiques, mais elle les pose en leur lieu propre, c'est-à-dire dans le contexte d'un projet esthétique, où se situe l'*ethos* de l'écrivain, comme l'a analysé entre autres Vincent Jouve[3]. Dans le cas de *Jan Karski*, Pierre Jourde s'est efforcé en ce sens de déplacer le débat lancé autour de la falsification historique pour le ramener à la question de la qualité littéraire[4]. Faire l'économie du paramètre esthétique à l'égard du travail d'un romancier induit en effet à tronquer l'objet et à se tromper de sujet. La polémique autour de ce roman laisse toutefois apparaître que toute fiction littéraire inscrite dans

---

1 L'ouvrage de Karski *The Story of a Secret State*, rédigé en 1944, paraît à grand tirage aux États-Unis. La traduction française, *Mon témoignage devant le monde : histoire d'un état secret*, paraît en 1948 chez Self (Rééd. Point de mire 2004, Laffont 2010).

2 Lanzmann a filmé en octobre 1978 un entretien avec Karski qui figure dans *Shoah*, sorti en 1985.

3 Vincent Jouve, *Poétique des valeurs*, Paris, Presses Universitaires de France, « Écritures », 2001.

4 Voir Pierre Jourde, « Diamants de joie, feu du vent », *L'Obs : Confitures de culture* <http://pierre-jourde.blogs.nouvelobs.com/tag/yannick+haenel> (page consultée le 20 décembre 2014). On peut ne pas partager le jugement esthétique de ce critique.

la catégorie du vraisemblable se prête à être évaluée en regard de seuls critères extrinsèques à sa nature pour lors qu'elle touche à des questions sociétales sensibles. Certains textes y donnent prise plus que d'autres, en particulier ceux qui induisent une assimilation des protagonistes et/ou du narrateur avec l'auteur. Selon ce principe interprétatif, Barbey d'Aurevilly était accusé en son temps d'être un catholique indigne parce qu'il mettait en scène le crime impuni, et Haenel se voit aujourd'hui taxé d'antiaméricanisme parce qu'il évoque la passivité des Alliés face au génocide juif. Le lecteur n'observe pas nécessairement que ces thématiques s'expriment à l'intérieur d'un montage textuel particulier qui s'élabore tout entier sur le vide, où réside l'inventivité des auteurs et le cœur de leur projet littéraire. Or si la réception de l'œuvre de l'un et l'autre de ces écrivains prête à ce type de mécompréhension, c'est que la posture discursive qu'ils développent se greffe sur une mise en jeu particulière de la noblesse. Ainsi, Barbey a choisi d'écrire une œuvre cénotaphe qui plaide, par des voies complexes où se lit sa posture de dandysme, l'indulgence pour les fautes de l'aristocratie, et sa stratégie n'est pas apparue aisément décodable[1] ; nous verrons ici quelle a été la « ligne de risque[2] » empruntée par Yannick Haenel.

ARISTOCRATIE ET DÉPOSSESSION

Sur le plan de l'agencement du récit, le roman *Jan Karski* se présente comme un triptyque qui contiendrait en son centre un tableau narratif (la vie d'un personnage historique), sur le volet de gauche une focalisation sur une scène particulière, et sur celui de droite la contextualisation de l'ensemble et l'épilogue. Si le sujet du roman est assurément historique (Jan Karski est un "Juste" polonais qui a vécu de 1914 à 2000), tout y est présenté d'emblée comme relation de seconde main : le premier chapitre est la description de la séquence du film *Shoah* de Lanzmann

1 Nous renvoyons à nos articles : « La ritualisation de l'écriture chez Barbey d'Aurevilly », p. 141-154 *in* Emmanuel Godo (dir.), *Littérature, rites et liturgies*, Paris, Imago, 2002 et « *Les Diaboliques* de Barbey d'Aurevilly : les ricochets de la confession », *Mélanges de science religieuse*, t. 54, n° 4, octobre-décembre 1997, p. 47-58.

2 La revue *Ligne de risque* a été fondée par Yannick Haenel et François Meyronnis en 1997.

durant laquelle Karski est appelé à témoigner de ce qu'il a vu en temps de guerre, à savoir le ghetto de Varsovie et l'extermination des Juifs ; le deuxième chapitre propose un résumé du livre de témoignage que Karski a écrit en 1944 aux États-Unis ; le dernier chapitre, rédigé en "je", est une fiction dont l'auteur, dans la « note » sur laquelle il ouvre le livre, précise que « les scènes, les phrases et les pensées [qu'il] prête à Jan Karski relèvent de l'invention ». Sous couvert d'un titre simple aux allures référentielles historiques, centré sur une figure héroïque unique, on découvre donc un montage de textes dont le principe narratif est celui de l'homme qui a vu l'homme qui a vu l'ours, démultiplié en trois versions, comme les évangiles synoptiques.

Le thème de la noblesse est présent d'emblée au début du livre, sur le mode biaisé de la ressemblance et du miroir, lorsque le narrateur commente le moment du film où Karski évoque le Juif qui va lui faire découvrir le ghetto de Varsovie :

> [Karski] confie à Claude Lanzmann qu'entre les deux leaders juifs, il se sentait plus proche du socialiste – le bundiste : « À cause de son allure, sans doute, dit-il. Il ressemblait à un aristocrate polonais. Droiture, noblesse des gestes, dignité. » C'est exactement le portrait de Jan Karski lui-même. (*JK*, 24)

Le discours du héros et celui du narrateur semblent s'accorder sur l'acception à donner au mot *noblesse* : son sens est bien arrimé à l'aristocratie, mais aussitôt élargi du rang social à la grâce comportementale. Le narrateur précise sa pensée en des termes qui font comprendre que la noblesse est une attitude de dignité attachée à une forme de douleur :

> Car depuis le début, ce qui saute aux yeux, chez cet homme, c'est la distinction – une distinction blessée. [...] les épreuves qu'il a traversées se lisent dans l'impeccable nervosité de ses mains. [...] Car le défi coïncide chez lui avec la bête traquée. (*JK*, 24-25)

À cette tonalité affective particulière, il joint le motif de la discrétion, du secret :

> Une force immense crépite dans son regard clair : quelque chose d'une intelligence froide, la détermination de l'homme habitué à se taire et à vivre dans le secret. [...] Il est capable de larmes, et même de s'effondrer comme au début de l'entretien, mais sa sensibilité est noble : il ne verse pas dans les bons sentiments. (*JK*, 25)

Présentée comme une dignité de comportement tout en retenue, la noblesse suppose donc aussi un contexte : celui d'une souffrance, d'une forme de résistance à l'adversité et d'une mise au secret. Elle s'avère sémantiquement liée à la perte et à la restriction ; elle apparaît ainsi comme un trait distinctif d'êtres mis à l'épreuve qui gardent leur fierté et, en leur for intérieur, leur intégrité.

Ce point de rencontre entre l'imaginaire du héros polonais et celui du narrateur des deux premiers chapitres, *a priori* français s'il faut en croire sa langue[1], laisse entrevoir que la représentation de la noblesse s'avère chez tous deux conditionnée par l'histoire de la mise à l'écart d'une caste. À ce propos, une scène frappante est pointée par le narrateur dans son résumé du livre de Karski. Au moment où l'armée polonaise écrasée est déportée en Russie, le mot *aristocrate* est adressé aux captifs comme une injure :

> [Une femme russe] traite alors les Polonais d'« aristocrates fascistes » : « Chez nous, en Russie, vous apprendrez à travailler, dit-elle. Vous serez assez forts pour travailler, mais trop faibles pour opprimer le pauvre. » (*JK*, 43)

On remarque le glissement de sens : si aux yeux du peuple russe en 1939, comme il a pu l'être pour les révolutionnaires français en 1789, l'aristocrate est devenu le parangon du tyran, et si dans l'un et l'autre de ces moments historiques, on vilipende la puissance oppressante au moment où on la renverse, ce qui est visé dans le contexte de la seconde guerre mondiale, ce n'est plus une élite sociale, mais une nation : Karski comprend qu'un massacre est organisé pour rayer son pays de la carte du monde : « Avec ces 25 000 assassinats, c'est toute l'intelligentsia polonaise, et toute possibilité d'avenir pour la Pologne, qui est consciencieusement anéantie. » (*JK*, 44). Sur le plan de l'économie narrative du roman, ce passage permet de comprendre la sensibilisation du héros à un processus destructeur qu'il retrouvera ensuite sur une échelle plus vaste dans l'extermination systématique du peuple juif par les nazis. C'est l'expérience de la brutalisation

1 On ne sait rien de ce narrateur qui reste hors champ dans les deux premiers chapitres, sauf les quelques jugements de valeur qu'il pose (ex. Karski « porte un élégant costume bleu-gris » et « n'est pas franchement sensible à la gravité de la situation », *JK*, 13 et 36). Dans la première partie, il commente la mise en scène de Karski dans le film de Lanzmann ; dans la deuxième, il résume l'ouvrage rédigé par Karski ; au troisième chapitre, le héros parle en Je. La distance se réduit donc, de partie en partie, entre le héros et le narrateur qui en viennent à se confondre.

systématique dont ses compatriotes et lui-même font l'objet au camp de Radom, assortie de la découverte de la mise à mort collective de l'élite, qui constituent son initiation au monde de l'horreur. Le narrateur commente : « Karski touche ici à quelque chose de vertigineux : *il comprend que le mal est sans raison* » (*JK*, 47). Le héros subit ainsi l'épreuve qualifiante qui fait de lui l'un des rares à pouvoir voir l'ethnocide juif en face pour pouvoir ensuite se faire le *témoin devant le monde* de l'inimaginable. Cette épreuve est celle d'une perte radicale qui le place dans la chaîne de solidarité des dépossédés, car « seuls les abandonnés sont capables d'escorter les abandonnés » (*JK*, 158), dira-t-il au chapitre III.

On comprend que, dans ce contexte, la noblesse ne se cantonne plus à l'acception restrictive d'une caste, d'une nation ou d'une race : ceux qui sont désignés sous le terme d'*aristocrates*, bourreaux présumés, apparaissent dans la situation de victimes sacrifiées sur l'autel d'une revanche d'autant plus écœurante qu'elle s'exerce massivement, à l'aveugle, et dans la cruauté. La noblesse touche donc à la violence subie avec dignité, par contraste avec la sauvagerie des auteurs du massacre, population civile ou armée, masse indifférenciée, sans conscience ni discernement, *sans raison*. Sur fond d'Histoire, qu'elle soit polonaise, française ou mondiale, on voit ainsi se dégager une configuration imaginaire cohérente de la noblesse chez le narrateur d'une part, et d'autre part chez Karski en tant que témoin filmé, auteur d'un témoignage écrit, et héros romanesque dans le chapitre dit de "fiction", où il déclare :

> Le massacre de Katyn était donc un nettoyage de classe : pour les Soviétiques, nous avons toujours été des aristocrates. Staline, comme tous les damnés, avait horreur de la noblesse. Je ne parle pas de la noblesse de sang. Mon père était bourrelier. Je parle de cette exigence de l'esprit qui s'insurge contre la bassesse. Je parle du *Cavalier polonais*. (*JK*, 170)

La noblesse, selon cette convergence synoptique, désigne, au départ d'une histoire qui se répète dans l'Histoire, un mode d'être : celui de tous les dépossédés qui gardent intacte leur fierté au moment de l'anéantissement ; elle concerne la liberté d'esprit et la dignité maintenues dans la lutte contre la servitude et la barbarie. Désignant un micro-récit autant qu'une attitude comportementale, elle est de l'ordre du figurable et donne lieu à des représentations artistiques. C'est ce que Karski découvre dans le tableau *Le Cavalier polonais* attribué à Rembrandt :

> J'ai tout de suite aimé son allure, son air farouche, sa noblesse ; il y avait quelque chose en lui de doux et d'intraitable à la fois, ce calme propre aux guerriers qui se reposent. [...] Depuis la première fois, ce que j'aime le plus, c'est le geste du cavalier : poing sur la hanche – un geste d'officier, la nonchalance de l'aristocrate. (*JK*, 151)

C'est le jour de la déclaration de la fin de la guerre, en mai 1945, que le protagoniste découvre ce tableau à la Frick Collection et y projette sa conception de la noblesse ; la scène est une "fiction" présente dans le seul troisième volet du roman, où elle est relatée rétrospectivement. En ce jour d'armistice, le héros-narrateur est persuadé que si la bataille antinazie est gagnée, la lutte contre la barbarie, elle, est loin d'être achevée : « La guerre n'était pas finie », pense-t-il, « la guerre ne s'arrête jamais [...]. Bien sûr, les nazis étaient défais, Hitler s'était suicidé, mais la barbarie n'était pas vaincue, comme on le clamait partout. Déjà, Staline recyclait les camps que l'Armée rouge ou les Américains avaient libérés. » (*JK*, 150). Au-delà des avatars historiques, le héros-narrateur cherche donc à se conforter dans le combat à mener sans discontinuer contre toute forme de *mal sans raison* par la contemplation du *Cavalier polonais*, dont l'attitude lui semble emblématique de la dignité à maintenir :

> Ce geste, je l'avais répété moi-même des centaines de fois devant un miroir, à l'École militaire, afin de me donner une attitude de jeune seigneur ; [...] et plus tard enfin, tandis que le rêve d'une Pologne libre s'abîmait dans les charniers de Katyn, je refaisais ce geste, sans même y penser, et c'était comme un code, le signal de mon retour à la vie. À travers ce geste, c'est ma solitude qui parlait et je la découvrais invaincue. [...] Je me disais : l'invivable règne, mais quelque chose de plus secret existe en même temps, une chose intacte qui résiste aux attaques, et vous lance à travers la lumière. (*JK*, 152)

En ce moment crucial où la fin du conflit mondial est déclarée, le héros-narrateur craint pour sa part un nouveau rebondissement de l'horreur. Persuadé que la découverte des camps de concentration en territoire polonais va entraîner l'opprobre sur sa nation, Karski trouve dans cette malédiction une nouvelle occurrence du phénomène de violence qui a frappé les "aristocrates" : l'opinion publique va, pense-t-il, accuser ses compatriotes et leur faire porter la honte de cette tyrannie ; à nouveau, une brutalité massive et sans discernement va se déployer et faire des bourreaux désignés de nouvelles victimes. On voit ainsi rebondir, au fil du récit, le topos de la dépossession, allant de l'aristocratie déchue à l'intelligentsia polonaise éliminée à Katyn, puis à la race juive exterminée par les nazis, et enfin à la Pologne devenue après 1945 aux yeux du monde « le nom propre de l'anéantissement. » (*JK*, 152). Avec ce nouveau ricochet de la terreur, le héros-narrateur se trouve cette fois dépossédé de ses racines territoriales.

LA NOBLESSE EN REPRÉSENTATION

C'est alors que l'art vient en aide au héros, qui précise : « [...] mon véritable pays, c'est Le Cavalier polonais de Rembrandt. Face au *Cavalier polonais*, je regarde, j'écoute – je suis enfin chez moi. » (*JK*, 153). Désormais, Karski habite « cette salle encombrée de touristes » (*JK*, 153) où le tableau lui sourit. Dans cette toile, il ne voit pas un emblème national, mais la figuration de cette dignité et de cette intégrité intérieure maintenues sous la menace, soit un symbole universel de la noblesse :

> Et puis, dans la coiffe du *Cavalier*, sous ce galon de laine noire, nous avons deviné une couronne. Quel est donc ce royaume dont le *Cavalier polonais* semble porter l'espérance ? Ce n'est pas celui de l'ancienne Pologne, c'est une royauté plus intime, presque imperceptible, une royauté sans terre ni pouvoir, qui fait de vous quelqu'un de libre. (*JK*, 163)

Si cette image agit sur lui comme un modèle comportemental, elle est donc davantage encore une icône qui pointe, au-delà d'elle-même, vers une forme d'idéal atemporel. Comme toute image sacrée, elle ne lui appartient pas en propre, il la partage avec d'autres hommes. La contemplation régulière de ce tableau devient pour lui une forme de rituel qui le préserve de l'abattement et assure son ressourcement (*JK*, 151). La sérénité dégagée par l'image finit par le pénétrer ; c'est ainsi que le sourire du Cavalier « peu à peu, est devenu le [s]ien. » (*JK*, 153).

Parallèlement au recueillement que rend possible cette icône laïque, le héros découvre avec ravissement l'œuvre de Kafka, dont il se sent « le frère » (*JK*, 160) ; il s'assimile au personnage Joseph K, dans lequel il reconnaît ses propres initiales : « J. K., les initiales de l'exil » (*JK*, 160). Grâce à l'écrivain tchèque, Karski comprend que son histoire personnelle le dépasse et appartient à « l'histoire mondiale de nos âmes. » (*JK*, 166). En d'autres termes, ces œuvres d'art pictural et littéraire permettent au héros-narrateur de transcender son histoire personnelle ; il s'y sent représenté non en tant qu'individu, mais comme membre d'une fratrie imaginaire qu'elles permettent d'entrevoir au-delà d'elles, et qui serait une consanguinité de destin, tant dans la douleur imposée que dans la dignité à lui opposer. Elles lui offrent des représentations esthétiques de la noblesse auxquelles il prend plaisir, et grâce auxquelles sa propre vie trouve un surcroît de sens.

Ces références culturelles relèvent des divergences du synoptique que constitue le triptyque romanesque. On les chercherait d'ailleurs en vain dans les sources réelles citées, *The Story of a Secret State* et *Shoah*. Elles appartiennent en propre à la partie désignée par l'écrivain comme une élaboration fictionnelle. De même, tout ce qui est dit de Karski après 1945 et particulièrement ce qui commente son silence en termes d'impossible deuil, avant le retour d'une perspective d'avenir grâce à la rencontre de la danseuse Pola, qui devient son épouse, et à l'échange entrepris avec ses étudiants à l'université de Georgetown, qui lui permet de « passe[r] de l'obsession à la pensée. » (*JK*, 164). L'ensemble de ces données régénératives forme un tout indissociable : selon le héros-narrateur, « c'est lui, le *Cavalier polonais* de Rembrandt, qui avait fait de nous [Jan et Pola] un couple, [...] il nous avait mariés » (*JK*, 163) ; et s'il reconnaît en Kafka un « messager » (*JK*, 160) pareil à lui-même, c'est son œuvre littéraire qui l'encourage à partager avec ses étudiants *l'histoire mondiale de nos âmes*. Sur ce nouvel horizon de références, la période de silence du héros elle-même finit par être interprétée par lui comme une forme de fidélité à son rôle de messager : « À aucun moment cette parole n'avait cessé, et mon vœu de silence lui-même en avait fait partie. » (*JK*, 177). Karski tel qu'il se précise en tant que héros-narrateur dans le chapitre trois est un donc homme que l'art sous diverses formes (la peinture, la littérature, mais aussi danse par l'intermédiaire de Pola) ramène à la vie, et qui y trouve l'accès à ce qu'il y a d'intemporel dans la lutte pour la dignité qui définit la noblesse.

La boucle est bouclée lorsque le héros-narrateur évoque le film *Shoah* dans lequel il apparaît en tant que témoin, et qu'il décrit comme « un chef d'œuvre [qui] donne la sensation de l'immémorial » (*JK*, 178). Retour à la case départ : on comprend pourquoi le narrateur du premier chapitre reconnaît d'emblée dans le héros filmé par Lanzmann les traits d'un "aristocrate". Car le récit s'avère, à cet égard, structuré en spirale : de même que l'Histoire est présentée dans le roman comme un éternel recommencement de la barbarie et une perpétuelle relance de la résistance calme qu'opposent les esprits nobles à l'anéantissement, de même le rapport entre héros et narrateur, noblesse et témoignage, se développe en circularité : le narrateur reconnaît en Karski-témoin l'image d'une noblesse que celui-ci a lui-même vue dans le réel dans les multiples occurrences de l'"aristocratie" dépossédée, et en représentation dans le *Cavalier polonais* ou J. K., parangons de toute noblesse. Et au dernier chapitre, lorsque Karski se confond avec le sourire du *Cavalier* et le héros de Kafka, le narrateur du roman lui-même ne fait plus qu'un avec son héros.

Cette circularité s'inscrit dans l'interaction constante, kaléidoscopique, des éléments culturels convoqués : si l'art (pictural ou littéraire) fait voir la noblesse, il l'encourage également dans le vécu du protagoniste, qui à son tour, par son témoignage, devient une icône représentée (filmée, littéraire) de la noblesse, qui donne lieu elle-même à un roman. Dans celui-ci, la noblesse, d'abord objet de représentation (les "aristocrates", mais aussi le héros-témoin), en vient à coïncider avec le sujet de la parole (le témoin, qui devient le narrateur). À la chaîne des dépossédés vient ainsi se superposer celle des témoins, le dernier passage de relais apparaissant au chapitre trois, dans l'adresse aux lecteurs : « j'espère que vous l'entendez. » (*JK*, 177) ; « grâce à Claude Lanzmann, le monde a entendu enfin cette parole, la même que vous entendez en lisant ces lignes. » (*JK*, 179). On comprend dans cette perspective l'exergue du roman, où se retrouve un dernier ricochet : l'épigraphe de Paul Célan, « Qui témoigne pour le témoin ? ». En définitive, la noblesse qui consiste à résister dans la dignité à la menace de la barbarie, c'est l'art qui paraît en être le dépositaire immémorial, les hommes étant ses visages changeants.

En somme, la logique de la construction narrative du roman *Jan Karski* menaçait son écrivain à être, à son tour, vu comme un esprit libre, traité d'infâme et dépossédé de son lieu. Car ce récit met en œuvre, par le biais de la représentation de la noblesse comprise comme une dignité blessée, un rituel sacrificiel en relance perpétuelle dans lequel le romancier, pris dans la chaîne des témoins, se trouve finalement piégé, la sanction sociale réactivant sur lui ce qui avait historiquement frappé Jan Karski. De même que Barbey d'Aurevilly, en faisant reposer la logique narrative du recueil

Les Diaboliques sur la confession dévoyée, s'est retrouvé prisonnier du dysfonctionnement du rite du pardon qu'il représentait dans ses textes, c'est-à-dire mis en cause par des lecteurs qui ont lu ses histoires de crimes en n'étant pas eux-mêmes, dans le réel, des officiants de la miséricorde divine[1], de même Haenel, de par la spirale d'exclusion mise en œuvre dans sa fiction, a programmé sa mise au ban potentielle dès lors qu'il a laissée ouverte la possibilité de le voir dans la position problématique de témoin du témoin. La bataille médiatique à laquelle le livre a donné lieu sort du cadre de l'analyse littéraire qui est la nôtre ; la commenter serait aborder une autre question, d'ordre sociologique et psychologique, qui ne relève pas de nos compétences, mais il nous revient de montrer qu'elle était incluse dans les potentialités signifiantes du texte lui-même. Si, pour reprendre les termes de Dominique Maingueneau, « faire œuvre, c'est d'un seul mouvement produire une œuvre et construire par là même les conditions qui permettent de la produire[2] », alors il faut reconnaître que le déploiement particulier de représentation de la noblesse adopté par Haenel l'a conduit à « agir dans l'élément du risque[3] », selon les termes mêmes du programme qu'il défend dans la revue qu'il anime avec François Meyronnis et donc en pleine fidélité à soi.

TABLEAU D'ENSEMBLE

Il faut donc à présent tenter de comprendre dans quelle mesure le roman *Jan Karski* fait sens à l'intérieur du parcours que constitue l'œuvre fictionnelle de Haenel. Cet univers romanesque possède une forte cohésion interne dans la mesure où il procède par retour et évolution des mêmes motifs. Chaque récit met en scène une initiation du narrateur, qui implique des moments de voyage et des pauses dans l'espace clos d'une chambre, souvent dédiées à l'écriture. L'ensemble

1 Myriam Watthee-Delmotte, « *Les Diaboliques* de Barbey d'Aurevilly : les ricochets de la confession », art. cité.

2 Dominique Maingueneau, *Le Discours littéraire : paratopie et scène d'énonciation*, Paris, Armand Colin, « U – Lettres », 2004, p. 86.

3 Yannick Haenel et François Meyronnis, « Préface » à *Ligne de risque 1997-2005*, Paris, Gallimard, 2005, p. 11.

délimite ainsi une géographie propre, faite de lieux récurrents dans Paris surtout, mais également à New York, en Allemagne et en Pologne. Il oscille entre des espaces publics marqués par l'art et des « non lieux[1] », c'est-à-dire des endroits de passage. L'œuvre se construit en inter- et en intratextualité : elle convoque volontiers, au titre de phrases-talismans des héros, le même panthéon littéraire français et étranger, sans oublier la mythologie antique ; chaque ouvrage contient des allusions aux récits antérieurs et ses dernières pages amorcent toujours le cadre du récit suivant. L'œuvre se présente ainsi comme la reprise, de livre en livre, d'une trame narrative unique modulée selon diverses variations, et qui se poursuit d'étape en étape dans une cohérence progressive.

Le motif de l'aristocratie n'apparaît pas explicitement avant sa prise en charge dans le discours de Karski. En fait, la noblesse marque le parcours romanesque global selon l'acception particulière qui lui est donnée en régime démocratique où, comme le rappelle Nathalie Heinich, l'on va de « l'excellence aristocratique, qui légitime les privilèges, vers la singularité artiste, qui légitime la liberté de création[2] ». En effet, si les protagonistes de Haenel n'ont pas de noms à particule et ne se distinguent guère par le prestige social, tous sont des élus dans le sens où ils ont reçu le don de la parole poétique, dont leur récit retrace le moment d'émergence et constitue le produit. Ces figures d'auteurs traduisent l'ascendant maintenu, dans les représentations mentales occidentales contemporaines, de l'imaginaire romantique du créateur qui consacre « la richesse de la vie intérieure, seul véritable bien[3] » et prône « une forme laïque de grandeur par le renoncement, en même temps que dans une forme aristocratique de grandeur[4]. » En d'autres termes, ces récits s'inscrivent pleinement dans le régime politique et imaginaire post-révolutionnaire dans lequel, comme le souligne Mona Ozouf, « l'art et la littérature accouchent ensemble d'une nouvelle aristocratie[5]. » Ainsi, le dandysme prend historiquement le relais de

1 Marc Augé, *Non lieux : introduction à une anthropologie de la surmodernité*, Paris, Seuil, « La Librairie du XXe siècle », 2002.

2 Nathalie Heinich, *L'Élite artiste : excellence et singularité en régime démocratique*, Paris, Gallimard, « Bibliothèque des sciences humaines », 2005, p. 49.

3 *Ibid.*, p. 202.

4 *Ibid.*, p. 208.

5 Mona Ozouf, *Les Aveux du roman : le* XIXe *siècle entre Ancien Régime et Révolution*, Paris, Fayard, 2001, p. 325.

l'aristocratie de naissance pour remettre en avant la « noblesse d'âme[1] » : distinction mentale, intellectuelle et comportementale. D. Schiffer, qui analyse le dandysme comme « dernier éclat de l'héroïsme[2] », pointe les héritages aurevilliens, baudelairiens et nietzschéens de cette posture : rébellion, idéalisme en mal de mysticisme, désintéressement, bohème, solitude, souffrance et stoïcisme, toutes caractéristiques communes des protagonistes de Haenel, qui n'auront pas échappé au directeur de la collection « L'Infini » qui a accueilli ses romans, Philippe Sollers[3].

Dans ce contexte, Karski, qui n'est pas l'unique narrateur dépositaire d'un message (*L'Apocalyse*, en particulier, hante *Cercle*), est le sixième héros d'un ensemble romanesque dans lequel tous les protagonistes sont des écrivains, parlent en Je, et se prénomment Jean[4], apparaissant ainsi comme des projections fictionnelles de la posture discursive de Yannick Haenel lui-même. Tous expriment l'épreuve de détachement qui est la nécessaire condition de l'écrivain, cet être qui, par essence, se maintient dans la tension, préserve l'exclusion comme moteur de création, *a fortiori* lorsqu'il décide de vivre poétiquement, c'est-à-dire de faire œuvre de sa vie, ce qui est le programme du dandysme. Haenel fait ainsi de Karski, témoin de l'Histoire, une créature de son propre univers, une image parmi d'autres de la nécessaire marginalité de l'écrivain, ou pour reprendre la formule de Maingueneau, une figuration de la situation « paratopique » de l'auteur : « L'écrivain est quelqu'un qui n'a pas lieu d'être (aux deux sens de la locution) et qui doit construire le territoire de son œuvre à travers cette faille même[5]. » Mais ce héros qui voit et vit une forme contemporaine de noblesse, avec qui, au fil du texte, le narrateur

1 Kris Van Assche *in* Jean-Luc Dufresne (dir.), *Dandysmes : de Barbey d'Aurevilly à Christian Dior, 1808-2008*, Versailles, Artlys, 2008, p. 79.

2 Daniel Salvator Schiffer, *Le Dandysme : dernier éclat de l'héroïsme*, Paris, Presses Universitaires de France, « Intervention philosophique », 2010.

3 Philippe Sollers a participé au catalogue de l'exposition *Splendeurs et misères du dandysme* : Patrick Favardin et Laurent Boüexière (dir.), *Splendeurs et misères du dandysme*, Paris, Subjectil, 1986, p. 73-77.

4 Jean Dorseuil dans *Les petits soldats* (La Table ronde, 1995), Jean Deichel dans *Introduction à la mort française* (Gallimard, 2001) et *Cercle* (Gallimard, 2007). Le narrateur de *À mon seul désir* (Argol, 2005), qui se présente (p. 80) comme celui d'*Évoluer parmi les avalanches* (Gallimard, 2003), ne donne pas son nom, ce qui paraît normal pour un personnage qui déclare que « vivre consiste à exister dans ce qui n'a pas de nom » (*EPA*, p. 95). Dans *Le Sens du calme* (Mercure de France, 2011), le narrateur se présente comme l'auteur du roman *Jan Karski*. Enfin, considérons le prénom de Yannick Haenel lui-même.

5 Maingueneau, *Le Discours littéraire…*, *op. cit.*, p. 85.

en vient à coïncider empathiquement, est le premier à se construire chez Haenel au départ du patrimoine historique et non seulement de l'imaginaire collectif mythologique, religieux ou littéraire. L'agent des services secrets polonais est aussi le seul à recevoir les honneurs du titre du récit et à souscrire ainsi aux codes génériques du roman réaliste, dont les autres livres se distinguent ostensiblement. Cette innovation entraîne une superposition inédite du vraisemblable et du fictionnel. C'est en ce sens que le romancier met le personnage historique "en jeu", c'est-à-dire qu'il instaure du jeu, de la distance, entre les articulations de son triptyque. C'est précisément le vide entre les parties qui assure la dynamique du tableau, mais c'est aussi ce qui le fragilise et peut le perdre.

En définitive, Yannick Haenel met donc en œuvre, dans *Jan Karski*, une représentation de la noblesse qui se tient sur la corde raide d'un équilibre et implique une prise de risque. « Tout Dandy », écrit Barbey dans son éloge de George Brummel, « est un *oseur* [...] qui trouve [...] le point d'intersection de Pascal[1] » ; une phrase qui renvoie à un passage des *Pensées* particulièrement approprié au parcours analytique que nous venons d'effectuer :

> Ainsi les tableaux vus de trop loin et de trop près ; et il n'y a qu'un point indivisible qui soit le véritable lieu ; les autres sont trop près, trop loin, trop haut ou trop bas. La perspective l'assigne dans l'art de la peinture. Mais dans la vérité et la morale, qui l'assignera[2] ?

Puisse la question de Pascal rester ouverte.

Myriam WATTHEE-DELMOTTE
Fonds de la Recherche Scientifique (F.N.R.S.)
Université catholique de Louvain
(Louvain-la-Neuve)

1 Jules Barbey d'Aurevilly, *Œuvres romanesques complètes*, t. II, Jacques Petit (éd.), Paris, Gallimard, « Bibliothèque de la Pléiade », 1966, p. 667-733 : *Du dandysme et de George Brummel* (p. 689).

2 Note de Jacques Petit, *ibid.*, p. 1447.

LA NOBLESSE DANS LES LETTRES II

Une face cachée de la modernité littéraire

À première vue, l'importance de l'imaginaire nobiliaire dans la littérature française du XXe siècle paraît sensiblement plus réduite qu'au cours du siècle précédent. Le panorama de la période présente notamment un nombre plus restreint d'aristocrates parmi les auteurs les plus en vue. À s'en tenir au seul XIXe siècle, il n'est que d'évoquer des noms comme ceux de Chateaubriand, Lamartine, Musset, Barbey d'Aurevilly ou encore Villiers de l'Isle-Adam pour se convaincre de ce que nombre de nobles ont tenu, dans l'univers des lettres, le haut du pavé. Pareil état de fait ne signifie probablement pas que les nobles aient moins écrit au XXe siècle, mais, sans doute, que leurs pratiques en la matière se sont sensiblement modifiées. Dans le même temps, les mutations rencontrées par la société française au cours de ce siècle marqué, notamment, par deux conflits mondiaux, ont bouleversé l'équilibre du système des représentations disponibles et des valeurs qui y sont associées, en ce compris dans le système littéraire.

Sous réserve d'une recherche plus systématique, qui devrait se fonder sur des données objectivables, l'on peut faire l'hypothèse que cette diminution apparente du nombre d'aristocrates parmi les écrivains en vue retenus par l'histoire littéraire du XXe siècle réside, notamment, dans les transformations du champ culturel procédant de celles connues par le système d'enseignement sous la Troisième République. L'instauration de l'instruction gratuite et obligatoire (lois Ferry, 1880-1881) a généré un afflux de nouvelles plumes, issues de classes plus laborieuses et, partant, diversifié la provenance sociale des écrivains, auparavant issus – pour la plupart d'entre eux du moins – des couches les plus favorisées de la population, à savoir la bourgeoisie et la noblesse. Cette nouvelle donne a bouleversé le paysage traditionnel des lettres françaises dès l'entame du siècle – les premières générations issues de la scolarisation obligatoire arrivent alors à maturité professionnelle –, réduisant sensiblement, sur un plan statistique, les probabilités de voir des écrivains issus de la noblesse s'imposer dans le champ littéraire.

Une autre hypothèse vraisemblable permettant de rendre compte du nombre sensiblement plus restreint, au XXe siècle, d'écrivains "majeurs" appartenant à la noblesse tient aux transformations du champ littéraire et à sa progressive professionnalisation. Comme d'autres types d'activités à valeur distinctive à une certaine époque de leur histoire – à l'instar de certains sports, à la fin du XIXe siècle et au début du XXe (tennis, vélo, etc.) par exemple[1] –, l'institution littéraire a été affectée par des changements qui ont substantiellement redéfini les conditions d'exercice de l'écriture et, sans doute aussi, l'attrait du statut d'écrivain. Si certaines affinités structurelles[2] ont tendu à faire de la noblesse (et de l'idée de noblesse) une figure privilégiée de l'élitisme artistique, les nobles ont sans doute été désormais moins enclins qu'auparavant à mobiliser dans le cadre de cette pratique publique les valeurs relevant de leur habitus aristocratique, fondé, notamment, sur des idéologèmes valorisant le dilettantisme et l'amateurisme au détriment des postures de labeur[3].

En dernière instance – il s'agirait d'une troisième hypothèse –, cette transformation structurelle du champ littéraire, corollaire de celle de la place de la noblesse dans la société, détermine une mutation des imaginaires. La part nobiliaire de la littérature française du XXe siècle ne se réduit évidemment pas à la place qu'y ont occupée les écrivains issus de la noblesse. Dès lors que cette problématique est envisagée en termes d'imaginaire, il s'agit d'aborder les questions que pose ce référent dans ses formes et dans ses usages, selon une perspective élargie qui dépasse la seule appartenance sociale – que l'on sait par ailleurs, concernant la noblesse tout spécialement, problématique et toujours soumise à l'épreuve de l'authenticité, selon un trait constitutif de l'imaginaire

1 Voir Monique de Saint-Martin, *L'Espace de la noblesse*, Paris, Métailié, « Leçons de choses », 1993, p. 133-134.

2 Nathalie Heinich, *L'Élite artiste : excellence et singularité en régime démocratique*, Paris, Gallimard, « Bibliothèque des sciences humaines », 2005.

3 Voir Éric Mension-Rigau, *Aristocrates et grands bourgeois : éducation, traditions, valeurs* [1994], Paris, Perrin, « Tempus », 2007.

envisagé[1]. En tant que système de représentation régi par une logique spécifique, l'imaginaire nobiliaire a eu un impact, considérable quoique relativement méconnu, sur la littérature française au cours du XXe siècle. Il s'agissait, dans les pages précédentes, de le faire apparaître à travers une série d'études dont le présent article a pour finalité de dégager certaines des principales lignes de force.

Bien que restreinte, il existe encore une « littérature aristocratique[2] » au XXe siècle. Elle est illustrée – au cours de la première moitié du siècle en particulier – par des noms comme Anna de Noailles, la Princesse Bibesco, Jean de la Varende ou encore, un peu plus tardivement, Michel de Saint-Pierre et Marguerite Yourcenar. Au sein de l'institution littéraire, au cours du XXe siècle, la plupart des écrivains aristocrates se trouvent pris entre deux feux, en fonction desquels il s'agit pour eux de se positionner. Si, à l'instar, par exemple, de Bonni de Castellane – auteur d'un livre de Mémoires remarqué –, certains prennent, selon une attitude traditionnelle au sein de leur classe, leurs distances avec une institution littéraire en voie de professionnalisation, ce type de posture[3] n'est en rien le fait de tous les écrivains appartenant à la noblesse. D'autres, au contraire, mènent à bien une carrière littéraire en bonne et due forme, et entendent se faire reconnaître comme écrivains, à l'instar de la comtesse de Noailles, pratiquant ainsi l'écriture de façon professionnelle ou quasi professionnelle, sans cependant que l'état de sa fortune ne la contraigne à gagner sa vie par la plume.

Parmi les écrivains français du XXe siècle appartenant à la noblesse, Henry de Montherlant fait peut-être partie de ceux qui ont le mieux (ou le moins mal) composé avec ce donné et résisté à l'épreuve du temps et

1 Voir Pierre Bourdieu, « La noblesse : capital social, capital symbolique », p. 385-397 *in* Didier Lancien et Monique de Saint-Martin (dir.), *Anciennes et nouvelles aristocraties de 1880 à nos jours*, Paris, Éditions de la Maison des Sciences de l'Homme, 2007.

2 Albert Thibaudet, *Réflexions sur la littérature* [1926], Paris, Gallimard, 1940, p. 28-35 : « La littérature aristocratique ».

3 Voir Jérôme Meizoz, *Postures littéraires : mises en scène modernes de l'auteur*, Genève, Slatkine, « Érudition », 2007 et *La Fabrique des singularités : postures littéraires II*, Genève, Slatkine, « Érudition », 2011. Voir également : *COnTEXTES. Revue de sociologie de la littérature*, n° 8 : *"La posture : genèse, usages et limites d'un concept"*, janvier 2011, <http://contextes.revues.org/index4712.html> (page consultée le 20 décembre 2014), ainsi que « La fabrique d'une notion. Entretien avec Jérôme Meizoz au sujet du concept de "posture" », propos recueillis par David Martens, *Interférences littéraires / Literaire interferenties*, n° 6, mai 2011, p. 199-212 <http://www.interferenceslitteraires.be/node/19> (page consultée le 20 décembre 2014).

des modes successives qui ont progressivement remodelé notre appréhension de l'histoire littérature. Son œuvre témoigne exemplairement de l'ambivalence à laquelle se confrontent nombre de nobles devant la carrière des lettres. Marie Sorel se penche ainsi sur la façon dont, à travers ses livres, Montherlant élabore une posture aristocratique ambigüe, à travers non seulement des conduites publiques, mais aussi un discours fondé sur ses origines sociales. Si ces stratégies prennent forme dans la mise en scène de certains motifs identitaires qui se cristallisent autour de personnages particuliers, dont certains fonctionnent, pour l'écrivain, comme des figures identificatoires privilégiées, dans le même temps, une telle œuvre ne laisse pas de mobiliser une part d'ironie et de prise de distance devant les prétentions nobiliaires et leurs ridicules.

Christophe Meurée analyse un autre cas de fascination pour l'imaginaire nobiliaire, celui d'Albert Cohen, à première vue plus surprenant dans la mesure où l'écrivain n'est pas lui-même noble et qu'il n'existerait pas à proprement parler de noblesse dans la société juive. Outre la posture aristocratique volontiers adoptée par l'écrivain en public (à l'occasion de ses entretiens, par exemple), ses œuvres, en particulier *Belle du seigneur*, manifestent un attrait pour le moins ambivalent pour la noblesse et ce qu'elle représente. À la fois empreinte de fascination et de répulsion, cette inclination paraît faire reposer une conception esthétique sur un système de valeurs socialement déterminé. La noblesse apparaît en effet, en tant que *création* sociale, comme une fiction suprême, qui tend à dissimuler l'emprise des instincts sur les comportements. C'est à ce titre particulier qu'elle intéresse le romancier, la noblesse se faisant ici « embrayeur de paratopie[1] » – c'est-à-dire ressort de distinction – à un double titre : d'une part, elle se situe dans l'espace de l'exception, d'autre part, et dans le même temps, elle permet à l'auteur de se distancer de cette logique de distinction[2].

Ainsi que le montrent les exemples de Montherlant et de Cohen, que ce soit par appropriation ou, au contraire, par prise de distance – voire selon une combinatoire de ces deux orientations –, l'identité noble paraît encore, dans la littérature française du XXe siècle, constituer un enjeu

1 Voir Dominique Maingueneau, *Le Discours littéraire : paratopie et scène d'énonciation*, Paris, Collin, « U – Lettres », 2004, p. 70-116 : « Un impossible lieu ».

2 Sur cette dimension de l'imaginaire nobiliaire, voir, notamment, Pierre Bourdieu, *La Distinction : critique sociale du jugement*, Paris, Minuit, « Le sens commun », 1979.

dans la constitution de l'image auctoriale, aussi bien, au demeurant, du côté des membres de la noblesse que de ceux qui ne lui appartiennent pas. Dès lors se pose la question de savoir comment les écrivains se positionnent concrètement en fonction de ce référent nobiliaire, que leur identité d'aristocratique soit tenue pour authentique ou non en dehors du seul espace littéraire. Si l'imaginaire ne se traduit pas seulement dans les textes, mais également dans les pratiques d'écriture qui les génèrent et les diffusent[1], l'étude de l'imaginaire nobiliaire suppose une prise en considération des pratiques littéraires effectives de ceux qui en sont les tenants, notamment en termes de choix génériques, d'options esthétiques, de fréquentations de réseaux de sociabilités ou encore de signature, notamment lorsqu'est mis en jeu cet « indicateur de posture » privilégié que constitue le pseudonyme[2].

Pris dans une double tension, historique et sociopolitique, l'imaginaire nobiliaire de la littérature moderne revêt les traits d'un système de valeurs et de motifs récurrents certes le plus souvent tourné vers le passé – il se fonde sur un principe de transmission et d'inscription dans la durée, qui tend à valoriser la tradition[3] –, mais qui aspire dans le même temps à jouer un rôle présent et à venir, afin, précisément, de pérenniser le passé dont il se réclame. Dans cette optique, l'attirance des imaginaires nobiliaires pour des formes et des figures du passé se donne par exemple libre cours dans la fascination exercée par l'Orient au tournant du siècle. Paul-André Claudel montre à ce sujet comment, de la Belle Époque aux années Trente, une génération d'écrivains recherche une noblesse perdue par la civilisation de l'Occident moderne au sein d'un espace géographique, historique et culturel qui, cependant, se voit progressivement altéré dans sa pureté par les développements de ce qui finira par devenir l'industrie du tourisme. Pareil processus contraint les écrivains, pour préserver ce qu'ils cherchent en Orient en termes de stratégies de distinction, à user d'ironie et de cynisme pour l'objet de leur fascination, tout comme le

1 Voir, à ce sujet, Christian Chelebourg, *L'Imaginaire littéraire : des archétypes à la poétique du sujet*, Paris, Nathan, « Fac Littérature », 2000, p. 111.

2 Voir Meizoz, *Postures littéraires…*, *op. cit.* Si certains, nobles ou roturiers, et à l'instar de Nerval ou de Balzac au XIXe siècle, adoptent des pseudonymes aristocratiques, comme Valentine de Saint-Point (Anna Jeanne Valentine Marianne de Glans de Cessiat-Vercell), arrière-petite nièce de Lamartine, ou encore de Francis de Miomandre (François Félicien Durand), d'autres, comme Marguerite Yourcenar (Marguerite de Crayencour), adoptent une signature littéraire qui gomme la particule distinctive.

3 Mension-Rigau, *Aristocrates et grands bourgeois…*, *op. cit.*

fera, dans un autre contexte, un Guy Debord par rapport à ses idéaux révolutionnaires, ainsi que le montre Sylvain David.

Autre auteur séduit par le souffle de l'ailleurs en même temps que par l'économie de la grandeur nobiliaire, Saint-John Perse affiche un pseudonyme qui pose son poète sur des hauteurs peu fréquentées. May Chehab souligne à son sujet combien le dialogue avec l'œuvre nietzschéenne innerve de façon structurante non seulement l'œuvre poétique, mais également une conception de l'écriture sous-tendue par une représentation mythifiée de l'Histoire et un positionnement des plus singuliers dans le champ littéraire. Ce que la lecture de Nietzsche a apporté en termes de bouleversement des systèmes de valeurs revêt une part non négligeable dans l'imaginaire nobiliaire de la littérature française du XXe siècle, ainsi que le montrent Paul-André Claudel à propos de la fascination pour l'Orient des premières décennies du siècle, qui doit une part de sa spécificité à l'héritage de Nietzsche, et Olivier Odaert, qui analyse la manière dont l'imaginaire du vol au sein de l'œuvre de Saint-Exupéry va de pair avec un renversement des valeurs du platonisme hérité de l'auteur de *La Généalogie de la morale.*

Comme en témoignent ces différents cas de figure, l'imaginaire nobiliaire, en tant que « sociogramme[1] » impliquant un principe de hiérarchisation, semble nécessairement induire un système de valeurs fortes. Dans cette perspective, Laurent Déom fait apparaître comment les récits de Serge Dalens, auteur-phare de la collection de romans scouts « Signe de piste », sont sous-tendus par un imaginaire nobiliaire qui se traduit dans la place centrale dévolue aux figures d'aristocrates dans ces récits, mais surtout dans le fait que le modèle nobiliaire en vient à symboliser un ordre social traditionnel dont l'écrivain semble entretenir la nostalgie et ainsi préserver la mémoire. Dans un ordre d'idées analogue, Michael Kohlhauer souligne pour sa part la façon dont le paradigme nobiliaire conditionne en profondeur les textes "de combat" de Georges Bernanos et constitue rien de moins que le fondement, à la fois poétique et politique, du projet d'écriture de l'auteur des *Grands cimetières sous la lune.* Ces valeurs-phares – courage, liberté, loyauté,

---

1 Sur cette notion élaborée par Claude Duchet, voir Régine Robin, « Pour une socio-poétique de l'imaginaire social », *Discours social*, vol. 5, n°s 1-2, Régine Robin (dir.), *"Le Sociogramme en question"*, 1993, p. 7-32 (p. 13). Je remercie vivement Geneviève Sicotte d'avoir attiré mon attention sur cette référence.

honneur – convergent chez lui pour donner lieu à une œuvre critique vouée à la mise en valeur d'une aristocratie de l'esprit.

Une pareille posture critique, sans concession à l'égard de ce qui apparaît comme les trahisons et démissions du monde moderne au regard d'un héritage culturel ancestral, constitue l'un des topos de l'imaginaire nobiliaire, qui repose sur le principe de transmission d'une identité dans le temps. Dans la mesure où la noblesse est, avant toute chose, affaire de transmission et d'héritage, tangible aussi bien que symbolique, rien d'étonnant à ce que cet enjeu détermine de façon cruciale l'imaginaire nobiliaire dans le domaine littéraire. Chez Serge Dalens, cette préoccupation trouve sa résolution dans la pratique d'une écriture qui situe cette question au centre des interrogations traitées par l'écrivain. C'est dans cette perspective que la langue française apparaît comme un enjeu de positionnement décisif pour les écrivains, ainsi qu'en témoignent l'écriture de Montherlant, dont Marie Sorel pointe le caractère à la fois classique et ponctuellement plus familier, et, peut-être plus encore, les œuvres de Cioran et de Guy Debord, tous deux fascinés par un certain état (et un éclat certain) de la langue de l'Ancien Régime, tout spécialement celle du Grand Siècle.

Sur un plan idéologique, le réflexe le plus courant consiste sans doute à associer la noblesse à la droite, voire à l'extrême-droite de l'échiquier politique – non sans une fréquente pertinence il est vrai. En effet, si les écrivains manifestant un imaginaire nobiliaire paraissent le plus souvent se positionner en rupture avec la modernité et ce qu'elle incarne en termes de bouleversements sociétaux, adoptant ainsi volontiers des positions d'apparence conservatrices, il convient cependant de souligner combien ces revendications de noblesse peuvent être motivée de façons diverses, et potentiellement contradictoires. Ainsi la noblesse peut-elle parfaitement être utilisée à titre de repoussoir par des écrivains d'une toute autre sensibilité, comme chez le Sartre de *Qu'est-ce que la littérature ?* Mais certains cas de figure, plus complexes, attestent que la noblesse apparaît comme une figure éminemment malléable, fût-ce sur le plan idéologique et politique. Ainsi, Olivier Odaert met-il en lumière un apparent paradoxe axiologique à propos de Saint-Exupéry. Le système de valeurs de ses récits repose en effet sur le renversement de l'un des paramètres fondamentaux de l'idée de noblesse, celui de supériorité. Ce positionnement constitue l'un des ressorts de l'humanisme de l'auteur du *Petit Prince*.

Dans un ordre d'idées sensiblement différent, et plus fondamentalement empreint par une dimension politique, Michel Bertrand analyse le caractère déterminant de l'imaginaire nobiliaire dans l'œuvre de Roger Vailland, qui aspire à mettre en valeur une authentique "aristocratie populaire". L'oxymore n'est ici qu'apparent, dans la mesure où la Révolution prolétarienne trouve effectivement dans les romans de cet écrivain communiste son modèle dans un passé avec lequel elle paraît pourtant rompre de façon radicale. Il en va de même en ce qui concerne le romancier Robert Reus. Emmanuel Deronne souligne un paradoxe fondateur de certains des récits de ce romancier à la sensibilité anarchiste et qui mobilise non seulement plusieurs nobles dans ses œuvres, mais en outre assigne à la noblesse, comprise comme ensemble de valeurs, une place cardinale qui rend compte de la position ambivalente de cet auteur issu d'un milieu modeste et pour lequel le statut d'écrivain n'est pas allé sans impliquer une forme de cassure sur le plan social.

Si la modernité est affaire de rupture avec le révolu, celle-ci trouve fréquemment ses motivations et ses principes de légitimation dans le passé. Le tout est d'identifier et de comprendre lequel et de rendre compte des stratégies ainsi mises en œuvre. Exemplaire à cet égard, l'article de Sylvain David rapproche les "morgues" aristocratiques respectives de deux écrivains que tout paraît à première vue opposer, sur le plan idéologique à tout le moins. Quoi de commun, en effet, entre un Cioran et un Debord ? L'étonnante proximité entre ces deux auteurs, dans leurs textes tardifs tout particulièrement, se fonde sur une aporie qui se situe au fondement de leur parcours. Chez l'un comme chez l'autre, leur posture éminemment hautaine s'érige avec vigueur contre une époque par rapport à laquelle ils aspirent à se distancer infiniment et avec un mépris consommé. "Morgue du crépuscule", car elle stigmatise, à l'instar de celle de Bernanos, la fin d'une civilisation devant l'évolution de laquelle se dégage une foncière impuissance à changer le cours des choses ainsi qu'une ironie féroce, passablement désabusée quoique non dépourvue d'humour à l'occasion.

De plus en plus au cours du siècle, il semble que la noblesse devienne essentiellement, pour la littérature, un modèle axiologique. Mais ce modèle se trouve constamment esthétisé, et reversé sur la chose littéraire, tant et si bien que, pour certains, comme Albert Cohen tel que l'envisage Christophe Meurée, il devient un interprétant fondamental d'une conception et d'une pratique singulières de la littérature. Il en va de même, plus récemment, pour le *Jan Karski* de Yannick Haenel, roman soumis à controverse lors de sa publication en 2009. Myriam Watthee-Delmotte rend compte de la fonction qui s'y trouve assignée à l'imaginaire nobiliaire dans la perspective d'un questionnement sur la fonction de l'écrivain aujourd'hui. En l'occurrence, si les personnages de Haenel ne sont nullement des nobles sur le plan social, ils sont élus sur le plan de la parole poétique de sorte que, au travers de scénographies auto-légitimantes que l'on retrouve par ailleurs dans l'œuvre de l'auteur, c'est la littérature – une certaine conception de celle-ci du moins – qui se voit parée de lettres de noblesse.

Dans le contexte socio-historique éminemment complexe du XXe siècle, le paradigme nobiliaire apparaît comme un répertoire de figures mobilisables encore prisé, en particulier dans le domaine littéraire. La traversée du siècle proposée par la série d'études qui précède atteste en effet combien la noblesse apparaît, dans la France du XXe siècle, comme un référent déterminant, qui se prête à de multiples usages, parfois contradictoires et soumis à des transformations notables au cours de la période. Il ne s'agissait nullement de prétendre cerner l'ensemble des questions soulevées par l'imaginaire nobiliaire dans la littérature d'une période éminemment riche et complexe. La vocation de cet ensemble était essentiellement prospective. Il avait pour objectif de faire apparaître l'intérêt d'une telle problématique pour la littérature du XXe siècle en France, et d'en cerner certains des principaux contours, en vue d'approches à venir, qui seront notamment appelées, dans une perspective comparative, à se porter sur d'autres cas que celui de la France, marquée par une situation exceptionnelle eu égard à son histoire particulière[1].

Envisagée dans une perspective systémique, la façon dont les logiques de l'imaginaire nobiliaire ont contribué à ces dynamiques de changement dans l'espace littéraire français du XXe siècle invite à y voir rien de moins qu'un donné qui fait partie intégrante de la modernité

1 Voir, notamment, le colloque Ben De Bruyn et David Martens (dir.), *L'Imaginaire nobiliaire de la littérature moderne : 1900-1950 / The Aristocratic Imaginary of Modern Literature (1900-1950)*, Université de Louvain (KU Leuven), 21-22 mars 2013. Un choix des contributions présentées à l'occasion de cette rencontre, augmenté de plusieurs articles, a paru dans la revue *Neohelicon*, s. dir. David Martens, Ben De Bruyn et Aleide Vanmol, June 2015, volume 42, Issue 1.

et de ses transformations[1]. Dans cette perspective, le modèle de la noblesse constitue, à n'en pas douter, l'un des visages de cette « autre face de la modernité esthétique » que William Marx a désignée sous le nom d'« arrière-gardes[2] ». Il constitue un ferment, paradoxal par bien des côtés, mais éminemment cohérent, d'antimodernité au cœur de la modernité[3]. Apparaissant, le plus souvent du moins, comme une figure de résistance à une évolution historique qui paraît s'accélérer et tend à rompre avec les principes de transmission du passé qui caractérisaient le « régime d'historicité » propre à l'Ancien Régime[4], il se pose dans le même temps l'un des ressorts de la complexité du nouveau régime qui s'est institué au cours du XIXe siècle et n'a cessé de se trouver soumis à des tensions contradictoires au cours du XXe siècle, et jusqu'à nos jours.

David MARTENS
KU Leuven – MDRN

1 À ce sujet, voir MDRN, « Pour une nouvelle approche de la dynamique littéraire. Pense-bête », *Fabula LHT*, n° 11, décembre 2013, <http://www.fabula.org/lht/11/modern.html> (page consultée le 20 décembre 2014), ainsi que *Modern Times. Literary Change*, Leuven, Peeters, 2013.

2 Voir William Marx (dir.), *Les Arrière-gardes au XXe siècle : l'autre face de la modernité esthétique*, Paris, Presses Universitaires de France, 2004.

3 Antoine Compagnon, *Les Antimodernes : de Joseph de Maistre à Roland Barthes*, Paris, Gallimard, « Bibliothèque des idées », 2005.

4 François Hartog, *Régimes d'historicité : présentisme et expériences du temps*, Paris, Seuil, « La Librairie du XXIe siècle », 2003.

INDEX

RÉSUMÉS/*ABSTRACTS*

David MARTENS, « L'imaginaire nobiliaire de la littérature française du XXe siècle »

En raison des transformations socioculturelles qui la caractérisent, la première moitié du XXe siècle paraît traversée par une préoccupation marquée pour la noblesse, qui a continué d'exercer une fascination sur les écrivains. Davantage, c'est tout au long du siècle que l'imaginaire nobiliaire a contribué à orienter les dynamiques mutationnelles de la littérature, en fonction de paramètres qui, par bien des aspects, relèvent d'une tradition que la modernité tend à battre en brèche.

Because of the sociocultural transformations characterising it, the first half of the twentieth century seemed remarkably preoccupied with the nobility, which continued to exert a fascination on writers. The nobiliary imaginary thus helped shape the mutational dynamics of literature throughout the century, in function of the parameters which, in many respects, related to a tradition that modernity sought to demolish.

Paul-André CLAUDEL, « *Ex Oriente Lux* ? Aristocratisme et snobisme chez les derniers voyageurs en Orient (1900-1930) »

Pour les écrivains de la première moitié du XXe siècle, le voyage en Orient n'a plus le prestige d'autrefois : à Constantinople comme au Caire, le grand rêve d'évasion s'est démocratisé, et des grappes de touristes ont remplacé les promeneurs solitaires. La prose narrative de l'entre-deux-guerres reflète ainsi le déclin du pittoresque traditionnel lié à l'Orient et la naissance de l'archétype du voyageur blasé, dernier avatar du dandy de la décadence.

For writers of the first half of the twentieth century, travel in the East did not hold the prestige it once had: whether in Constantinople or Cairo, the great dream of escape had been democratised, and hordes of tourists had replaced solitary travellers. Narrative prose of the interwar years thus reflects the decline of the traditional picturesque linked to the East and the birth of the archetype of the blasé traveller, the latest transformation of the decadent dandy.

May CHEHAB, « Saint-John Perse, prince par l'absurde »

La poésie altière de Saint-John Perse illustre un renversement des anciennes valeurs sociétales et leur transmutation dans un nouveau système de distinction, poétique, auquel la pensée acérée de Nietzsche n'est pas étrangère. Le poète transforme ainsi les attributs traditionnels de l'aristocratie : l'hérédité par le sang, la supériorité sociale, le rapport à l'histoire et à la religion se voient métamorphosés pour donner corps à un imaginaire que le pseudonyme de l'écrivain cristallise.

The stately poetry of Saint-John Perse illustrates a reversal of old societal values and their transformation into a new system of poetic distinction, well known to the caustic thought of Nietzsche. The poet thus transforms the traditional attributes of the aristocracy: heredity by blood, social superiority, and the rapport with history and religion are metamorphosed in order to give body to an imaginary crystallised by the writer's pseudonym.

Marie SOREL, « Henry de Montherlant ou le revers du blason »

Chez Henry de Montherlant, la convocation d'une imagerie aristocratique revêt une dimension éminemment stratégique. Il s'agit non seulement d'asseoir une noblesse que d'aucuns jugent douteuse mais aussi de se forger une image héroïque. Mais les attaques dont l'auteur est victime à la Libération et le discrédit dans lequel il est aujourd'hui tombé invitent à pointer les limites de la morale aristocratico-chevaleresque qu'il a affichée tout au long de son œuvre.

In the work of Henry de Montherlant, the convocation of an aristocratic imaginary is, in part, highly strategic. It is not only a question of establishing a nobility of which some are doubtful, but also of forging a heroic image. But the attacks the author was subjected to at the Liberation, and the discredit he has fallen into today, point to the limits of the aristocratic-chivalric morality displayed throughout his work.

Michael KOHLHAUER, « Valeurs de la noblesse littéraire chez Georges Bernanos »

La filiation nobiliaire sous-tend de part en part l'œuvre de Bernanos, à la manière d'un regret, d'un idéal perdu, mais aussi d'une espérance et d'un pari pour le monde. À défaut d'une théorie, d'un système de pensée en bonne et due forme, l'œuvre de combat en appelle aux valeurs d'une aristocratie de l'esprit plus idéalisée que réelle ou advenue, où la référence à l'Histoire majuscule de l'ancienne France chrétienne et monarchique fonde le projet, tant poétique que politique, de l'écrivain.

The nobiliary affiliation underpins all of Bernanos's work in the manner of a regret or lost ideal, but also of a wager on the world, and hope. In place of a theory or proper system of thought, the combative work appeals to the values of a spiritual aristocracy, more idealised than real, in which references to the history of an old, Christian, and monarchic France establish the author's project, which is as much poetic as political.

Olivier ODAERT, « La haute noblesse. Poétique de la valeur de Nietzsche à Saint-Exupéry »

Nietzsche, bien qu'il ait défini sa philosophie comme une inversion du platonisme, en a fréquemment repris les termes, ce qui a pu conduire à voir dans sa pensée un idéalisme aristocratique. Mais Antoine de Saint-Exupéry, aristocrate familier de l'altitude et lecteur de Nietzsche a, plus tard, développé une poétique de la noblesse qui constitue une continuation paradoxale et méconnue du travail de son prédécesseur en se surprenant à faire de la hauteur un abîme et de la grandeur, une bassesse.

Nietzsche, although he defined his philosophy as an inversion of Platonism, frequently used its terms, which might lead us to identify an aristocratic idealism in his thought. But Antoine de Saint-Exupéry, a high-flying aristocrat and a reader of Nietzsche, later developed a poetics of nobility which constituted a paradoxical and little-known continuation of his predecessor's work, in which he found himself making an abyss from height, and something base from something great.

Laurent DÉOM, « De quoi Serge Dalens est-il le nom ? L'écriture de la noblesse comme quête identitaire »

Si la noblesse apparaît souvent dans l'œuvre de Serge Dalens, auteur phare de la collection de romans scouts « Signe de piste », ce n'est pas seulement comme symbole d'un ordre social dont il entretiendrait la nostalgie. Sur un plan plus intime, elle révèle un questionnement personnel à propos de la transmission familiale, spécialement celle qui lie le fils à son père, et participe pour l'auteur à un processus d'invention de soi dans lequel l'écriture joue un rôle déterminant.

Nobility often appears in the work of Serge Dalens, the pioneering author of the collection of scouting novels "Signe de piste", but it is not only a nostalgic symbol of social order. At a more personal level, it reveals a process of personal interrogation about familial transmission, specifically that which links son to father, and, for the author, it participates in a process of self-invention in which writing plays a determining role.

Michel BERTRAND, « "Toutes les bergères seront des reines". Roger Vailland prosélyte d'une authentique aristocratie populaire »

L'aristocrate, qui sous l'Ancien Régime se situait au faîte de la pyramide sociale, est selon Roger Vailland représenté par le bolchevik, l'homme de qualité par excellence de la classe ouvrière. Toutefois, la désinvolture, davantage que l'adhésion au dogme, marque le comportement de cet aristocrate des temps nouveaux, caractérisé par l'indifférence, le désintérêt et l'impassibilité, apanages d'un être libre, dont la souveraineté ne peut s'exercer qu'au sein de la solitude.

The aristocracy, situated at the pinnacle of the social pyramid under the ancien régime, *is, for Roger Vailland, represented by the Bolshevik, the elite member of the working class. At the same time, it is nonchalance much more than adhesion to dogma which characterises the behaviour of this new aristocracy, characterised by indifference, disinterest, and impassibility, the privileges of free beings whose sovereignty can only take effect in solitude.*

Emmanuel DERONNE, « "L'aristo" ou l'étrange noblesse du romancier Robert Reus et de ses avatars »

Dans *La Foire* (1946), puis dans *Le Printemps des éclopés* (1980), Robert Reus attribue à son avatar un nom noble. Ce choix, à l'opposé de son ancrage politique, paraît à première vue contradictoire. Mais son statut d'écrivain débutant présente certaines analogies avec celui de la noblesse, marginalisée en démocratie. Cette étude montre que l'auteur a été le sujet d'interrogations liées à l'espoir d'un changement violent de statut et donc d'identité sociale, que l'idée de noblesse a incarné.

In La Foire *(1946), and then in* Le Printemps des éclopés *(1980), Robert Reus gives a noble name to his avatar. This choice, opposed to his political convictions, might seem contradictory at first. But his status as a novice writer presents certain analogies with that of the nobility, marginalised by democracy. This study shows that the author has been the subject of interrogations linked to the hope for a violent change of status, and thus social identity, which the idea of nobility incarnates.*

Christophe MEURÉE, « "Tout cela est si noble que j'en crève", Albert Cohen »

De la cohorte de personnages d'aristocrates jusqu'à la posture de prince oriental prisée par l'écrivain, l'imaginaire nobiliaire paraît central dans la vie et l'œuvre d'Albert Cohen. Il se caractérise par une grande complexité, la noblesse étant à la fois un modèle moral désirable et une ambition sociale méprisable. Seuls les personnages investis d'un sacerdoce prophétique – à l'instar de l'écrivain – parviennent à séparer le bon grain de l'ivraie au sein de cette surcharge symbolique.

From the cohort of aristocratic characters to the posture of the Oriental prince adopted by the writer, the nobiliary imaginary appears as a central presence in the life and work of Albert Cohen. It is characterised by complexity, nobility being at once a desirable moral model and a contemptible social ambition. Only characters with a prophetic calling –like the writer– manage to separate the wheat from the chaff in this symbolic overloading.

Sylvain DAVID, « La morgue du cépuscule. Cioran et Guy Debord »

Un souci de distinction a poussé de nombreux écrivains français, du XIXe siècle et de la première moitié du XXe, à cultiver un *ethos* rappelant l'aristocratie de l'Ancien Régime. Que signifie une telle attitude lorsqu'elle se voit perpétuée ultérieurement par des penseurs désenchantés comme Cioran ou Guy Debord ? Cet article interroge leur prédilection tant pour les formes esthétiques classiques que pour une noblesse déchue afin de mieux cerner le paradoxal rapport au commun qui en découle.

A concern with distinction led numerous French writers, from the nineteenth century to the first half of the twentieth century, to cultivate an ethos *recalling the aristocracy of the* ancien régime. *What does such an attitude signify when it is ultimately perpetuated by disenchanted thinkers like Cioran or Guy Debord? This article interrogates their predilection for classical aesthetic forms as well as a deposed nobility so as to grasp better the paradoxical relationship with the common which emanates from it.*

Myriam WATTHEE-DELMOTTE, « La noblesse de l'écrivain, une ligne de risque. Qui dit "je" dans l'œuvre de Yannick Haenel ? »

Jan Karski de Yannick Haenel, qui s'attache à la figure historique d'un témoin empêché de la Shoah, conduit à se demander comment arriver à parler de l'extermination des Juifs, que l'on en ait ou non été le témoin ? Pour répondre à cette interrogation, l'auteur met en œuvre un imaginaire de la noblesse comprise comme une dignité maintenue dans la violence. Cet imaginaire hante son univers pour mettre en œuvre une posture d'auteur particulière, qui implique une prise de risque assumée.

Jan Karski *by Yannick Haenel, which focuses on the historical figure of a controversial witness of the Holocaust, asks how, witness or not, we manage to speak about the extermination of the Jews. To respond, the author constructs an imaginary of nobility, the latter understood as dignity maintained in violence. This imaginary haunts his universe, establishing a particular authorial posture which implies a risk, willingly taken.*

David MARTENS, « La noblesse dans les lettres II. Une face cachée de la modernité littéraire »

En tant que système de représentation régi par une logique spécifique, l'imaginaire nobiliaire a eu un impact, considérable, mais encore relativement méconnu, sur la littérature française du XXe siècle. Cet article, et le volume dont il propose la synthèse, ont pour ambition de cerner certaines des lignes de force de cet imaginaire historiquement déterminé.

As a system of representation governed by a specific logic, the nobiliary imaginary has had a considerable, but still relatively poorly appreciated, impact on twentieth-century French literature. This article, and the volume of which it offers a synthesis, aims to grasp the principal threads of this historically determined imaginary.

TABLE DES MATIÈRES

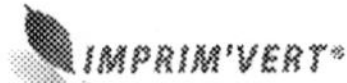

Achevé d'imprimer par Corlet Numérique,
à Condé-sur-Noireau (Calvados). N° d'impression : 127669
Imprimé en France